IMPASSES CLIMATIQUES

LES CONTRADICTIONS
DU DISCOURS ALARMISTE SUR LE CLIMAT

Collection *Grandeur Nature*
Dirigée par Benoît Rittaud

Bertrand Alliot, *Une histoire naturelle de l'Homme*, 2020

François Gervais, *L'Urgence climatique est un leurre*, 2018 (en poche, 2020)

François Gervais, *Merci au CO_2*, 2020

Patrick Moore, *Confessions d'un repenti de Greenpeace*, 2020 (traduit de l'anglais)

Rémy Prud'homme, *Le Mythe des énergies renouvelables*, 2017

François Gervais

IMPASSES CLIMATIQUES

LES CONTRADICTIONS DU DISCOURS ALARMISTE SUR LE CLIMAT

L'ARTILLEUR

collection
« Grandeur Nature »
dirigée par Benoît Rittaud

ISBN 978-2-81000-1111-79

Éditions du Toucan – éditeur indépendant
16, rue de Vézelay, 75008 Paris.

www.editionsdutoucan.fr

François Gervais était Directeur de recherche sur la Physique des Hautes Températures au CNRS d'Orléans puis Professeur des Universités à Tours. De 1996 à 2012, il était directeur fondateur du Laboratoire d'électrodynamique des matériaux avancés labellisé UMR 6157 par le CNRS. Il a été *expert reviewer* des rapports AR5 et AR6 du GIEC. Il était conseiller scientifique du Pôle de Compétitivité Science & Systèmes de l'énergie électrique. Il est auteur ou coauteur de 242 publications dans des revues internationales à comité de lecture et de 10 livres. Le CNRS lui a décerné la médaille de bronze (thermodynamique) et l'Académie des Sciences le prix Yvan Peyches. Il est Officier dans l'Ordre des Palmes Académiques.

www.univ-tours.fr/annuaire/m-francois-gervais

Sommaire

Glossaire

Albédo : Pouvoir réfléchissant du système Terre/atmosphère et fraction du rayonnement solaire renvoyé vers l'espace sans échauffer la Terre

Anthropique (ou anthropogénique) : Dû aux activités humaines

ARGO : Réseau de 3 000 bouées mesurant la température et la salinité des 2000 premiers mètres de profondeur de l'océan

CEA : Commissariat à l'énergie atomique, rebaptisé en 2010 avec le complément : et aux énergies alternatives

Chaos : Caractéristique d'un système dynamique dont l'évolution devient imprédictible à terme en raison d'une trop grande sensibilité aux conditions initiales

CMIP5 : Coupled Model Intercomparison Project Phase 5

CMIP6 : Coupled Model Intercomparison Project Phase 6

CNRS : Centre National de la Recherche Scientifique

CO_2 : Voir dioxyde de carbone

Convection : Transfert thermique impliquant un déplacement de matière (vent, courant d'air, courant marin)

COP : Conference of Parties, Réunion annuelle des Etats parties prenantes de la CCNUCC

CCNUCC : Convention Cadre des Nations Unies sur le Changement Climatique

Dioxyde de carbone : Nourriture indispensable et irremplaçable de la végétation par photosynthèse, molécule expirée lors de la respiration des humains et des animaux, aussi produite par combustion des espèces carbonées, gaz dit à effet de serre arrivant en seconde proportion dans l'air derrière la vapeur d'eau

ECS : Equilibrium Climate Sensitivity, sensibilité climatique à l'équilibre, qui peut n'être atteint que dans plusieurs centaines d'années en raison de la lenteur de la dynamique des océans insuffisamment connue

El Niño : Courant d'eau chaude qui s'écoule d'ouest en est de l'océan Pacifique sous les tropiques. C'est la phase chaude du phénomène aléatoire ENSO. Elle est due à un affaiblissement momentané des alizés soufflant d'est en ouest, réduisant la remontée des eaux plus froides à l'est de telle sorte que la surface de l'océan se réchauffe. La phase froide d'ENSO est appelée La Niña.

Émission thermique : Tout corps à une température supérieure à 0°K (Kelvin), soit – 273°C, émet un rayonnement électromagnétique. La fréquence du maximum d'émission ne dépend que de la température (loi du déplacement de Wien)

ENSO : Voir El Niño

FAO : Food and Agriculture Organization, Organisation des Nations Unies pour l'alimentation et l'agriculture

Forçage radiatif : Différence entre le flux d'énergie reçu du soleil principalement dans la partie visible du spectre électromagnétique et le flux émis dans l'infrarouge par la Terre et l'atmosphère. S'il est positif, le climat se réchauffe, s'il est négatif, il se refroidit. Par extension, contribution à cette différence.

Fission nucléaire : Bombardement d'un neutron provoquant la fragmentation d'un noyau lourd en deux noyaux plus légers, qui libère des neutrons et une grande quantité d'énergie

Fusion thermonucléaire : Assemblage de noyaux légers pour former un noyau plus lourd et plus stable. La fusion est susceptible de libérer une énergie considérable, origine du rayonnement des étoiles et du soleil.

Gaz dits à effet de serre : Gaz présents dans l'atmosphère et dont la molécule est constituée d'au moins deux atomes différents. S'y ajoute l'ozone, O_3, dont la vibration déforme la molécule créant aussi un moment dipolaire instantané.

Giga : Préfixe exprimant la multiplication par un milliard

GIEC : Groupe d'experts intergouvernemental sur l'évolution du climat

Gradient : Généralisation à plusieurs variables de la dérivée d'une fonction d'une seule variable. Dans les thèmes développés ici, qu'il s'agisse du gradient de température vertical ou du gradient de pression atmosphérique, comme il ne s'applique qu'à une seule variable, on peut l'assimiler à une simple dérivée.

HadCRUT4 : Archive des températures moyennes pondérées de la Terre compilée par le Hadley Center britannique

Infrarouge : Domaine spectral du rayonnement électromagnétique de fréquences et d'énergies inférieures à la partie visible du spectre, et de longueurs d'onde supérieures

IPCC : International Panel on Climate Change, nom anglais du GIEC

Isobare : Ligne d'égales pressions atmosphériques

Isotope : Tous les isotopes d'un même atome sont caractérisés par le même nombre de protons, équilibré par le même nombre d'électrons. Ils se différencient par leur nombre de neutrons.

ITER (International Thermonuclear Energy Reactor) : Réacteur de fusion thermonucléaire construit dans le cadre d'un projet mondial pour préciser le rendement du procédé de confinement magnétique d'un mélange de deutérium et de tritium afin de fabriquer de l'énergie

Joule (J) : Unité d'énergie. 1 Joule = 1 Watt × 1 seconde. 1 kilowattheure (KWh) = 3 600 000 J.

Kelvin (degré) : Graduation de l'échelle de température définie par référence au zéro absolu (–273°C), lui-même défini par référence à une énergie cinétique nulle, due à une vitesse nulle d'agitation des molécules et/ou atomes

La Niña : Voir El Niño

Logarithme : Ecrit *ln (x)*, le logarithme naturel d'un nombre en base e = 2,718 est la puissance à laquelle il faut élever la base pour obtenir ce nombre. *ln(e)* = 1 et *ln (1) = 0*

Longueur d'onde : Distance entre deux maxima ou deux minima consécutifs d'une onde

Méga : Préfixe exprimant la multiplication par un million

Méthane : Combustible (gaz naturel) de formule CH_4, gaz à effet de serre en troisième proportion dans l'air

Micro : Préfixe exprimant la division par un million

MIT : Massachussetts Institute of Technology

Molécule : Assemblage d'atomes dont la composition est précisée par une formule chimique, par exemple H_2O, deux atomes d'hydrogène pour un atome d'oxygène, plus rarement par un nom, l'eau dans cet exemple, et présentant des propriétés spécifiques

mtep : Millions de tonnes équivalent pétrole

Nano : Préfixe exprimant la division par un milliard

Neutron : Particule de charge électrique nulle formant avec les protons le noyau des atomes. Dans le noyau, le neutron est stabilisé. Libre en revanche, il est instable, radioactif, de demi-vie d'une quinzaine de minutes

NOAA : National Oceanic and Atmospheric Administration, agence gouvernementale américaine en charge des études de l'océan et de l'atmosphère

Nombre d'onde : Inverse de la longueur d'onde

OMS : Organisation mondiale de la Santé

ONU : Organisation des Nations Unies

Ozone : Molécule formée de trois atomes d'oxygène, O_3.

pH : Le potentiel hydrogène mesure l'acidité ($pH < 7$) ou la basicité ($pH > 7$) d'une solution

Photosynthèse : Processus permettant aux plantes de se développer à partir de chlorophylle, d'énergie solaire, de dioxyde de carbone de l'air et d'eau absorbée par les racines. Le processus régénère l'oxygène de l'air selon la réaction 6 CO_2 + 6 H_2O – > $C_6H_{12}O_6$ (glucose) + 6 O_2

Photovoltaïque : Transformation directe du rayonnement solaire en courant électrique continu grâce à une jonction entre deux semi-conducteurs, le plus souvent du silicium.

Pico : Préfixe signifiant la division par mille milliards

ppb : Milliardième ou partie par milliard

ppm : Millionième ou partie par million.

Proton : Particule stable, porteuse d'une charge électrique positive, égale et de signe contraire à celle de l'électron. Le proton circule dans l'espace (rayon cosmique) ou est constitutif du noyau d'un atome.

Radioactivité : Émission de rayonnement électromagnétique gamma, ou de particules alpha (noyau d'hélium 4), ou de particules bêta (électron ou positron) permettant un gain de stabilité d'un noyau primitivement instable

Rayons cosmiques : Particules de hautes énergies, principalement des protons, qui circulent dans le vide interstellaire.

RCP8.5 : Scénario le plus alarmiste des rapports AR5 et AR6 du GIEC envisageant une augmentation de forçage radiatif de 8,5 W/m^2 d'ici 2100.

RSS : Remote Sensing System. Mesure satellitaire de la température de la Terre déduite de son rayonnement mesuré de façon homogène sur toute sa surface, au contraire des mesures par capteurs qui doivent être pondérées en fonction de leur concentration ou au contraire de leur dispersion

Sensibilité climatique : échauffement de la Terre en cas de doublement de la concentration de CO_2 dans l'air. Elle se décline en réponse transitoire TCR et « à l'équilibre » ECS, équilibre qui ne peut être atteint avant plusieurs siècles.

Sievert : Unité de dose qui mesure l'effet biologique d'un rayonnement radioactif d'un joule sur un kilogramme de tissu humain.

Spectre : Décomposition du rayonnement électromagnétique en éléments énergétiques, les photons, chacun ayant sa propre fréquence, sa propre énergie, sa propre période, sa propre longueur d'onde : l'énergie du photon s'obtient en multipliant la constante de Planck par la fréquence. La période est l'inverse de la fréquence. La longueur d'onde s'obtient en divisant la vitesse de la lumière par la fréquence.

Spectre infrarouge : Déclinaison de la notion générale de spectre dans la gamme de longueur d'onde de 1 à 1000 micromètres. Elle couvre et révèle en particulier toutes les vibrations atomiques de tous les composés solides, liquides ou gazeux comportant au moins deux atomes différents.

Stratosphère : Couche de l'atmosphère au-dessus de la troposphère, au-dessus de 8 à 15 kilomètres d'altitude selon la latitude

Téra : Préfixe exprimant la multiplication par 1000 milliards

TCR : Transient climate response, sensibilité climatique transitoire, augmentation de température lors d'un doublement du taux de CO_2 dans l'air

Tropopause : Frontière virtuelle entre la troposphère et la stratosphère

Troposphère : Couche de l'atmosphère se situant entre le niveau de la mer et 8 à 15 km d'altitude selon la latitude

UAH : University of Alabama at Huntsville

Ultraviolet : Domaine spectral du rayonnement électromagnétique de fréquence et d'énergie supérieure au visible

UNFCCC : United Nations Framework Convention on Climate Change (Convention cadre des Nations Unies sur le changement climatique)

Watt (W) : Unité de puissance. La puissance est l'énergie par unité de temps. 1 Watt = 1 Joule/seconde. Le kilowattheure (kWh), puissance multipliée par le temps, est une énergie

AVANT-PROPOS

Plaidoirie pour une remise de peine

Si vous contrôlez le carbone, vous contrôlez la Vie
(Professeur Richard Lindzen)

Certains de nos contemporains se sont convaincus et tentent de nous convaincre que si cessaient les émissions de dioxyde de carbone, le CO_2, tous les malheurs qui affligent le monde disparaîtraient comme par enchantement. Dans un monde hérité des Lumières où le sens critique serait encore prégnant, le destin d'un tel augure serait de rejoindre celui d'autres qui reposent en paix dans le grand cimetière des poncifs oubliés. Ce serait sans grandes conséquences si cette version contemporaine du bouc émissaire de l'antique Lévitique, ne prétendait justifier un «*great reset*», une «grande remise à zéro» économique réclamant impérativement et urgemment une grosse centaine de milliers de milliards d'euros, l'équivalent de rien moins qu'un triplement de la dette souveraine mondiale, pourtant déjà abusivement creusée. Une telle affaire serait assurément profitable à une certaine élite. On est fondé à y soupçonner son origine. Mais les dépenses pharaoniques appelleront des dettes en cascade, des impôts, des taxes, des pénalités et des malus pour les autres, principalement les plus démunis, ceux qui scrutent plus anxieusement la fin du mois que la prétendue fin du monde. Voilà qui n'est pas sans évoquer Robin des bois, mais à l'envers: voler les pauvres pour donner aux riches.

La «grande remise à zéro» chère au créateur du *Forum économique mondial* de Davos qui chaque année réunit ceux dont les jets privés embouteillent les aéroports suisses, s'inscrit dans la mouvance d'une mode de collapsologie florissante. Dans les années 1960, le biologiste et environnementaliste Paul R. Ehrlich prédisait des famines et la mort de centaines de millions de personnes d'ici 1970 à 1980. Les États-Unis devraient rationner l'eau dès 1974 et l'Angleterre disparaîtrait de la surface de la Terre en 2000, était-il prêt à parier. En 1989, le Programme des Nations Unies pour l'environnement lui-même prédisait l'apocalypse avec la montée du niveau des océans et 50 millions de réfugiés climatiques si la tendance au réchauffement climatique n'était pas inversée avant l'an 2000[1]. D'ici 2020, le niveau des océans risquait de monter d'un mètre et la température s'élever de 1°C à 7°C. Il n'en a rien été[2], pas plus que des autres catastrophes annoncées. Le niveau des océans s'est certes élevé mais de seulement quelques centimètres selon la moyenne des marégraphes, moins du dixième de la prédiction. Et la température s'est élevée de nettement moins d'un degré celsius (Figure 1.4)[3]. Ce n'est pas la montée des eaux qui chasse les migrants de leur pays d'origine mais la misère (Boas *et al* 2019), l'oppression et malheureusement aussi la guerre , comme on le voit aux portes de l'Union Européenne.

Pourtant, les édiles de l'Union Européenne et de l'Organisation des Nations Unies ont décrété que toute combustion de pétrole, de gaz naturel et de charbon devrait impérativement cesser d'ici 2050, année déclarée objectif d'un « *net zero* », la neutralité carbone. Toutefois, aussi longtemps que les trois quarts du CO_2 resteront émis par des pays qui, lors de la Conférence

---

1. wattsupwiththat.files.wordpress.com/2011/04/un_50million_11kap9climat.png

2. www.aei.org/carpe-diem/50-years-of-failed-doomsday-eco-pocalyptic-predictions-the-so-called-experts-are-0-50

3. dailyfriend.co.za/2021/03/19/how-climate-alarmists-fuel-climate-denial

des Parties, la COP26 de Glasgow en novembre 2021, ont confirmé continuer à avoir besoin des énergies fossiles pour leur développement, une neutralité carbone trop partielle ne modifierait pas la température de la Terre de façon significative. Une transition énergétique prématurée essentiellement tournée vers le « tout électrique », s'accompagnerait d'un pillage des ressources minérales de la Planète, de pollutions multiples et de graves dommages à l'environnement vraisemblablement bien pires que la simple poursuite de l'exploitation de forages existants. À mesure que la demande augmenterait, les matériaux critiques deviendraient de plus en plus vitaux, entraînant une concurrence géopolitique croissante pour leur possession[1]. Les conflits futurs ne seraient plus exacerbés par la conquête des champs pétrolifères comme durant la seconde guerre mondiale en Occident et en Extrême-Orient, mais pour celle des minerais critiques. La loi de l'offre et de la demande est une loi d'airain. La nécessité conjuguée à la rareté entraînerait une hausse vertigineuse des prix.

L'électricité d'origine nucléaire, pilotable, tentée d'être classée par la Commission Européenne « énergie verte » au grand dam des « verts » de la coalition gouvernementale allemande[2], pourrait certes être une alternative aux énergies intermittentes, éolien et solaire photovoltaïque. Mais elle ne représente que 4 % de l'énergie mondiale produite et consommée à l'heure actuelle. Serait-il raisonnable et surtout faisable de multiplier cette proportion par 25 en 28 ans ? L'insécurité serait aggravée par la prolifération du combustible et des déchets nucléaires. Avec le développement des énergies intermittentes, l'Europe a

1. www.iea.org/reports/the-role-of-critical-minerals-in-clean-energy-transitions

2. www.lemonde.fr/economie/article/2021/12/28/la-commission-europeenne-s-apprete-a-classer-le-nucleaire-comme-energie-verte_6107466_3234.html

de plus en plus besoin du gaz naturel pour pallier les caprices d'Eole. Conséquences : son prix s'envolait même avant l'invasion de l'Ukraine, relançant le coût de la vie et l'inflation et, par un hypocrite « écoblanchiment », l'Union Européenne a décidé de le classer « vert »[1]

Le mot-clé fourre-tout qui amalgame tout ce qui nourrit la peur est « climat ». Le climat serait « déréglé ». Il faudrait le « sauver », à tout le moins l'empêcher de « changer ». La carte à la Figure 2.1 rappelle les différents climats recensés sur Terre. Pour l'hexagone, quatre sont observés : océanique, continental, méditerranéen et montagnard. Raisonner sur un climat « moyen » est scientifiquement osé. En Sibérie existent des villes qui ont connu un écart de température de 100°C entre le plus froid au cœur de l'hiver et le plus chaud l'été. En France, 6°C séparent la température moyenne observée dans les Ardennes et celle du sud de la France. Mais surtout laisser croire qu'au nom d'une « justice » climatique, les habitants des régions tempérées devraient répondre des caprices de la météo ailleurs dans le monde, ne résiste pas à l'examen comme le montrera le Chapitre 2.

Pourtant, c'est bien de « crime contre l'Humanité », excusez du peu, que nous accusent certains activistes[2]. Les plus jeunes d'entre eux seraient inspirés de ne pas sécher l'école[3], ne serait-ce que pour apprendre l'histoire de l'Holocauste et éviter d'utiliser des mots dont ils ne semblent avoir compris ni le sens, ni la portée. Nous serions ainsi collectivement mais

1. www.lemonde.fr/planete/article/2022/02/02/malgre-les-protestations-la-commission-europeenne-accorde-un-label-vert-au-nucleaire-et-au-gaz_6112017_3244.html

2. twitter.com/gretathunberg/status/1218562946001002496

3. fridaysforfuture.org

aussi individuellement coupables de notre propre « empreinte carbone ». Sans doute inspirés par la pandémie COVID-19, certains, au hasard une Organisation non-gouvernementale comme WWF, sont tentés d'instaurer un « passe climatique »[1]. En plus des émissions de CO_2 émanant des services publics, professionnels de la Santé, hôpitaux, forces de l'ordre, forces armées, pompiers, services de secours, écoles, universités, administrations, on prétend nous culpabiliser d'émettre pour travailler, pour chauffer notre logement l'hiver, éventuellement pour climatiser par forte chaleur, pour rendre visite à nos proches et indirectement pour acheter des biens, de la nourriture, des vêtements, un véhicule fût-il électrique. Sa fabrication en effet a nécessité la consommation d'une quantité d'énergies fossiles supérieure à celle d'un véhicule à moteur thermique (Chapitre 6) avant même qu'il ait commencé à parcourir son premier kilomètre.

Les rapports successifs du *Groupe d'experts* (traduction très orientée du terme anglais « panel ») ***intergouvernemental***[2] *sur l'évolution du climat* (GIEC) nous bombardent de cartes de l'avenir climatique de la Planète constellées de régions plus coloriées en rouge les unes que les autres. La signification de cette couleur pourpre qui a également envahi les bulletins météo n'est plus à préciser. **Pourtant, les émissions de CO_2 du monde entier ont réchauffé la Terre de seulement *sept millièmes de degré* en 2019, avant les confinements liés à la pandémie COVID-19. La France pour sa part n'en est responsable que de 0,9 %, soit 0,00007°C.** Rapportée aux nombres de nos concitoyens, la « culpabilité » annuelle moyenne quant au

1. www.lejdd.fr/Politique/tribune-wwf-france-propose-au-prochain-president-un-passe-climatique-pour-sortir-de-limpasse-ecologique-4094787

2. Mot-clé essentiel relativisant le rôle scientifique attribué au GIEC

prétendu « crime » par une française ou un français se trouve ainsi limitée à 1 picodegré, un millième de milliardième de degré (0,000000000001°C) en moyenne. N'oublions pas de diviser ce chiffre par 365 pour évaluer l'impact de l'indulgence plénière, le bon geste quotidien pour le climat, que l'on nous incite à ne pas oublier. Le mot-clé « responsable » est repris dans les contenus publicitaires, reflets de l'air du temps, se gardant bien de préciser toutefois que le degré de « responsabilité » reste « homéopathique », dilué derrière une quinzaine de zéros après la virgule…

Pardon ? La déclaration de si faibles échauffements aux antipodes des cartes en rouge vif, ne peut provenir que d'un climato-sceptique, d'un polémiste, d'un complotiste selon le terme à la mode. Le premier « décodeur » autoproclamé venu s'empressera de le contrer. Et bien non, n'en déplaise aux esprits chagrins, **un réchauffement global de 0,007°C en 2019 est la conclusion qui émane du… GIEC lui-même**.

Mais, il nous faut creuser un peu pour la dénicher dans un narratif à dominante alarmiste.

Cette valeur imperceptible découle en effet de son dernier rapport AR6 qui écrit dans le paragraphe D.1.1, page 28 du *Résumé pour les décideurs* : *Each 1000 GtCO_2 of cumulative CO_2 emissions*[1] *is assessed to likely cause a 0.27°C to 0.63°C increase in global surface temperature with a best estimate of 0.45°C.* En français, « chaque mille milliards de tonnes d'émissions de CO_2 cumulées devraient réchauffer la Terre de 0,27°C à 0,63°C avec une meilleure estimation de 0,45°C ». La substance de la phrase est certes un peu moins frappante qu'un coup d'œil sur une mappemonde coloriée en diverses nuances de rouge, magie d'une

1. G signifie Giga, préfixe signifiant la multiplication par un milliard.

communication superbement rodée. La phrase se contente de transcrire l'impact d'une sensibilité climatique – définie comme l'augmentation de la température de la Terre au moment où la proportion de CO_2 doublerait dans l'air – issue des modèles de climat *Coupled Model Intercomparison Project Phase 6* (CMIP6) repris dans le rapport AR6. Le Chapitre premier montrera qu'elle reste exagérée. Les émissions mondiales de 2019 ont atteint 36 milliards de tonnes de CO_2[1], dont le GIEC nous dit que 44 % sont restées dans l'atmosphère, soit 16 milliards de tonnes, le reste ayant nourri la végétation par photosynthèse ou ayant été capté par les océans, sans contribution par conséquent à un réchauffement de la Terre. Le « cumul » concerne uniquement les 44 % qui restent dans l'atmosphère, au moins pendant quelques années. La mesure de l'augmentation annuelle de la concentration de dioxyde de carbone dans l'atmosphère effectuée par la *National Oceanic and Atmospheric Administration* (NOAA) à l'observatoire de Mauna Loa, la référence selon le GIEC, confirme de l'ordre de 2 parties par million (ppm) d'un volume d'air. 1 ppm correspond à une masse de 7,8 Gigatonnes de CO_2. On retrouve ainsi de l'ordre de 16 $GtCO_2$ ajoutés chaque année. Le calcul est immédiat : (16 $GtCO_2$ /1 000 $GtCO_2$) × (0,45°C ± 0,18°C) = 0,007°C ± 0,003°C. Ni être humain, ni animal ne peut ressentir une aussi faible hausse de température annuelle. Elle peut encore moins régir la météo de l'année au contraire de la litanie du climat « déréglé ».

Avec des chiffres aussi imperceptibles récusant *de facto* tout catastrophisme, l'argumentaire pourrait s'arrêter là. Mais il s'attachera à montrer non seulement que cette estimation du GIEC est exagérée, mais aussi à rappeler le bénéfice d'un tiers des émissions de CO_2 en faveur de la végétation et des

1. www.globalcarbonatlas.org

récoltes (Chapitre 3). Une population mondiale qui augmente de 10 % par décennie appelle un complément de nourriture. Serait-ce devenu un crime d'assurer suffisamment de nourriture à tous ? Le plancton océanique en surface et avec lui toute la chaîne marine bénéficie lui aussi d'une partie des 8 milliards de tonnes de CO_2 captées annuellement par les océans (Kieft *et al* 2021). Soulignons pour autant un impact non significatif sur leur basicité car contrairement au narratif courant, les océans ne sont pas acides même s'ils contiennent quelque 24 000 fois plus de CO_2.

Si l'on considère l'espérance de vie moyenne d'un être humain, sa respiration cumulée exhale environ 25 tonnes de CO_2 dans l'atmosphère. Respirer serait-il devenu un crime ? Les animaux respirent aussi. Et ne parlons pas des bactéries dont la masse totale représente mille fois celle des êtres humains (Bar-On *et al* 2018). Comme s'en amusait un internaute, un bœuf expire 600 grammes de CO_2 chaque heure. Voyager à 4 km/h dans un chariot tiré par deux bœufs émet donc 300 grammes de CO_2 par kilomètre. 300 gCO_2/km est l'émission d'une Ford Mustang ou d'une Ferrari à moteur thermique, affligées d'un malus est-il inutile de préciser, alors que le char à bœufs en est exonéré…

Durant la pandémie de COVID-19, porter un masque facial était obligatoire en maints endroits. Notre haleine expirée contient à peu près 1 % de CO_2, 25 fois plus que dans l'air extérieur. En respirant derrière la barrière du masque, nous réinspirons une partie du CO_2 expiré. Cela peut entrainer une certaine fatigue à la longue mais apparemment pas d'effet toxique. 1 % ou 10 000 ppm est ainsi la limite admise dans un sous-marin croisant longuement en plongée. Une étude conduite dans des classes (Corsi *et al* 2002) montre que si elles ne sont pas aérées comme elles l'étaient obligatoirement pendant la pandémie, la concentration de CO_2 peut couramment atteindre 2 000 à 3 000 ppm. Le CO_2 n'est nullement un polluant. Il est au contraire un fertilisant, un ingrédient aussi indispensable qu'irremplaçable à la vie végétale en général et au développement des plantes nutritives en particulier.

En 2019, la concentration de dioxyde de carbone dans l'atmosphère mesurée par la NOAA à l'observatoire de Mauna Loa atteignait 412 parties par million (ppm) d'un volume d'air (Figure 3.1). Puisque 1 ppm correspond à 7,8 Gigatonnes de CO_2, l'atmosphère contenait alors 3,2 10^{12} tCO_2 soit 3 200 000 000 000 tonnes de CO_2[1]. La réponse climatique transitoire est définie comme l'accroissement de la température de la Terre au moment où le taux de CO_2 atmosphérique doublerait dans l'atmosphère. Peu importe la valeur de départ puisque l'effet suit une loi logarithmique, chaque doublement impliquant la même hausse de température. Le rapport AR5 du GIEC l'évaluait dans une fourchette de 1°C à 2,5°C. Le Chapitre 1 reviendra sur cette « monstrueuse » incertitude pour reprendre le propos de Curry et Webster (2011). Au taux d'accroissement de 2019, similaire en 2021, de 16 $GtCO_2$/3 200 $GtCO_2$ = 0,5 % par an[2], le doublement attendra vraisemblablement bien au-delà de la fin de ce siècle si tant est qu'il doive intervenir. Attendra donc avec lui une augmentation de température comprise entre 1°C et 2,5°C selon le GIEC, en fait plus vraisemblablement de moins de 1°C comme le montrera le chapitre premier.

1. Pour le lecteur peu familier de la notation scientifique, rappelons que la *n*ième puissance de 10, 10^n, peut s'écrire 1 suivi de *n* zéros.

2. On retrouve 0,5 % par an en divisant l'accroissement moyen d'environ 2 ppm par an (Figure 3.6) rapporté aux 412 ppm de CO_2 dans l'atmosphère mesuré à l'Observatoire de Mauna Loa.

L'impact de l'émission, ou de la réduction, d'une tonne de CO_2 sur la température de la Terre peut se faire avec la fourchette des valeurs bibliques issues des modèles de climat retenus par le GIEC. Comme l'incertitude sur l'ampleur de la fourchette reste trop élevée, l'impact peut être réévalué sur une base issue d'un corpus de 111 articles qui ont eu le mérite d'avoir été publiés dans des revues internationales à comité de lecture, mais ont été superbement ostracisés par le GIEC au contraire de sa mission. C'est d'autant moins acceptable que la sensibilité climatique est la clé des projections de réchauffement futur. Certains travaux reprennent en particulier l'analyse de l'émission thermique du CO_2 atmosphérique dans l'infrarouge, comment il contribue à renvoyer vers l'espace la chaleur reçue du soleil, dans quelles proportions le phénomène est très légèrement affaibli en cas de doublement du CO_2 dans l'atmosphère, pour en déduire une sensibilité climatique inférieure à 1°C. **Quelle que soit la base d'évaluation, l'impact du principal émetteur, la Chine, resterait d'ici 2050 inférieur au seuil de mesurabilité de la température de la Terre.** Autrement dit, la politique d'aucun pays, adepte ou non de la neutralité carbone, ne saurait avoir un impact significatif sur la température de notre planète d'ici cette échéance.

Mais alors quid du climat « déréglé », des évènements météorologiques extrêmes, tempêtes, cyclones, tornades, orages, inondations, sécheresses, vagues de chaleur, vagues de froid, auxquels les media se sont convaincus qu'il fallait ajouter les feux de forêts ? D'une part, il est absurde de lier ces derniers à une augmentation de température annuelle de seulement 0,007°C selon les chiffres du GIEC. L'allumette craquée par le pyromane ou le mégot mal éteint par l'imprudent est le coupable, pas une « surchauffe » annuelle de 0,007°C. Le livre puis le film

Fahrenheit 451 nous rappelle qu'il faut 451°F, soit 233°C, pour l'auto-inflammation du papier. Même cumulé d'ici la fin du siècle, une hausse de 0,007°C par an ne saurait suffire… Le Chapitre 2 rappelle que la météo et ses fluctuations y compris extrêmes relèvent essentiellement des écarts de pression atmosphérique, mesurés par un baromètre, pas par un thermomètre. Ils sont régis par des mécanismes intrinsèquement chaotiques donc imprédictibles par leur nature propre. **Les fluctuations de température autour des « moyennes de saison » ne sont pas différentes aujourd'hui de celles mesurées par le plus ancien thermomètre du monde il y a près de quatre siècles.** Les fluctuations de température et de pression ont toujours été observées et continueront à l'être. Leur nature chaotique le veut ainsi. Restant imprédictibles au-delà de deux ou trois semaines, elles ne sauraient être attribuées à une augmentation de CO_2. Les moteurs du climat restent le soleil et les cycles naturels. Pour le vérifier, il convient d'examiner attentivement les messages envoyés par les sentinelles du climat, séries de températures, hausse du niveau des océans, superficies de glaciers et banquises, chaleur contenue dans les océans.

Le Chapitre 3 rappelle le bénéfice pour la végétation en général et les plantes nutritives en particulier du complément de photosynthèse assuré par un tiers des émissions de CO_2. Quarante-cinq plantes assurent 95 % de la nourriture végétale de l'Humanité. Leur croissance en fonction du taux de CO_2 a été mesurée, permettant d'un évaluer les bénéfices. La corrélation entre fluctuations de température de la Terre mesurées par satellite et fluctuations de l'accroissement annuel de CO_2 dans l'atmosphère est confirmée. Constatant un retard du CO_2 sur la température, retard également constaté dans l'analyse des carottages de glace en Antarctique, est-ce compatible avec un « effet de serre » qui a priori supposerait un décalage temporel inversé ? Une conséquence ne saurait précéder la cause.

Le Chapitre 4 insiste sur certaines conclusions du rapport AR6 du GIEC qui semblent avoir échappé aux media alarmistes. Il prolonge le travail de l'auteur accrédité comme relecteur critique (*expert reviewer*) des rapports AR5 et AR6 en soulignant les incohérences et en relevant la contradiction entre certaines conclusions et des travaux publiés dans des revues internationales à comité de lecture mais ignorés du rapport.

Le Chapitre 5 actualise et prolonge l'argumentaire montrant à quel point « L'urgence climatique est un leurre », titre d'un précédent ouvrage publié en 2018. En particulier, l'appel de la Banque Mondiale à lever 89 000 milliards de dollars pour la « finance climatique » (*sic*) d'ici 2030[1], devis qui a enflé jusqu'à 150 000 milliards lors de la COP26 pose au moins deux questions majeures : qui paierait de telles montants astronomiques et qui profiterait de cette formidable manne ?

Le dernier chapitre pourrait s'intituler « tout ça pour ça ? ». Il pose la question de l'éventuelle urgence d'une transition énergétique et donc économique, indépendamment de l'urgence climatique qui prétend la justifier, en considérant les réserves connues de ressources fossiles et les alternatives énergétiques. Laisser dans le sol ces ressources – d'autres se chargeraient de les exploiter de toutes façons – supposerait dans l'état actuel des connaissances scientifiques et technologiques de passer pour l'essentiel au « tout électrique » depuis la production d'énergie

1. www.worldbank.org/en/news/feature/2015/04/18/raising-trillions-for-climate-finance

jusqu'à son utilisation. Le véhicule propulsé par une pile à combustible alimentée par hydrogène peut être rangé dans la catégorie « électrique ». Le qualificatif habituellement associé est énergie « propre ». Mais le « tout électrique » est-il aussi « propre » que ses promoteurs se plaisent à le vanter ?

Les alternatives nucléaires présentent l'avantage essentiel du pilotable sur les énergies intermittentes, éolien et solaire photovoltaïque. Sont présentées dans leurs potentielles versions futures (i) fission de quatrième génération et (ii) fusion thermonucléaire contrôlée qui fonctionne déjà au stade du laboratoire de recherche mais n'a pas encore atteint celui de la déclinaison industrielle faute d'un rendement suffisant jusqu'à présent. Le chapitre insiste sur les succès en matière d'efficacité énergétique.

Aussi longtemps que les trois quarts des émissions resteront le fait de pays qui privilégient leur développement et à ce titre continueront à avoir besoin des énergies fossiles comme ils l'ont fait savoir lors de la COP26, certes en langage diplomatique, **le Chapitre 6 montre que la marche forcée de l'Union Européenne et de l'Amérique du Nord vers la neutralité carbone d'ici 2050 aurait un impact sur la température de la Terre limité à *1,5 à 2 centièmes de degré C, dont un demi-millième de degré lié à la décarbonation de la France.***

Au vu de tels chiffres frisant le zéro, ne serait-il pas temps de prendre conscience de la vacuité de l'urgence déclarée ? S'il est une urgence, c'est la dure réalité de l'invasion aux portes de l'Union Européenne. Début 2022, l'Europe versait *chaque jour* 700 millions d'euros à la Russie pour le prix de son gaz, devenu nécessaire pour assurer la fourniture d'électricité en absence de vent. Rançon de « l'écoblanchiment » de la Commission européenne, 700 millions d'euros, c'est aussi l'ordre de grandeur du prix de 200 chars russes…

CHAPITRE 1

Faible impact thermique de l'empreinte carbone

Si la tolérance naît du doute, qu'on enseigne à douter des modèles et des utopies, à récuser les prophètes de salut, les annonciateurs de catastrophes. Appelons de nos vœux la venue des sceptiques s'ils doivent éteindre le fanatisme (Raymond Aron)

Résumé du chapitre – La contribution au réchauffement de la Terre dénommée empreinte carbone, est évaluée pour les principaux pays émetteurs de CO_2. Elle est calculée à partir de la meilleure estimation de sensibilité climatique issue du dernier rapport du GIEC (AR6 2021) et comparée à celle déduite du spectre infrarouge d'émission thermique du CO_2 atmosphérique, en accord avec pas moins de 111 articles concluant à une sensibilité climatique égale ou inférieure à 1°C. L'accroissement moyen de température de la Terre de 0,05°C par décennie depuis 1945, début de l'accélération des émissions, est compatible avec moins de 1°C alors que les valeurs supérieures en divergent. **Même les hausses de température dues aux pays principaux émetteurs en 2019 resteraient d'ici 2050, objectif déclaré de neutralité carbone, en dessous du seuil de mesurabilité de la température moyenne de la Terre. D'ici cette échéance, la « culpabilité » de la France n'excèderait pas le millième de degré.**

La Terre verdit au sens propre comme le Chapitre 3 en rappellera les point-clés. C'est la bonne nouvelle. Elle est due à l'accroissement de la photosynthèse lié aux émissions de CO_2. Pourquoi alors ne pas continuer à profiter d'un bénéfice essentiel pour les plantes nutritives dans un contexte d'augmentation de la population mondiale de 10 % par décennie ? Pourquoi devrait-on diminuer les émissions de ce gaz indispensable et irremplaçable pour la végétation ? Parce que le CO_2 est un gaz à « effet de serre » nous répète-on, et que l'effet pourrait dangereusement réchauffer la Planète.

« Effet de serre », un terme inapproprié en matière de climat

Comment fonctionne une serre tropicale ? Le rayonnement solaire pénètre dans la serre dont les parois et le toit en verre sont transparents autour de la longueur d'onde du maximum de rayonnement solaire vers 0,5 micromètre. L'intérieur de la serre rayonne autour d'une longueur d'onde de 10 micromètres, dans l'infrarouge[1]. Les parois et le toit de verre sont opaques à cette longueur d'onde et bloquent le rayonnement. En conséquence, la température de la serre devient supérieure à la température extérieure. Il n'y a pas de parois dans l'atmosphère. La dénomination « effet de serre » est ainsi impropre. « Gaz à effet de serre » est encore plus inadapté. La vibration de deux atomes liés au sein d'une molécule qui en comporte au moins deux différents comme H et O dans la vapeur d'eau, C et O dans le dioxyde de carbone, et qui portent chacun des charges électriques de signe contraire, crée un dipôle oscillant. Le dipôle est susceptible de se coupler au champ électrique, également oscillant, d'un rayonnement électromagnétique comme celui du soleil permettant de l'absorber aux fréquences spécifiques de vibration. Le mécanisme permet aussi l'émission d'un rayonnement à ces mêmes fréquences. Ces phénomènes s'observent couramment

1. Le rapport des longueurs d'onde correspond au rapport des températures de la surface du soleil, ~ 6000 degrés Kelvin, et de celle de la Terre, 288 degrés Kelvin.

avec un spectromètre infrarouge. Le principal absorbeur est de loin la vapeur d'eau (Ollila 2017a) comme l'avait conclu John Tyndall dès 1859. La loi de Kirchhoff stipule que tout absorbeur est émetteur et réciproquement. En revanche, les principaux gaz de l'air, azote et oxygène, n'absorbent pas puisque leur molécule, N_2 et O_2, sont constituées de deux atomes identiques. Knut Ångström[1], qui a publié le premier spectre infrarouge moderne critiqua l'évaluation antérieure d'Arrhenius qui se vit contraint de réduire son estimation préliminaire[2].

La spectrométrie infrarouge a considérablement évolué au cours du vingtième siècle. Comme son nom l'indique, elle prolonge jusqu'à 1 000 micromètres au-delà du rouge le spectre de la lumière visible, l'arc-en-ciel, de 0,4 micromètre pour le violet à 0,8 pour le rouge. Elle offre la possibilité d'une analyse très précise des vibrations atomiques de tout corps composé d'au moins deux atomes différents, qu'il soit solide, liquide ou gazeux. L'assemblage des miroirs durant la construction de mon premier spectromètre infrarouge a constitué la phase préliminaire de ma thèse de doctorat d'état en 1969. Ses performances étaient moindres car le prisme utilisé pour disperser le rayonnement en absorbait et limitait l'accès à l'infrarouge lointain. C'est en 1976 que mon laboratoire a fait l'acquisition d'un spectromètre à transformée de Fourier, le second de ce type livré en France. Cette technique connue depuis Michelson et son interféromètre qui lui a valu le Prix Nobel de Physique en 1907, n'a pu se développer qu'à partir de la disponibilité de mini-ordinateurs capables de calculer rapidement la transformée de Fourier. Pour l'anecdote, le programme de calcul avait pour

---

1. Ångström, K., 1900. Über die bedeutung des wasserdampfes und der kohlensäure bei der absorption der erdatmosphäre. *Annalen Phyz.* **308**, 720.

2. Arrhenius, S., 1906. Die vermutliche Ursache der Klimaschwankungen. *Meddelanden fr_an K. Vetenskapsakademiens Nobelinstitut* **1**, n° 2.

support un ruban papier perforé… L'important était d'avoir accès à l'information complète depuis 1 jusqu'à 1 000 micromètres, qui plus est quelque cent fois plus rapidement qu'auparavant, offrant des perspectives d'investigation phénoménales pour l'époque, que nous ne nous sommes évidemment pas privés d'exploiter (Gervais 1983).

La définition de l'effet de serre donnée par le GIEC dans le glossaire de ses rapports est la suivante : « les gaz à effet de serre, les nuages et (dans une moindre mesure) les aérosols absorbent le rayonnement terrestre émis par la surface de la Terre et ailleurs dans l'atmosphère. Ces substances émettent un rayonnement infrarouge dans toutes les directions, mais, toutes choses étant égales par ailleurs, la quantité nette émise dans l'espace est normalement inférieure à celle qui aurait été émise en l'absence de ces absorbeurs en raison de la baisse de température avec l'altitude dans la troposphère avec pour conséquence l'affaiblissement de l'émission ». Le facteur clé est ainsi la baisse de température avec l'altitude dans la troposphère. Rien à voir donc avec le fonctionnement d'une serre tropicale. Pourtant l'appellation a été conservée sans doute parce qu'une serre tropicale évoque un ressenti de chaleur étouffante.

La température de la Terre à sa surface dépend, comme pour toutes les autres planètes rocheuses et satellites de planètes du système solaire ayant une atmosphère, du rayonnement solaire reçu et de la pression atmosphérique au sol (Nikolov et Zeller 2017). Sur Terre, le rayonnement vers l'espace de la vapeur d'eau, de loin le principal gaz dit à effet de serre, principalement actif autour de 5 kilomètres d'altitude, contribue à déterminer sa température. Le rôle du CO_2 reste modeste (Ollila 2017a, Coe *et al* 2021) et se manifeste à un peu plus haute altitude lorsque la pression atmosphérique raréfiée permet au rayonnement thermique de l'emporter sur la dissipation de chaleur par collision avec les molécules voisines, mécanisme prédominant à plus basse altitude.

Si le réchauffement reste modeste, il serait plutôt bénéfique, facteur de croissance et de progrès (Tol 2009), concept confirmé par William Nordhaus, lauréat du Prix Nobel en 2018. Le réchauffement peut-il devenir dangereux ?

Consensus revendiqué mais infondé

Les rapports du GIEC sont émaillés de graves incertitudes sur la sensibilité climatique, définie comme l'augmentation de la température de la Terre en cas de doublement de la proportion de CO_2 dans l'atmosphère. L'existence même de fourchettes pouvant atteindre un facteur trois, souligne l'absence de consensus au contraire de ce qui nous est rabâché. Dans l'histoire des sciences, les vérités d'hier peuvent être les erreurs d'aujourd'hui. La Science avance lorsque des concepts plus convaincants remplacent le consensus précédemment admis. La Science se construit par le processus de débat permettant de montrer la fausseté d'un concept même s'il a pu un temps faire consensus. Les jugements de valeurs et les revendications idéologiques traités comme une vérité objective n'ont pas leur place en science, sauf à la dénaturer en la politisant excessivement. Un prétendu consensus est un argument mis en avant lorsqu'il n'y a ni preuve, ni démonstration scientifique comme le montre l'extension bien trop large de la fourchette des valeurs possibles de sensibilité climatique dans les rapports du GIEC.

Le mot-clé « climatologie » est l'un des 55 qui définissent le champ d'application des enseignements et des recherches dans le cadre de la section 23 « Géographie physique, humaine, économique et régionale » du Conseil National des Universités. Pour autant, les scientifiques qui ont été impliqués dans l'écriture des rapports du GIEC tiennent à préserver l'importance de l'organisme qui a contribué à leur succès professionnel, leurs financements et leur influence. Dans une interview donnée à *Discover Magazine* d'octobre 1989, Stephen Schneider, auteur principal de rapports du GIEC confessait : « D'une part, en tant que scientifiques, nous sommes éthiquement liés à la méthode scientifique. D'un autre côté, nous ne sommes pas seulement des scientifiques, mais aussi des êtres humains. Pour éviter le risque d'un changement climatique potentiellement catastrophique, nous devons obtenir un large soutien pour capter l'imagination du public. **Cela signifie bien sûr obtenir une couverture médiatique. Nous devons donc proposer des scénarios effrayants, faire des déclarations dramatiques simplifiées et faire peu mention des doutes que l'on pourrait avoir.** Chacun de nous doit décider quel est le bon équilibre entre être efficace et être honnête. »

L'appellation « climato-sceptique » désigne des scientifiques, y compris des lauréats du Prix Nobel[1], qui n'ont pas été convaincus par la vision *mainstream*, ou pensée unique[2]. Le scepticisme est une qualité essentielle pour un chercheur. Le concept suppose de ne pas tirer de conclusions prématurées et

1. thebestschools.org/features/top-climate-change-scientists list.fandom.com/wiki/List_of_scientists_who_disagree_with_the_scientific_consensus_on_global_warming www.wikiberal.org/wiki/Liste_de_scientifiques_sceptiques_sur_le_réchauffement_climatique

2. *pensee-unique.fr*, dénomination choisie pour son site internet par le regretté Jacques Duran, ancien directeur de recherche au CNRS, ancien Directeur des études à l'Ecole Supérieure de Physique et Chimie de Paris (ESPCI) auprès du Prix Nobel Pierre-Gilles de Gennes, et ancien Vice-Président chargé de la Recherche, de l'Université Pierre et Marie Curie

d'examiner attentivement toutes les possibilités. Mais le terme est devenu empreint d'accusation de complotisme. Pour notre part, nous préférons nous revendiquer climato-réalistes[1] car plus attentifs aux observations du climat *réel* qu'aux projections des modèles de climat *virtuel* qui, nous allons le voir, se contredisent exagérément les uns les autres, et ne sont pas validés par les observations.

Certains scientifiques paient un lourd tribut, châtiés qu'ils sont de ne pas adhérer à la pensée unique. Les tous derniers résultats sur le blanchiment de la barrière de corail par exemple montrent que la situation de 2016 était vraisemblablement liée au phénomène El Niño d'amplitude majeure cette année-là[2]. La barrière de corail a depuis complètement récupéré[3]. Peter Ridd[4], spécialiste de la barrière australienne qui plaidait pour le phénomène naturel a été abusivement licencié de son Université et a été contraint de se lancer dans un recours en justice. Nombre d'autres universitaires affichant des positions sceptiques ont été licenciés ou réduits au silence.

Saltelli[5] rapporte un épisode qui illustre le venin qui imprègne certains campus américains et qui commence à se répandre en Europe, y compris en France. *La Republica* attaqua l'université *Accademia dei Lincei*. Le titre du journal était *The Lincei organizes*

1. www.climato-realistes.fr

2. www.thegwpf.com/peter-ridd-record-coral-cover-of-great-barrier-reef-refutes-climate-alarmists

3. wattsupwiththat.com/2021/09/27/great-barrier-reef-experiencing-record-high-levels-of-coral-coverage

4. wattsupwiththat.com/2021/10/12/peter-ridd-case-academic-freedom-just-died-in-australia

climatechangedispatch.com/peter-ridd-will-continue-the-war-after-high-court-upholds-his-firing

5. judithcurry.com/2021/02/12/a-climate-of-dialogue

a workshop on climate, and gives the floor to denier (donne la parole au sceptique) *Battaglia*. L'article notait également qu'un des organisateurs avait démissionné en guise de protestation à la présence de ce professeur. Tout cela pour une conférence cosignée de huit auteurs intitulée *Critical considerations regarding the anthropogenic global warming theory*, débat pourtant tout ce qu'il y a de plus normal et scientifiquement salutaire. Quelques jours plus tard, l'université annulait le congrès, offrant l'opportunité à des journaux d'accuser *l'Accademia dei Lincei* de censure. « Le suicide intellectuel de l'université *Lincei* pose des problèmes éthiques et justifie l'existence d'une police scientifique par laquelle sur des questions très sensibles, telles que le changement climatique et les espèces menacées, la littérature évaluée par les pairs et le discours public sont agressivement menacés par des shérifs autoproclamés dans la communauté scientifique », ajoute Saltelli.

Tout aussi instructive apparait une contravention flagrante aux règles de publication dans des revues internationales à comité de lecture prévalant depuis des décennies. Selon le site de la revue *History of Geo- and Space Sciences,* l'article de Pascal Richet (2021) reçu le 24 janvier 2021, révisé le 21 mars 2021, accepté le 11 avril 2021, a été publié le 26 mai 2021. L'article, examiné quant au fond à la fin du chapitre suivant, traite de l'analyse des carottages de glaces de Vostok dans l'Antarctique et montre que la décroissance du CO_2 atmosphérique suit celle de la température avec un retard pouvant atteindre jusqu'à 7 000 ans. Puisque la cause présumée, le CO_2 et son effet de serre, est censée précéder la conséquence, la température, le résumé de l'article se conclut par : « le débat climatique actuel doit être considéré comme la dernière des grandes controverses qui ont jalonné la marche des sciences de la Terre, même s'il diffère sensiblement des précédents par ses ramifications sociales, environnementales, économiques et politiques les plus variées». L'article a été retiré d'autorité du site de la revue en juin 2021, y laissant toutefois le manuscrit primitivement accepté pour publication[1]. L'éditeur explique la rétractation par : « Le comité de rédaction de HGSS, les experts du domaine et *Copernicus Publications* ont pris la décision d'interdire temporairement l'accès à l'article et d'effectuer une révision post-publication ».

Le Professeur Richard Lindzen est ancien titulaire de la chaire Alfred P. Sloan de météorologie au *Massachusetts Institute of Technology* (MIT). Il est auteur de plus de 200 publications dans des revues internationales à comité de lecture concernant la météorologie et la climatologie qui ont été validées par plus de 10 000 citations dans ces mêmes revues. A ce titre et à l'instar de trois collègues, il était *referee* (rapporteur) du manuscrit avant publication. A la demande de la *co-présidente du Groupe I du GIEC* d'avoir une copie de son rapport, le Professeur Lindzen répondit : « Votre demande est extraordinairement inappropriée. Les articles dans des revues sont censés alimenter le débat scientifique et ne sauraient être considérés comme vérités d'Evangile (le propos anglais est « items of certified authority »). Une action appropriée est de rédiger un commentaire pour publication dans la même revue. Cela permet un débat étayé par des arguments ». C'est effectivement la procédure habituelle en cas de controverse. Concernant l'éthique invoquée, Pascal Richet répond aux « experts du domaine » qui prétendent que « l'Industrie bénéficie des conclusions de l'article », que « selon les mêmes arguments, que devrait-on dire des profiteurs des 89 000 milliards de dollars (Banque Mondiale)[2] du business climatique entre 2015 et 2030 ? »

1. hgss.copernicus.org/articles/12/97/2021/hgss-12-97-2021.html
2. www.worldbank.org/en/news/feature/2015/04/18/raising-trillions-for-climate-finance

Une autre critique de l'article de Pascal Richet est : « L'auteur ne justifie pas d'une liste de publications en sciences du climat, géochimie des carottages de glace, ou sciences atmosphériques, et de relations avec les groupes français de recherche sur le climat comme l'IPSL ou le CNRM ». Cette phrase a le mérite de désigner clairement les « experts du domaine » à l'origine de la censure de l'article. On apprend avec intérêt que pour publier dans un domaine, il faudrait déjà avoir publié dans ce domaine. Autrement dit, une doctorante ou un doctorant ne serait pas autorisé à publier son premier article. On apprend avec encore plus d'intérêt que l'on est censé publier de préférence avec l'antenne locale du GIEC[1]. Dans le passé, pour être autorisé à publier, il fallait que l'évêque délivre son *Imprimatur*. Bienvenue dans l'Eglise de Climatologie… Pascal Richet ajoute : « Si *Copernicus* veut rester logique avec cette injonction, il faudrait qu'il change de nom. Puis-je rappeler que Copernic était administrateur d'église connu pour son Traité de la monnaie (1526) et n'avait jamais publié sur l'astronomie avant d'exposer sa vision révolutionnaire du monde ».

Les « experts du domaine » ont choisi la censure au lieu de la procédure habituelle pour un commentaire sur un article. Le commentaire est lui-même soumis à un comité de lecture avant publication dans la même revue, éventuellement suivi d'une réponse de l'auteur au commentaire, elle-même soumise à la revue par les pairs. Cette procédure est en faveur du débat scientifique. Pourquoi les « experts du domaine » ont-ils préféré rester dans l'anonymat ? Anonymat très relatif d'ailleurs au vu

1. L'antenne en question, l'IPSL, a en effet dans ses rangs deux co-président successifs du Groupe I du GIEC, l'une employée et l'autre retraité du Commissariat à l'énergie atomique (CEA). On peut par ailleurs s'interroger sur le pourquoi d'une mission du CEA sur le climat.

des petits cailloux qu'ils ont laissé sur le chemin… Pourquoi ne se sont-ils pas mis en avant en signant un commentaire qui aurait participé au débat et aurait pu être cité par la suite ? Ont-ils pensé que cela aurait pu être contreproductif et risqué ? Ils ont semble-t-il préféré envoyer un message qui se veut exemplaire à une structure éditoriale : interdiction à l'avenir de publier un article qui contreviendrait à la ligne *mainstream*. Pensant à Lyssenko, en reviendrait-on aux pratiques en vogue à l'ère Stalinienne ? Cette attitude inqualifiable montre à quel point le GIEC a pour le moins un caillou dans la chaussure avec les publications dans des revues internationales à comité de lecture au point de ne pas trouver d'alternative à censurer les plus gênantes. Voilà qui renforce l'importance du tableau 1.1 qui suit.

Judith Curry est Professeur émérite, ancienne présidente de l'Ecole des sciences atmosphériques et de la Terre au *Georgia Institute of Technology*. Elle dirige le Réseau des applications à la prédiction climatique (CFAN). Dans une interview au *Point*[1], elle déclarait : « L'indépendance d'esprit et la climatologie sont devenus incompatibles », car « la climatologie est devenue un parti politique de tendance totalitaire. Dans ce milieu, il convient de ne pas trop aimer le capitalisme ni l'industrie, et de pencher de préférence pour un gouvernement mondial plutôt que pour des gouvernements nationaux : la climatologie est devenue une science douteuse au profit d'un projet politique […] Les scientifiques ne précèdent pas les politiciens, ils courent derrière eux ». Elle ajoute : **« Il me revient en mémoire une conversation, en 2005, avec Rajendra Pachauri, un ingénieur des chemins de fer indiens reconverti dans la climatologie et directeur du GIEC, Prix Nobel de la paix en 2007. Pachauri**

1. *Le Point*, n° 2396, 2 Août 2018.

m'avoua sans vergogne qu'il ne recrutait pour l'ONU que des climatologues convaincus par la cause du dioxyde de carbone, à l'exclusion de tous les autres ».

Ne nous voilons pas la face, la liberté académique est en crise. Les épisodes s'apparentant à la « cancel culture » dans lesquels l'activisme est exalté au détriment du débat scientifique et de la pensée critique, ont tendance à se multiplier[1]. « On assiste à une remise en cause des savoirs et à la multiplication de dogmes dans de nombreuses disciplines [...] Les bébés éveillés[2] pleurnichards et l'accent insensé mis sur la victimisation, le genre et la diversité au détriment des valeurs académiques ont fait de nombreuses universités des endroits assez dysfonctionnels et même effrayants », écrit Judith Curry[3]. Une science manipulée[4] et l'alarmisme climatique rejoignent ces dévoiements[5].

Les climatosceptiques sont qualifiés de *deniers* en anglais. Dénier suppose une vérité établie. Mais justement, le tableau 1.1 recense pas moins de 111 articles qui, dans le contexte, ont eu le mérite d'être passés sous les fourches caudines de la revue par les pairs pour conclure à une sensibilité climatique égale ou inférieure à 1°C. La fourchette dans le dernier rapport AR6 (2021) du GIEC a été resserrée à 1,3 – 2,1°C, valeurs supérieures à 1°C. Les sensibilités climatiques à l'équilibre, équilibre qui serait peut-être atteint d'ici deux ou trois siècles, sont encore plus élevées. On reste tellement loin d'un consensus que le mot

1. cspicenter.org/wp-content/uploads/2021/03/ESummary.pdf
quillette.com/2021/02/05/more-weight-an-academics-guide-to-surviving-campus-witch-hunts

2. Woke est le prétérit de wake (s'éveiller)

3. judithcurry.com/2021/12/30/year-in-review-2

4. townhall.com/columnists/hsterlingburnett/2021/03/23/many-climate-crisis-claims-are-based-on-manipulated-science-n2586662

5. climatechangedispatch.com/when-climate-alarmism-meets-cancel-culture

perd tout sens. Il ne saurait donc y avoir déni, encore moins négationnisme selon le qualificatif d'une rare impudence jeté à la face des sceptiques. L'Holocauste est un fait historique. Les projections de température d'ici la fin du siècle se contredisent. Comment pourrait-on « nier » ou « dénier » ce qui reste trop fortement contradictoire et surtout ce qui n'est pas encore arrivé ?

Rasool et Schneider 1971	0,8°C
Weare and Snell 1974	0,7°C
Willett 1974	~ 0°
Zdunkowski *et al* 1975	< 0,5°C
Oliver 1976	négligeable
Bryson et Dittberner 1976	$\Delta T = 3{,}346 \ln(CO_2)$, correspondant à 0,7°C (Eqs. 2 à 4)
Dyson 1977	« grande incertitude »
Newell et Dopplick 1979	< 0,25°C
Robock 1979	« pas d'effet significatif »
Choudhury et Kukla 1979	Effet de refroidissement du CO_2 plutôt que réchauffement
Idso 1980	< 0,26°C
Ramanathan 1981	0,5°C
Gates *et al* 1981	0,3°C
Schuurmans 1983	0,2 à 0,4°C à la concentration actuelle
Fung *et al* 1984	1 à 2 W/m^2 (Watt par mètre carré) d'où 0,3° à 0,6°C
Idso 1984	Effet de serre inverse
Balling 1994	< 1°C
Lindzen 1994	2 W/m^2, d'où 0,66°C
Idso 1998	0,4°C
Hug 2000	La résonance des collisions réduit l'effet en dessous de 1°C

Khilyuk et Chilingar 2003	< 0,01°C
Jelbring 2003	~ 0°
Cess et Udelhofen 2003	Effet décroissant avec le temps
Khilyuk et Chilingar 2006	0,01°C
Barrett *et al* 2006	3,1 W/m^2 d'où 0,9°C
Bellamy et Barrett 2007	< 1°C
Miskolczi 2007	0,24°C
Chillingar *et al* 2009	négligeable
Florides et Christodoulides 2009	0,01 à 0,03°C
Gerlich and Tscheuschner 2009	L'effet de serre atmosphérique reste à démontrer
Lindzen et Choi 2009	0,5°C
Miskolczi 2010	négligeable
Soares 2010	négligeable
Clark 2010	Ne peut causer un changement climatique
Wagoner *et al* 2010	« très faible »
Gerlich et Tscheuschner 2010	« sans influence »
Lindzen et Choi 2011	0,7°C
Nahle 2011	négligeable
Arrak 2011	Le réchauffement de l'Arctique n'est pas dû à l'effet de serre
Fang *et al* 2011	« grandes incertitudes »
Zhao 2011	« pas de preuve »
Kramm et Dugli 2011	« conjectures sans mérite »
Ollila 2013	0,51°C
Clark 2013	négligeable
Singer 2013	~ 0°
Avakyan 2013	« insignifiant »
Harde 2013	2,6 W/m^2, d'où 0,78°C
Laubereau et Iglev 2013	~ 1°C
Choi *et al* 2014	0,5 à 1,2°C

Gervais 2014	2,2 W/m², d'où 0,66°C
Ollila 2014	0,6°C
Chilingar *et al* 2014	« essentiellement pas d'effet »
Lightfoot et Mamer 2014	2,8 % de l'effet de la vapeur d'eau ~ 30° × 0,028 = 0,84°C
Miskolczi 2014	« effet impossible »
Harde 2014	0,6°C
Kauppinen *et al* 2014	« moins de 10 % du changement de température »
Reynen 2014	0,03°C
Soon et al 2015	0,44°C
Kimoto 2015	0,14 – 0,17°C
Kissin 2015	0,6°C
Schmithüsen *et al* 2015	« effet refroidissant »
Monckton *et al* 2015	1°C
Ollila 2016	1°C
Smirnov 2016	0,4°C
Bates 2016	~ 1°C
Evans 2016	< 0,5°C
Gervais 2016	< 0,6°C
Haine 2016	négligeable
Manheimer 2016	négligeable
Vares *et al* 2016	négligeable
Easterbrook 2016	négligeable
Allmendinger 2016	négligeable
Ellis et Palmer 2016	« ne joue pas ou peu »
Specht *et al* 2016	0,4°C
Hertzberg et Schreuder 2016	« rien ne permet de l'affirmer »
Song *et al* 2016	« pas de changement significatif de l'OLR »
Harde 2017a	0,7°C
Ollila 2017	0,6°C

Abbot et Marohasy 2017	< 0,6°C
Scafetta *et al* 2017	< 1°C
Smirnov 2017	0,4°C
Kramm *et al* 2017	négligeable
Lightfoot and Mamer 2017	négligeable
Robertson and Chilingar 2017	négligeable
Hertzberg *et al* 2017	« rien de la description effet de serre ne résiste à l'examen »
Davis 2017	aucun effet
Allmendinger 2017	négligeable
Holmes 2017	négligeable
Harde 2017b	0,7°C
Nikolov et Zeller 2017	Ne jouent que l'irradiance solaire et la pression au sol
Wong et Minnett 2018	négligeable
Smirnov 2018	0,4°C
Lightfoot et Mamer 2018	négligeable
Stallinga 2018	0,5°C
Davis *et al* 2018	faible au mieux
Allmendinger 2018	pas d'effet
Fleming 2018	« aucun rôle »
Swift 2018	accroissement de 3 W/m^2 soit 0,9°C
Kato *et al* 2018	« décroissance de l'irradiance LW »
Sejas *et al* 2018	effet négatif
Ollila 2019	0,6°C
Holmes 2019	négligeable
Krainov et Smirnov 2019	0,4°C
Kim and Lee 2019	1 W/m^2, d'où 0,3°C
Varotsos et Efstathiou 2019	négligeable
Kennedy et Hodzic 2019	négligeable
Fleming 2020	négligeable

Drotos *et al* 2020	négligeable
Stallinga 2020	< 0,5°C
Schildknecht 2020	0,5°C
Coe *et al* 2021	0,5°C

Tableau 1.1 – 111 études publiées dans des revues internationales à comité de lecture concluant à une sensibilité climatique inférieure ou égale à 1°C, listées par année de publication. Une partie correspond à la liste actualisée chaque année par Pierre Gosselin (*notrickszone.com/50-papers-low-sensitivity*). Lorsqu'une sensibilité climatique est précisée, elle est reportée dans le tableau. Lorsqu'un flux (ou forçage) radiatif est indiqué, il est converti en sensibilité climatique avec l'équation (2) de l'Annexe en fin de chapitre. En leur absence, la conclusion clé de l'article est indiquée.

La Figure 1.1 reporte le nombre d'études du tableau 1.1 publiées chaque année.

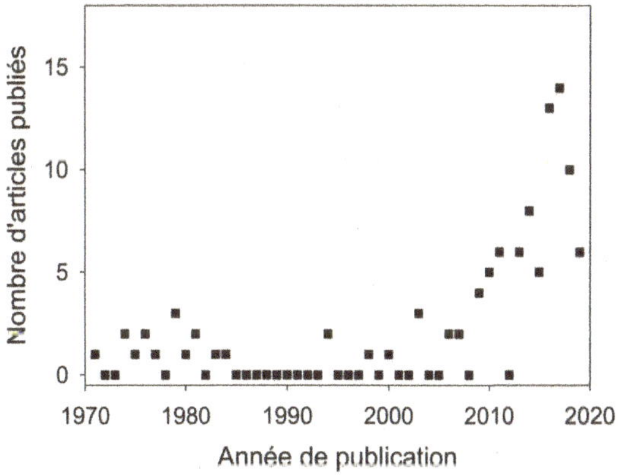

Fig. 1.1 – Nombre d'études publiées chaque année dans des revues internationales à comité de lecture concluant à une sensibilité climatique faible (égale ou inférieure à 1°C) reprises du Tableau 1.1. Une tendance à l'accélération est observée depuis le début de ce siècle.

Une tendance à l'accélération est observée depuis 2006. Le rapport AR4 du GIEC a été publié en 2007. Il a valu au GIEC et à Al Gore, ancien vice-président américain actif dans la négociation du Protocole de Kyoto, le Prix Nobel de la paix. Le Prix ne relevant pas d'une discipline scientifique est une indication de choix politique. La climatologie était moins sujette à controverse avant la création du GIEC qu'après.

Les scientifiques « sceptiques » qui voient le réchauffement comme modeste, sans vrai danger, voire présentant certaines vertus, sont classés d'autorité comme complotistes, à l'extrême-droite de l'échiquier politique. Plusieurs exemples indiquent clairement le contraire. Claude Allègre, ancien directeur de l'Institut de Physique du Globe, membre de l'Académie des Sciences, lauréat du Prix Crafoord en 1986, *l'équivalent du Prix Nobel pour les Sciences de la Terre*, lauréat de la médaille d'or du CNRS, a été Ministre de l'éducation nationale, de la recherche et de la technologie dans le gouvernement socialiste de Lionel Jospin. L'actuelle co-présidente du Groupe I du GIEC avait été à la tête de la bronca dirigée contre lui lors de la sortie de son livre « L'imposture climatique ou la fausse écologie »[1]. Un autre exemple est le Professeur Vincent Courtillot, qui également a été directeur de l'Institut de Physique du Globe. Il est membre de l'Académie des Sciences et a été directeur de la recherche dans le ministère d'un gouvernement socialiste. Aux États-Unis, on peut citer le Professeur Steven Koonin qui était Sous-secrétaire des Sciences dans le Département de l'énergie sous la présidence de Barack Obama.

Les 111 études du Tableau 1.1 sont à comparer à celles listées par Knutti *et al* (2017) où 47 sensibilités climatiques TCR ou intervalles de TCR sont cités. Parmi celles-ci, une seule conclut à 1°C et une seule autre à moins de 1°C (Ollila 2014). 78 ECS (*Equilibrium climate sensitivity*) ou intervalles

1. Ed. *Plon* (2010).

d'ECS sont également passés en revue. Seulement 7 études rapportent 1°C ou moins (Idso 1998, Lindzen and Choi 2009, 2011, Monckton *et al* 2015, Bates 2016, Specht *et al* 2016, Harde 2017). Pourquoi un tel tri sélectif si différent du Tableau 1.1 ? Knutti est auteur principal du rapport AR5 du GIEC (2013), de *son Résumé pour décideurs* et du résumé technique. Il est aussi *Coordinating lead author* du chapitre 12. Son nom apparait pas moins de 201 fois dans le rapport AR5, y compris via 75 autocitations. Ainsi est-on autorisé à se poser la question de la politisation des rapports depuis l'AR4 au vu du tri sélectif opéré par le GIEC, de l'autocitation très exagérée et de l'exclusion du vaste corpus de travaux revus par les pairs listés dans le Tableau 1.1.

Coup de froid sur la sensibilité climatique

La Figure 1.2 (Gervais 2021) actualise la Figure 1 de Gervais (2016). Elle ajoute aux résultats du Tableau 1.1 lorsqu'un résultat numérique est fourni pour la sensibilité climatique ou pour le flux radiatif qui peut être converti en sensibilité climatique, les résultats obtenus à partir de séries instrumentales de température et de chaleur contenue dans les océans rapportées par Hausfather (2018) à partir des travaux cités par Knutti *et al* (2017). Avec quelques résultats plus récents, l'ensemble fournit un éventail de ce qui a été publié sur ce concept clé en matière de rôle quantitatif du CO_2 sur le climat.

La Figure 1.2 montre sans la moindre ambiguïté l'absence évidente de consensus et souligne l'incertitude majeure sur l'amplitude du réchauffement futur de la Planète. A noter qu'une régression linéaire indique un « refroidissement » des valeurs publiés tendant vers un peu moins de 1°C en 2021.

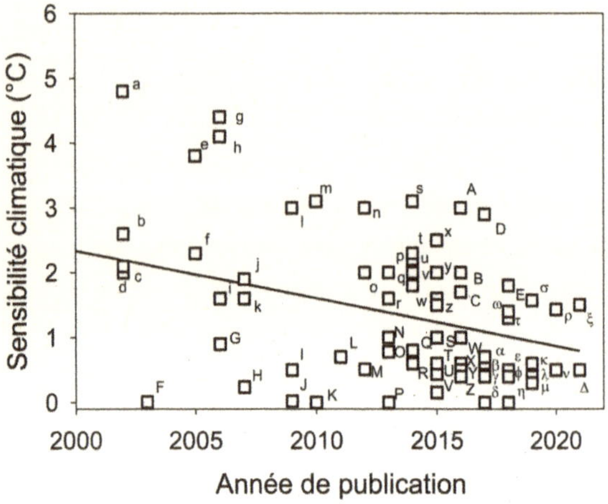

Fig. 1.2 – Sensibilité climatique issue de séries instrumentales rapportées par Hausfather (2018) à partir de l'article de Knutti *et al* (2017), complété de résultats plus récents et des données du Tableau 1.1 : a : Knutti *et al* 2002 ; b : Kaufmann et Stern 2002 ; c : Gregory *et al* 2002 ; d : Harvey and Kaufmann 2002 ; e : Tsushima *et al* 2005 ; f : Frame *et al* 2005 ; g : Stern 2006 ; h : Forest *et al* 2006 ; i : Forster and Gregory 2006 ; j : Schwartz 2007 ; k : Chylek 2007 ; l : Murphy *et al* 2009 ; m : Lin *et al* 2010 ; n : Schwartz 2012 ; o : Aldrin *et al* 2012 ; p : Bengtsson et Schwartz 2013 ; q : Otto *et al* 2013 ; r : Lewis 2013 ; s : Urban *et al* 2014 ; Donohoe *et al* 2014 ; Lovejoy 2014 ; t : Kummer et Dessler 2014 ; u : Lewis 2014 ; v : Loehle 2014 ; w : Skeie *et al* 2014 ; x : Johansson *et al* 2015 ; y : Cawley *et al* 2015 ; z : Lewis and Curry 2015 ; Loehle 2015 ; A : Forster 2016 ; B : Loeb *et al* 2016 ; C : Lewis 2016 ; D : Armour 2017 ; E : Lewis et Curry 2018 ; F : Jelbring 2003 ; G : Barrett *et al* 2006 ; H : Miskolczi 2007 ; I : Lindzen et Choi 2009 ; J : Florides et Christodoulides 2009 ; K : Clark 2010 ; L : Lindzen et Choi 2011 ; M : Ollila 2013 ; N : Laubereau et Iglev 2013 ; O : Harde 2013 ; P : Singer 2013 ; Q : Lindzen 2014, Lightfoot et Mamer 2014 ; R : Gervais 2014 ; S : Monckton *et al* 2015 ; T : Kissin 2015 ; U : Soon *et al* 2015 ; V : Kimoto 2015 ; W : Bates 2016 ; X : Gervais 2016 ; Y : Evans 2016 ; Z : Smirnov 2016 ; α : Scafetta *et al* 2017 ; β : Abbot et Marohasy 2017, Ollila 2017a ; γ : Smirnov 2017 ; δ : Holmes 2017 ; ε : Stallinga 2018 ; φ : Smirnov 2018 ; η : Fleming 2018 ; χ : Ollila 2019 ; λ : Krainov et Smirnov 2019 ; μ : Kim et Lee 2019 ; ν : Stallinga 2020, Schildknecht 2020 ; ρ : Myrvoll-Nielsen *et al* 2020 ; σ : Haustein *et al* 2019 ; τ : Booth 2018 ; ω : Skeie *et al* 2018 ; ζ : Scafetta 2021a ; Δ : Coe *et al* 2021.

Incertitudes invraisemblables des modèles de climat retenus par le GIEC

A l'inverse, aucun « refroidissement » n'apparait dans les sensibilités climatiques issues des modèles de climat *Coupled Model Intercomparison Project Phase 5 and 6* (CMIP5, CMIP6), qui restent majoritairement dans la fourchette de 1,5°C à 4,5°C. C'était la même dans le rapport Charney de 1979. Si elles étaient ajoutées dans la Figure 1.2, l'absence criante de consensus s'en trouverait exacerbée. Quelques modèles CMIP6 concluent à une sensibilité climatique encore plus élevée, 5 des 34 modèles donnant une valeur supérieure à 2,5°C. A l'inverse, la plus faible valeur, 1,3°C correspond au modèle INM-CM4-8 de *l'Institut de Mathématiques Numériques de l'Académie des Sciences de Moscou* (Volodin *et al* 2019). 12 des 34 modèles correspondent à une sensibilité climatique à l'équilibre supérieure à 4,5°C (Nijsse *et al* 2020, McKitrick and Christy 2020, Scafetta 2021c). Elles ne sont pas reportées dans la figure en raison de la plage d'incertitude persistante. Il faut se rendre à l'évidence. Toutes les valeurs se récusent les unes les autres, considérablement pour certaines. La Figure TS.14 (a) du rapport AR5 (2013) du GIEC confirme (i) que les modèles CMIP5 ne sont pas d'accord entre eux, (ii) pour autant le rapport ne fait aucun choix parmi eux et (iii) qu'à l'exception du modèle INM-CM4-8, ils « chauffent » trop pour valider les observations de 1998 à 2012. L'actualisation des observations dans la Figure 1.3 publiée par Roy Spencer montre que l'immense majorité des modèles CMIP6 persistent à caracoler au-dessus des observations et continuent à en diverger. Les « spaghettis » ne convergent pas vers une projection commune. Ils divergent de plus en plus.

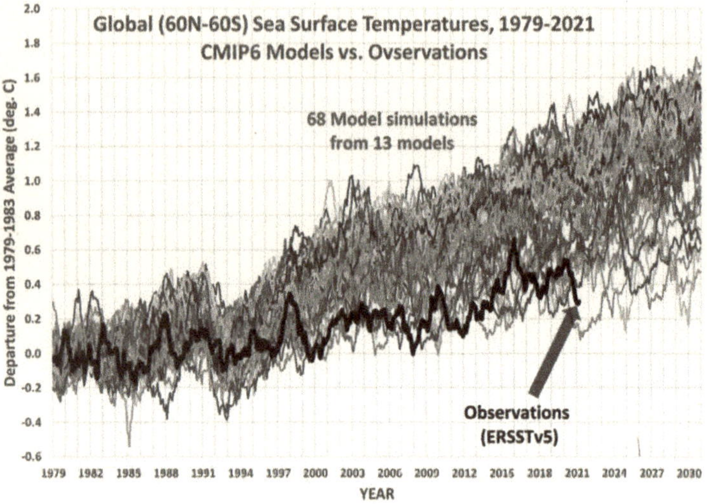

Fig. 1.3 – Actualisation des observations par satellite de Roy Spencer[1] comparées aux modèles de climat repris dans le rapport AR6 (2021). Scafetta (2021c) présente des courbes similaires.

Loin de l'affirmation d'une science établie, les incertitudes des modèles de climat apparaissent grandissantes, atteignant 3,8°C d'écart pour les modèles CMIP6 (Scafetta 2021c) comparé à 2,7°C pour les modèles CMIP5. Prendre la moyenne de valeurs fausses, sauf peut-être une, en écartant d'autorité celles inférieures à 1°C du Tableau 1.1 est hautement contestable. Et c'est sur des résultats ainsi essentiellement faux que l'on prétend justifier une politique de grande remise à zéro de l'économie (Chapitres 5 et 6) qui, risquant d'induire un chômage de masse dans certains secteurs, appauvrirait nombre de nos contemporains.

1. www.drroyspencer.com/wp-content/uploads/68-models-vs-obs-1979-2021-oceans-Fig01.jpg

Les astronomes par exemple prévoient précisément longtemps à l'avance, la date, le jour, l'heure et les lieux où une éclipse de soleil pourra être observée. **L'invraisemblable dispersion des points dans la Figure 1.2 ou la divergence des « spaghettis » dans la Figure 1.3 montrent que la climatologie apparait excessivement loin de la précision de prédiction en physique.**

McKitrick and Christy (2020) se sont penchés sur la question du pourquoi certains modèles CMIP6 « chauffent » trop (Fig. 1.3).[1] Par ailleurs, Zhu *et al* (2020, 2021) montrent que les valeurs de sensibilité climatique les plus élevées sont en désaccord avec les séries de température paléoclimatiques. Ils mettent en cause le traitement douteux des nuages dans les modèles. La balance énergétique de la Terre est l'écart entre le flux d'énergie qu'elle reçoit du soleil et celui qu'elle renvoie vers l'espace. Concernant ce concept essentiel, Wild (2020) souligne un écart élevé entre modèles, de l'ordre de 10 à 20 W/m^2. L'écart atteint 18 W/m^2 pour le flux moyen de chaleur latente en surface. L'Annexe en fin de chapitre montre qu'en cas de doublement du CO_2, le déficit de flux thermique émis au sommet de l'atmosphère déduit des spectres d'émission thermique dans l'infrarouge n'excèderait pas 2,6 W/m^2. Au rythme moyen d'accroissement de ~ 2 ppm par an observé depuis le début de ce siècle (Fig. 3.6), sa contribution par décennie resterait de l'ordre de $(20\ ppm/414\ ppm) \times 2{,}6\ W/m^{-2} = 0{,}13\ Wm^{-2}$. C'est *100 fois moins* que les ordres de grandeur des écarts entre modèles, illustrant à quel point ces derniers peinent à convaincre. Essex et Tsonis (2018) quant à eux décrivent les instabilités dans les calculs sur ordinateurs, et comment pour les éviter, une fausse stabilité est arbitrairement introduite.

1. Voir aussi : www.climato-realistes.fr/modeles-climatiques-artefacts-trompeurs/

Un modèle de climat est une représentation plus ou moins approximative de la réalité. Les systèmes chaotiques comme la prévision du temps qu'il va faire ou le climat sont particulièrement difficiles à modéliser. En conséquence, la prévision météo à quelques jours en période de temps « agité » reste peu fiable. Les modèles de climat ont des dizaines de paramètres ajustables. Ils doivent tenir compte de sous-systèmes majeurs comme l'atmosphère, les océans, glaciers, banquises, la biosphère et l'empreinte humaine autre que les gaz dits à effet de serre (Pielke *et al* 2009). Aucun n'est suffisamment compris. Chacun d'entre eux a ses propres cycles internes, ses résonances et ses rétroactions. Chacun interagit avec chacun des autres rendant la mécanique du climat intrinsèquement chaotique au sens mathématique du terme.

Pour une simulation sur ordinateur, il faut partager la planète en cellules élémentaires. Leur taille peut atteindre 100 kilomètres de côté, alors que la physique de certains phénomènes atmosphériques comme l'échange de chaleur se joue au niveau de molécules voisines à l'échelle du nanomètre. Dans chacune de ces immenses cellules, les propriétés sont décrites par des constantes. Sur une telle surface, un ou plusieurs orages peuvent se développer rendant la « constante » éminemment « variable ». Les échos radar de précipitations ne sont généralement pas uniformes sur de telles surfaces. Les modèles de climat virtuel ne sont pas le climat réel. La Figure 1.3 confirme que des dizaines de modèles différents donnent des dizaines de réponses différentes selon les choix préconçus des modélisateurs. Le « réglage » (tuning) des modèles est le stade un peu « sale » du processus dont les modélisateurs ne se vantent pas trop et qu'ils ont tendance à passer sous silence dans la publication de leurs travaux.[1] Cela revient pourtant à un ajustement à

1. www.climato-realistes.fr/modeles-climatiques-artefacts-trompeurs

l'objectif fixé (Golaz *et al* 2013), limitant le crédit de la modélisation climatique par la dose de subjectivité qui explique les écarts à la Figure 1.3. Scafetta (2021) montre par ailleurs à quel point les sensibilités climatiques les plus élevées restent peu crédibles.

La discussion sur les modèles de climat, leurs faiblesses, leur caractère inachevé remplirait une encyclopédie entière. Un pionnier dans ce domaine est Syukuro Manabe, lauréat du Prix Nobel de physique 2021 pour « la modélisation physique du climat de la Terre ». L'article de Manabe et Strickler (1964) a été cité plus de 1 060 fois dans les revues internationales à comité de lecture. Celui de Manabe et Wetherald (1967) a été cité plus de 1 890 fois. Ces scores remarquables sont un critère d'attribution du Prix Nobel de Physique. Sans enlever quoi que ce soit au mérite de Manabe, 44 ans après ces travaux de pionniers, Fu, Manabe lui-même et Johanson (2011) s'interrogeaient toutefois sur les causes des écarts entre modèles et observations. Et comme Manabe le confiait à son collègue de Princeton Freeman Dyson, lui déjà lauréat du Prix Nobel de Physique et qui le rapportait dans une interview de 2016[1], « un modèle de climat est un très bon outil pour la compréhension du climat mais c'est un très mauvais outil pour le prévoir ». La disparité des valeurs de sensibilité climatique (Fig. 1.2) et la divergence des projections des modèles de climat (Fig. 1.3) confirment les propos de Manabe. Pourquoi le comité Nobel a-t-il attendu 57 longues années pour honorer Manabe qui a déjà soufflé 90 bougies ? Ne pourrait-on y voir un coup de pouce un mois avant la COP26 ?

1. www.marijnpoels.com/single-post/2019/03/05/we-don-t-understand-climate-its-very-complicated-and-were-only-at-the-beginning-to-unders

Même si le GIEC se targue d'une « haute confiance » dans ses conclusions, la démonstration scientifique requise face aux enjeux considérables de la grande remise à zéro et de la neutralité carbone fait toujours défaut. « Haute confiance » se contente de refléter une opinion moyenne des auteurs du GIEC alors que leurs conclusions propres divergent considérablement entre elles comme le montre la Figure 1.3. Dans ces conditions, comment la Convention Cadre des Nations Unies sur les Changements Climatiques (UNFCCC) peut-elle raisonnablement prétendre[1] que les contributions déterminées nationalement (*Nationally Determined Contributions*) à la COP26 de Glasgow fin 2021 pourraient conduire à un réchauffement de 2,7°C à la fin de ce siècle ? Compte-tenu des incertitudes sur la sensibilité climatique et des projections des modèles de climat qui restent considérables, mettre en avant une telle valeur sans l'assortir de barres d'erreurs de grande amplitude relève d'une attitude de bureaucrates mais surement pas de scientifiques.

Émissions de CO_2 à la peine pour expliquer les séries de température

Appliquée à l'accroissement du CO_2 dans l'atmosphère depuis le début de l'accélération des émissions en 1945, l'équation (4) de l'Annexe évalue une contribution anthropique limitée à 0,3°C. Depuis 1945, les séries de température HadCRUT4 indiquent un réchauffement de 0,4°C (Figure 1.4) si l'on fait abstraction des fluctuations de type El Niño qui sont des phénomènes naturels.

1. unfccc.int/news/updated-ndc-synthesis-report-worrying-trends-confirmed

Pendant un épisode El Niño, profitant d'une faiblesse momentanée des alizés qui soufflent habituellement d'Est en Ouest, les eaux chaudes de surface tendent à revenir de l'Ouest de l'Océan Pacifique, réchauffant l'atmosphère de quelques degrés avec un impact sur la météorologie mondiale (Ho *et al* 2020). Durant un épisode La Niña, la montée des eaux profondes plus froides dans l'Est du Pacifique poussées vers l'Ouest par les alizés tend au contraire à refroidir l'atmosphère[1].

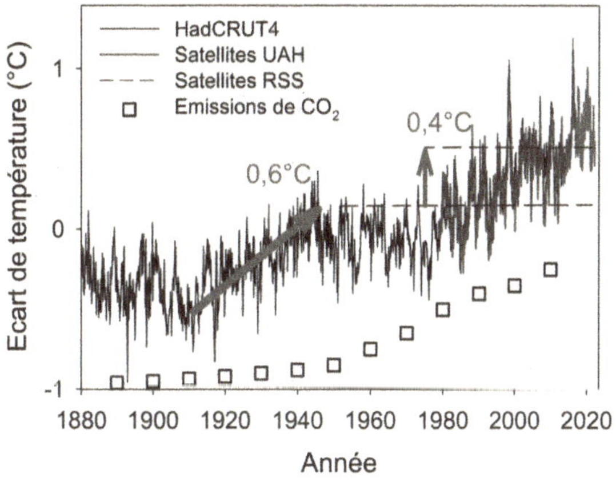

Fig. 1.4 – Ecarts de température rapportés par le Hadley Center britannique HadCRUT4, et mesurés par satellites UAH TLT[2] and RSS[3] à la surface de la Terre, comparés à l'accroissement du CO_2 dans l'atmosphère. De 1910 à 1945, pendant la hausse de 0,2°C par décennie, les émissions de CO_2 apparaissent beaucoup plus faibles qu'après 1945, avec pour autant une hausse limitée à 0,4°C, soit seulement 0,05°C par décennie.

Les données de température sont ici mensuelles et non lissées, ce qui est essentiel pour distinguer les fluctuations de

1. perhapsallnatural.blogspot.com/2022/01/how-global-warming-is-driven-by-pacific.html
2. vortex.nsstc.uah.edu/data/msu/v6.0/tlt/uahncdc_lt_6.0.txt
3. www.remss.com/measurements/upper-air-temperature

la tendance globale. Les mesures satellitaires de l'Université d'Alabama à Huntsville (UAH), plus homogènes et plus précises que la moyenne des relevés de stations inégalement réparties, montrent que si la tendance apparait de 0,12°C par décennie de 2000 à 2020, elle se limite à 0,01°C par décennie avant le pic El Niño de 2016 et ses répliques. Les températures de début 2022 ont rejoint le niveau d'avant 2016. **Un réchauffement atteignant 0,6°C a été observé de 1910 à 1945 alors que les émissions de CO_2 étaient encore trop faibles pour l'expliquer (Ring *et al* 2012).** Il s'agit d'une manifestation de la variabilité naturelle du climat qui est examinée plus en détail dans le chapitre suivant. Depuis 1945, la contribution anthropique de 0,3°C s'inscrit bien dans l'observation de 0,4°C validant une sensibilité climatique inférieure au degré alors qu'une valeur nettement plus élevée ne reproduirait pas les observations comme le confirme la Figure 1.3.

Empreinte carbone des pays les plus émetteurs de CO_2

Le tableau 1.2 regroupe les émissions de CO_2 des principaux pays émetteurs. Celles de la France et du Royaume-Uni, émetteurs restant, eux, dans la moyenne mondiale par habitant, sont ajoutées à titre de comparaison.

La composante anthropique au réchauffement ressort à 0,2 picodegré par tonne de CO_2 (Eq. 7) pour l'évaluation GIECo-compatible, et 0,1 picodegré par tonne de CO_2 (Eq. 5) avec une sensibilité climatique de 0,78°C. Ces résultats permettent à toute femme ou homme politique d'évaluer directement l'effet sur le climat d'une réduction chiffrée des émissions. Elle est rarement précisée au profit de l'antienne selon laquelle l'important est de réduire sans s'intéresser le moins du monde à l'impact thermique. Ce parti pris permet de cacher sous le tapis un impact infinitésimal. Un exemple chiffré : un automobiliste qui parcourt 100 000 kilomètres avec un véhicule émettant 200 grammes de CO_2 par kilomètre envoie dans l'atmosphère 20 tonnes de CO_2. Un tel « délit » sanctionné par un malus de 18 188 euros, s'accompagne d'un réchauffement de la Planète de 2 à 4 millièmes de milliardièmes de degré C. Un million de tels véhicules la réchauffera de 2 à 4 millionièmes de degré C. C'est aussi « l'épouvantable » réchauffement évité en remplaçant un million de véhicules à moteur thermique par des véhicules électriques...

Si, comme pour la consommation des véhicules, on devait inscrire une empreinte carbone sur les biens de consommation en vente comme certains le recommandent, cela remplirait la surface de l'étiquette avec beaucoup de zéros derrière la virgule puisque le facteur de conversion est ainsi 0,0000000000000000008°C par gramme de carbone (Eq. 8), et seulement la moitié (Eq. 6) avec la sensibilité climatique inférieure à 1°C.

En dépit des 36 milliards de tonnes de CO_2 émis en 2019 ou en 2021, et quel que soit le mode d'évaluation retenu, on restait ainsi dans les millièmes de degré par an, infiniment moins que les fluctuations de température autour des moyennes de saison ou celles entre le jour et la nuit en l'absence de couverture nuageuse. Lovejoy (2017) rapporte une incertitude sur les séries de mesures de température de la Terre d'environ 0,1°C tandis que *berkeleyearth.org* considère plutôt une incertitude de 0,045°C. Nous adoptons donc un seuil intermédiaire de 0,07°C pour le seuil de mesurabilité de la température moyenne de la Terre. La colonne 8 du Tableau 1.2 indique pendant combien d'années la contribution du pays au réchauffement au niveau de 2019 resterait imperceptible car en-dessous du seuil

Pays	**$MtCO_2$ /an**	**% ém.**	**Popul, (10^6)**	**tCO_2 /hab. /an**	**% d'accrois. CO_2/an**	**°C/an TCR GIEC 1,68°C**	**Années < 0,07° TCR GIEC**	**°C/an TCR 0,78°C**	**Réchauff. d'ici 2050 (Eq. 4)**
1	2	3	4	5	6	7	8	9	10
Chine	10 175	28	1 434	7	0,00006	0,0023°C	30	0,0011°C	0,039°C
USA	5 285	15	329	16	0,00003	0,0012°C	58	0,0006°C	0,021°C
Inde	2 616	7	1 366	2	0,00002	0,0006°C	> 100	0,0003°C	0,010°C
Russie	1 678	5	146	11	0,00001	0,0004°C	> 100	0,0002°C	0,007°C
Japon	1 107	3	127	9	0,000007	0,00025°C	> 100	0,0001°C	0,004°C
Iran	780	2	83	9	0,000005	0,0002°C	> 100	0,0001°C	0,003°C
Allemagne	702	1,9	83	8	0,000004	0,0002°C	> 100	0,0001°C	0,003°C
Indonésie	618	1,7	271	2	0,000004	0,00014°C	> 100	0,00007°C	0,002°C
Corée du Sud	611	1,7	51	12	0,000004	0,00014°C	> 100	0,00007°C	0,002°C
Royaume-Uni	370	1	67	5	0,000002	0,00008°C	> 100	0,00004°C	0,001°C
France	324	0,9	65	5	0,000002	0,00007°C	> 100	0,00003°C	0,001°C

Corée du Nord	39	0,1	28	1,4	0,0000002	0,000008°	> 100	0,000004°	0,0001°C
Monde	36441	100	7594	5	0,00022	0,008°C	9	0,004°C	0,14°C

Tableau 1.2 – Colonne 2 : émissions des différents pays de la colonne 1 en 2019, en millions de tonnes de CO_2 repris de *www.globalcarbonatlas.org*
Colonne 3 : pourcentage des émissions mondiales en 2019
Colonne 4 : population en 2019, en millions d'habitants
Colonne 5 : émissions en tonnes de CO_2 par habitant et par an
Colonne 6 : pourcentage de contribution annuelle de chaque pays à l'augmentation du CO_2 dans l'air
Colonne 7 : contribution en 2019 des principaux (et un des plus faible) émetteurs de CO_2 au réchauffement de la Terre évaluées avec la sensibilité climatique de 1,68°C reprise dans le rapport AR6 du GIEC (Eq. 7 de l'Annexe en fin de Chapitre).
Colonne 8 : nombre d'années pendant lesquelles le réchauffement dû aux émissions du pays resterait « asymptomatique » car en dessous du seuil de mesurabilité de 0,07°C de la température de la Terre
Colonne 9 : contribution en 2019 des principaux (et un des plus faible) émetteurs de CO_2 au réchauffement de la Terre évaluées avec la sensibilité climatique de 0,78°C (Eq. 5)
Colonne 10 : contribution de chaque pays au réchauffement de la Terre d'ici 2050, année déclarée objectif de neutralité carbone, extrapolée à partir de leurs émissions de 2019 et calculée avec l'équation (4).
Les colonnes 7 et 8 proposent une évaluation « politiquement correcte » dans la mesure où elles sont basées (Eq. 7) sur la meilleure estimation de sensibilité climatique donnée par les modèles de climat du *Coupled Model Intercomparison Project Phase 6* (CMIP6) qui ont l'onction du GIEC et sont à ce titre repris dans le rapport AR6 (2021). Ils limitent la *réponse climatique transitoire* à la fourchette 1,3-2,1°C, avec une meilleure estimation de 1,68°C (Nijsse *et al* 2020). En revanche, les résultats dans les colonnes 9 (Eq. 5) et 10 (Eq. 4) sont évalués avec une sensibilité climatique de 0,78°C établie à partir du spectre d'émission thermique du CO_2 atmosphérique (Eq. 3).

de mesurabilité. Ce nombre d'années qui dépasserait le siècle pour la plupart des pays s'inscrit résolument en faux contre l'accusation de « crime contre l'Humanité » ou de « trahison » des chefs d'état[1].

Le Tableau 1.2 montre aussi que même les pays principaux émetteurs ne modifieraient pas de façon significative la température de la Terre d'ici 2050, année déclarée objectif de neutralité carbone. **Les chiffres sont si minuscules que quelle que soit la politique d'un pays, réduire, continuer ou même augmenter modérément, ne changerait rien de mesurable.** En terme de danger potentiel, les jeunes d'ici qu'ils atteignent l'âge des actuels « boomers » ainsi que leurs ainés peuvent dormir tranquilles de ce point de vue, n'en déplaise à la propagande des marchands de peur. Soulignons qu'il s'agisse de la France ou du Royaume-Uni, *la « culpabilité » de chacun d'ici 2050 relève du millième de degré…*

Le Tableau 1.2 est une image instantanée. Les émissions des USA, second principal émetteur, ont par exemple diminué de 14 % de 2005 à 2019. L'avenir dépendra des avancées scientifiques, des innovations technologiques, de nouvelles méthodes de production d'énergie et des politiques énergétiques, qu'elles soient autoritaires ou qu'elles s'alignent sur la loi de l'offre et de la demande. **Mais même ainsi évaluées avec les dernières données des modèles de climat repris par le GIEC, l'affirmation d'une urgence climatique par un pays, par une région, par une ville, n'est nullement étayée et ne saurait l'être compte-tenu du caractère parfaitement imperceptible des températures en regard de l'affirmation devenue péremptoire.** Le rapport *Road to EU climate neutrality in 2050* (Brouwer and Bergkamp

1. secure.avaaz.org/campaign/en/climate_action_now_loc

2021) confirme le Tableau 1.2. Citant Lomborg (2016), le rapport souligne qu'atteindre la neutralité carbone en 2050 pour l'ensemble de l'Union Européenne se traduirait par un réchauffement évité de seulement 0,02°C. C'est là encore très en dessous du seuil de mesurabilité de la température de la Terre.

Aérosols et géo-ingénierie

Lorsque la Terre se refroidissait[1] de 1945 à 1975 en dépit de l'accélération des émissions de CO_2 (Fig. 1.4), Rasool et Schneider (1971) projetaient encore plus de refroidissement en considérant une plus forte concentration d'aérosols. Ces derniers ont un effet refroidissant confirmé de 0,5°C en 1992 à la suite de l'éruption du volcan Pinatubo (Chapitre 3) et plus encore après l'éruption du Tambora en 1815. L'année 1816 est restée connue comme l'année sans été. Dans l'article de Rasool et Schneider (1971), le refroidissement supplantait un réchauffement dû à une sensibilité climatique de 0,8°C. Wang *et al* (2021) confirment le concept en soulignant que les sensibilités climatiques les plus élevées dans les modèles CMIP6 sont pour partie compensées par le refroidissement lié aux aérosols et aux nuages. Toutefois, durant le vingtième siècle, les changements d'aérosols émis par les activités humaines étaient principalement concentrés dans l'hémisphère Nord. Par conséquent, selon qu'ils affichent des valeurs élevées ou non pour le refroidissement lié aux aérosols, une dissymétrie s'en déduit. La dissymétrie observée dans les séries de température entre les deux hémisphères tend à contredire les valeurs de sensibilité climatique les plus élevées.

1. stevengoddard.wordpress.com/1970s-ice-age-scare

Un plateau de température est mesuré par satellite dans la basse stratosphère, vers 17 kilomètres d'altitude, depuis 1994 comme le montre la Figure 1.5.

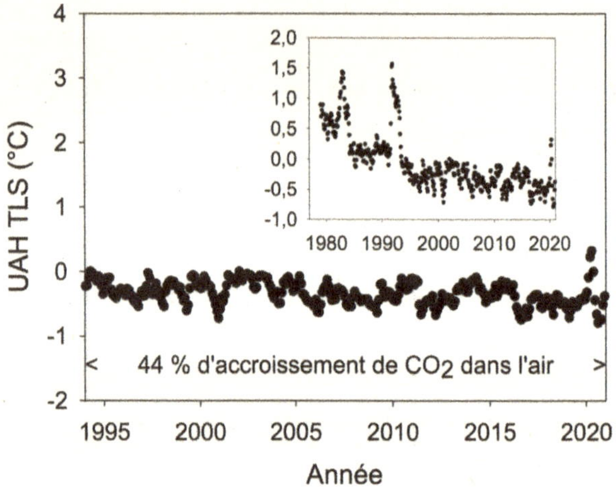

Fig. 1.5 – Plateau de température mesuré par satellite dans la basse stratosphère par le *Earth System Science Center, University of Alabama in Huntsville (UAH)* (mise à jour de Spencer *et al* 2017) à l'altitude de ~ 17 km de 1994 à 2021. La période correspond à pas moins de ~ 44 % des émissions de CO_2 depuis le début de l'ère industrielle. L'insert montre toutes les données disponibles mesurées. Les deux pics correspondent à des éruptions volcaniques.

La courbe insiste sur les 27 dernières années car :

1. la période antérieure (en insert) est trop influencée par les émissions d'aérosols dues à deux éruptions volcaniques majeures.
2. 27 ans correspondent à non moins de 59 % des émissions de CO_2 depuis 1959 mesurés précisément à l'Observatoire de Mauna Loa par le NOAA, considéré comme la référence en ce domaine, et à 44 % des émissions estimées depuis le début de l'ère industrielle.

L'absence d'évolution de 1994 à 2022 est cohérente avec la presque saturation de l'émission thermique du CO_2 évaluée à une altitude proche dans la Figure 1.6.

La géo-ingénierie est le projet consistant à voiler la lumière solaire par émissions d'aérosols. Les modèles de climat prévoient un réchauffement plus marqué aux deux pôles. Le réchauffement semble plus marqué en hiver qu'en été. Comme ces aérosols diffuseraient le rayonnement solaire, ils ne seraient efficients que durant la journée, et d'autant moins lorsque les jours sont courts, et sûrement pas pendant la longue nuit Arctique en hiver. Les disperser aux mauvais endroits et aux mauvais moments serait de bien peu d'efficacité. Si les scientifiques ont jusqu'à présent majoritairement repoussé l'idée de géo-ingénierie solaire, c'est qu'il y aurait quelque risque à jouer aux apprenti-sorciers. Le dioxyde de soufre, l'aérosol émis par les éruptions volcaniques et dont l'efficacité en matière de refroidissement est avérée, se combine à la vapeur d'eau pour former de l'acide sulfurique, constituants majeurs du grand smog de Londres en décembre 1952 qui a entraîné le décès de quelque 10 000 personnes et rendu malades 100 000 autres. En ensemencer l'atmosphère serait-il la meilleure idée du siècle ?

Effet d'îlot de chaleur urbain

L'échauffement au soleil des murs, des toits, de l'asphalte, des véhicules dans les villes et le stockage de chaleur qu'ils entrainent durant la nuit suivante, renforcent la tendance mondiale de la température après 1950. Scafetta (2021b) rapporte que les effets d'îlots de chaleur urbains peuvent augmenter les températures des villes de 6 à 9 °C au-dessus des températures des zones rurales environnantes. Ces biais importants altèrent les séries de températures. Les océans et les terres se réchauffaient de façon parallèle de 1900 à 1980. Toutefois pas avec la même amplitude car la capacité calorifique de l'eau est supérieure à celle des sols et des roches, minimisant le réchauffement des océans. Après 1980, les températures de surface des terres ont augmenté relativement plus vite, suggérant que près de la moitié de l'augmentation de la température des terres n'est pas climatique à proprement parler. **25 à 45 % du réchauffement de 1945 à 2020 (Fig. 1.4) apparaît artificiel, non climatique, même s'il est anthropique puisqu'il est dû à l'urbanisation.** Conolly *et al* (2021) et Soon *et al* (2022) confirment le biais d'urbanisation dans les séries de température. Ils montrent que les relevés ruraux (i) montrent un réchauffement limité à 0,55°C par siècle depuis 1850, (ii) qu'un tel échauffement s'explique simplement par l'évolution de l'irradiance solaire. Quant à l'urbanisation, elle est liée à l'augmentation de 10 % de la population mondiale chaque décennie. Un quart à un tiers des tendances au réchauffement observées en Chine de 1980 à 2015 sont attribués aux changements d'utilisation des terres (Chen et Zhao 2021). Une étude conclut de la même manière pour les tendances aux États-Unis[1].

Un réchauffement de 0,14°C d'ici 2050 relève-t-il de la catastrophe prétendue ?

L'Union européenne et les Nations Unies ayant déclaré l'année 2050 objectif de la neutralité carbone, quelle est le degré de culpabilité des principaux émetteurs ? Leur politique peut-elle éviter à la Planète la catastrophe annoncée d'ici là ? Le

1. www.drroyspencer.com/2021/02/urban-heat-island-effects-on-u-s-temperature-trends-1973-2020-ushcn-vs-hourly-weather-stations/

Tableau 1.2 fournit la réponse dans la colonne 10 en extrap... d'ici 2050 les émissions de 2019 pour les trois principaux pays émetteurs : Chine 0,04°C, États-Unis 0,02°C, Inde 0,01°C. La Chine et l'Inde n'ont pas caché lors de la COP26 qu'elles allaient augmenter leurs émissions durant la prochaine décennie. Les États-Unis réduisent leurs émissions. L'Europe voudrait mais peine à les réduire. **Au rythme actuel, la contribution à la température mondiale n'excéderait pas 0,14°C d'ici 2050. Ni 1°C, ni 2°C, ni 3°C, encore moins 5°C ou davantage comme le répètent à l'envi les médias alarmistes et les manifestants pour « sauver le climat », mais seulement 0,14°C.** Prétendre prévoir ce qui se passerait au-delà de 2050 reste entaché de graves incertitudes.

Sujet d'ironie pour le Professeur Richard Lindzen, si la température de votre corps est de 37,14°C au lieu de 37°C, votre médecin appelle-t-il une ambulance pour vous envoyer de toute urgence en soins intensifs ? Qui a montré qu'un surcroit de température de 0,14°C présenterait un quelconque danger et que l'éviter relève de l'application intransigeante du principe de précaution ? C'est le soleil, les nuages, les vents, la vapeur d'eau, les courants océaniques qui régulent le climat comme ce chapitre a commencé à le montrer et le complétera le chapitre suivant, tandis que les émissions de CO_2 n'ont qu'un effet marginal.

Les Nations Unies se sentent-elles capables de convaincre la Chine et l'Inde qu'il faille qu'elles cessent impérativement leurs émissions pour éviter un réchauffement d'ici 2050 de respectivement 0,04°C et 0,01°C ? De tels chiffres imperceptibles en termes de mesurabilité de la température de la Terre ne sauraient être tenus pour recevables en regard de leurs besoins de développement exprimés.

Que pensent les contribuables de politiques d'accroissement d'impôts, de taxes, de pénalités, de malus qui auront un impact très inférieur au seuil de mesurabilité même de leur objectif? Que pensent-ils des dirigeants et des parlementaires qui les leur imposent ? De toutes façons, on ne pourra empêcher les contribuables de penser que tant d'argent dépensé pour un impact frisant le zéro n'est autre que risible, comique, ridicule, absurde, idiot, grotesque selon le choix d'expression propre à chacun. Mais il n'en demeure pas moins que les contribuables n'auront pas d'alternative que de payer et leurs enfants et descendants d'éponger la dette abyssale que cette politique continuerait à creuser, si l'on n'en tirait pas dès à présent les conséquences.

Annexe à l'attention des lecteurs familiers du calcul scientifique

Quasi-saturation des spectres d'émission thermique du CO_2 atmosphérique – L'évolution du spectre infrarouge du CO_2 en cas de doublement de sa concentration atmosphérique, et son impact immédiat sur la sensibilité climatique, est un point clé permettant de déterminer sa contribution à la température de la Terre. Curieusement, elle n'est montrée ni dans le rapport AR4, ce qui m'avait mis la puce à l'oreille, ni dans les rapports AR5 et AR6 en dépit de ma recommandation pressante en qualité d'*expert reviewer* accrédité par l'organisme[1] de l'y faire figurer. Pourquoi ?

La figure 1.6 est un exemple du spectre d'émission thermique du CO_2 atmosphérique dans l'infrarouge et de son évolution en cas de doublement de sa concentration dans l'atmosphère.

Le spectre calculé avec la concentration de CO_2 de 300 ppm a été vérifié par la mesure avec un spectromètre infrarouge embarqué dans un satellite. La vibration du CO_2 se situe à 667 cm^{-1} (1/667 cm^{-1} = 15 micromètres de longueur d'onde). Son impact est important car proche du maximum d'émission thermique de l'atmosphère. Lorsque double la concentration de CO_2, passant ici de 300 à 600 ppm (peu importe la valeur de départ puisque l'effet est logarithmique), le spectre évolue

1. Page 1504 du rapport AR5 (2013)

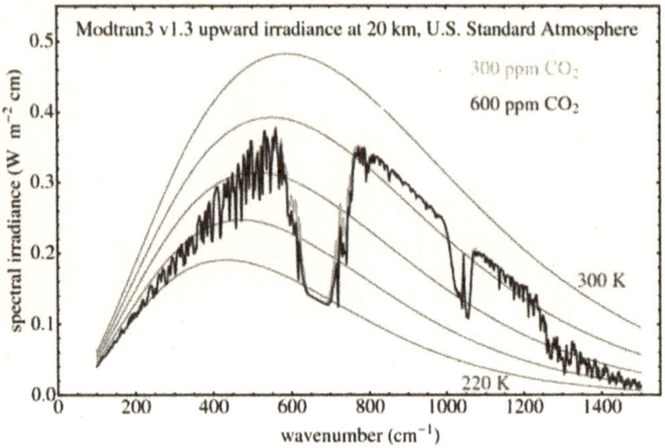

Fig. 1.6 – Illustration du faible changement de l'émission thermique dans l'infrarouge (climateilluminated.com/CO2_facts/CO2_science/17_sim_IR_spectra.html) en cas de doublement de la concentration de CO_2 dans l'atmosphère, quelle que soit la valeur de départ puisque la relation est logarithmique (Figure 1.7). La superposition des deux courbes au voisinage du nombre d'onde (proportionnel à la fréquence de vibration) de 667 cm^{-1} (1/667 cm^{-1} = 15 micromètres de longueur d'onde) témoigne d'une saturation. On note le très petit déficit d'émission thermique de la courbe en cas de doublement du CO_2 dans les deux flancs de la bande principale conduisant à une sensibilité climatique de l'ordre de 1°C.

très peu. C'est le point crucial. Le spectre pour 600 ppm est calculé car on ne dispose pas encore du recul nécessaire pour mesurer avec un spectromètre embarqué un plus petit écart encore. En cas de doublement, le très petit écart correspond à seulement 1 % du rayonnement terrestre vers l'espace. Il reflète une sensibilité climatique de l'ordre de 1°C comme calculé plus loin. On remarque en particulier la « saturation » de la bande du CO_2 au voisinage immédiat de 667 cm^{-1}, là où les deux courbes se confondent.

Dès 1971, Rasool and Schneider, le second auteur étant le fondateur de la revue *Climatic Change*, écrivait à propos de la quasi-saturation : « à mesure que plus de CO_2 est ajouté à l'atmosphère, l'accroissement de la température est proportionnellement de moins en moins élevé, et l'augmentation finit par se stabiliser. L'emballement de l'effet de serre ne se produit pas car la bande du CO_2 à 15 micromètres qui est la principale source d'absorption sature, et l'ajout de CO_2 n'augmente pas substantiellement l'opacité infrarouge de l'atmosphère». La presque saturation est confirmée dans le titre même de l'article de Schildknecht (2020). Solheim *et al* ont montré la quasi-saturation expérimentalement.[1] La Figure 1.6 montre effectivement que doubler la concentration de CO_2 a peu d'effet sur le spectre en raison de la loi logarithmique (Myrhe *et al* 1998).

La Figure 1.6 est relativement ancienne. Son mérite reste d'illustrer les ingrédients essentiels du phénomène. Avec une bien meilleure résolution, Harde (2013) déduit des spectres infrarouge un écart de flux thermique de 2,6 W/m^2 pour un doublement du CO_2. La sensibilité climatique correspondante calculée dans le paragraphe suivant est limitée à 0,78°C (Eq. 3). Une telle valeur inférieure à 1°C est cohérente avec les 110 autres études du Tableau 1.1. Privilégiant les modèles de climat qu'il a sélectionné au mépris de ces travaux publiés incluant les observations spectroscopiques, on comprend mieux pourquoi le GIEC passe d'autorité ces derniers sous silence.

Relation entre sensibilité climatique et flux thermique – A partir du flux électromagnétique I_s reçu du soleil, l'équation de Stefan-Boltzmann évalue la température T de la Terre via

$$(1 - a)\, I_s/4 = \varepsilon\sigma T^4 \qquad (1)$$

$a = 0,3$ est l'albédo de la Terre, $\varepsilon \sim 1$ son émissivité (proche de l'émissivité des océans de 0,96 et de celle de 0,99 du sol) et σ

1. www.justproveco2.com/papers/SolheimExperiment2016.pdf

la constante de Stefan-Boltzmann. On en déduit $T = 255\ K$, température inférieure à la moyenne mesurée de 288 K. La différence de 33°C provient principalement de la contribution de la vapeur d'eau au rayonnement de la Terre (Ollila 2017a). 255 K correspond à la température de l'atmosphère à une altitude de l'ordre de 5 kilomètres. C'est principalement autour de cette altitude que la vapeur d'eau contribue à évacuer la chaleur reçue du soleil vers l'espace.

La dérivée de l'équation (1) s'écrit

$$\Delta F/F = 4\,\Delta T/T \qquad (2)$$

$F = 240\ W/m^2$ est le flux thermique moyen reçu du soleil par la Terre, flux réémis vers l'espace (Trenberth *et al* 2009). Pour déduire la sensibilité climatique ΔT à un doublement du CO_2, ΔF peut être évalué à partir de l'écart de rayonnement thermique des spectres infrarouge. Harde (2013) montre une différence $\Delta F = 2{,}6\ W/m^2$. Schildknecht (2020) confirme une telle valeur. Les modèles de transfert radiatif rapportent une valeur similaire de $2{,}9\ W/m^2$ (Sherwood *et al* 2020). Ollila (2017a) rapporte $\Delta F = 2{,}2\ W/m^2$.

Avec la valeur intermédiaire de $2{,}6\ W/m^2$ déduite des spectres infrarouges par Harde (2013), la sensibilité climatique est calculée à partir de l'équation (2) :

$$\Delta T_{CO2 \times 2} = T/4 \times \Delta F/F = 288/4 \times 2{,}6/240 = 0{,}78°C \qquad (3)$$

Elle s'inscrit bien dans les valeurs inférieures à 1°C du Tableau 1.1.

A partir de la loi logarithmique (Myrhe *et al* 1998), l'équation (3) peut être récrite en fonction de la concentration C de CO_2 dans l'atmosphère :

$$\Delta T = 288/4 \times 2{,}6 \ln (C/C_0)/240 \ln (2) = 1{,}1°C \ln (C/C_0) \quad (4)$$

ln est le logarithmique népérien.

La loi logarithmique provient des spectres d'absorption infrarouge. A mesure que la concentration de gaz augmente, l'absorption sature et il n'y a plus de rayonnement absorbable à la longueur d'onde centrale. Seuls les flancs de la raie peuvent encore absorber. Dans les flancs, l'absorption décroit exponentiellement avec la concentration. Au final, l'absorption s'accroit logarithmiquement avec la concentration (Fig. 1.7).

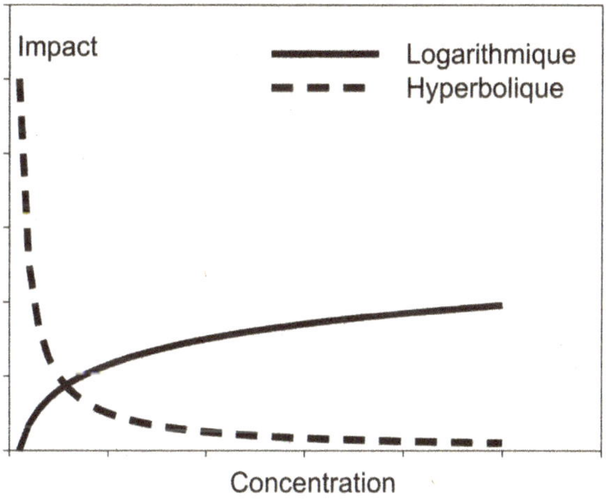

Fig. 1.7 – Représentation schématique d'une loi logarithmique et de sa dérivée, hyperbolique.

La loi exponentielle exp (x) est la réciproque de la loi logarithmique ln (x). En effet, ln (exp (x)) = exp (ln (x)) = x.

La crainte « exponentielle » d'un emballement de l'effet de serre propagée par les alarmistes est parfaitement infondée puisqu'au contraire d'être exponentiel, l'effet est à l'inverse logarithmique.

L'équation (4) permet d'évaluer la contribution du CO_2 au réchauffement de la Terre passé ou futur. Sa concentration atmosphérique en 1945 était de 310 ppm. La contribution du CO_2 au réchauffement depuis 1945 s'évalue ainsi à *1,1 °C ln (417/310) = 0,3 °C,* valeur compatible avec les observations à la Figure 1.4.

Avec la continuation d'une augmentation annuelle de l'ordre de 2 ppm, la contribution du CO_2 au réchauffement d'ici 2050 serait de

$$1{,}1\,°C \ln [((28 \text{ ans} \times 2 \text{ ppm}) + 417 \text{ ppm})/417 \text{ ppm}] = 0{,}14°C.$$

Augmentation de température due à l'émission d'une tonne de CO_2 – En considérant :

- la sensibilité climatique de 0,78°C (Eq. 3), réchauffement qui serait atteint si $3{,}2\ 10^{12}\ tCO_2$ s'ajoutaient aux $3{,}2\ 10^{12}\ tCO_2$ présentes en 2019 dans l'atmosphère,
- la fraction des émissions de 44 % restant selon le GIEC dans l'atmosphère. Pour doubler, il faudrait ainsi émettre $3{,}2\ 10^{12}\ tCO_2/0{,}44 = 7{,}3\ 10^{12}\ tCO_2$

S'en déduit (Gervais 2021) une élévation de température par tonne de CO_2 émise de :

$$(1/7{,}3\ 10^{12}\ tCO_2) \times 0{,}78°C = 1{,}06\ 10^{-13}\,°C/tCO_2$$
$$= 0{,}000106°C/GtCO_2 \qquad (5)$$

Cette relation est utilisée dans la colonne 9 du Tableau 1.2.

En remplaçant la masse molaire du CO_2, 12 pour C s'ajoutant à 2 × 16 pour l'oxygène = 44, par celle du carbone, 12, l'équation (5) devient :

$$(1/7{,}3\ 10^{12}\ tCO_2) \times 0{,}78°C \times 44/12 = 3{,}9\ 10^{-13}°C/tC = 0{,}00039°C/GtC \quad (6)$$

L'équation (6) est l'équivalent de l'équation (5) non plus en terme de CO_2 mais d'empreinte carbone.

Nijsse *et al* (2020) soulignent que les modèles de climat du *Coupled Model Intercomparison Project Phase 6* (CMIP6) repris dans le rapport AR6 (2021) du GIEC limitent la *réponse climatique transitoire* à la fourchette 1,3 – 2,1°C, avec une meilleure estimation de 1,68°C, valeur très proche de la médiane de l'intervalle 1°C – 2,5°C du rapport AR5 (2013). Avec une telle valeur, l'équation (5) devient

$$(1/7{,}3\ 10^{12}\ tCO_2) \times 1{,}68°C = 2{,}3\ 10^{-13}°C/tCO_2 = 0{,}00023°C/GtCO_2 \quad (7)$$

Cette relation est utilisée dans les colonnes 7 et 8 du Tableau 1.2

En terme d'empreinte carbone, l'équation (6) devient

$$(1/7{,}3\ 10^{12}\ tCO_2) \times 1{,}68°C \times 44/12 = 8{,}4\ 10^{-13}°C/tC = 0{,}00084°C/GtC \quad (8)$$

Quel rôle pour la vapeur d'eau et les nuages ? – La Terre reçoit du soleil en moyenne 240 W/m² (Trenberth *et al* 2009). Le flux radiatif sortant équilibre le flux entrant à la différence de 2,6 W/m², soit 1,1 %, qui pourrait faire défaut si le taux de CO_2 doublait dans l'atmosphère (Fig. 1.6). Evalué par Myrhe *et al* (1998) à partir de trois modèles de climat, l'écart est limité à 3,7 W/m², d'où une sensibilité climatique de 1,1°C (Eq. 2). Pourquoi alors des valeurs plus élevées considérées dans les modèles CMIP6 et reprises par le GIEC ?

La conjecture des rétroactions positives de la vapeur d'eau consiste à supposer que comme elle est le principal gaz à effet de serre, le réchauffement dû au CO_2 augmenterait l'évaporation de l'eau qui elle-même contribuerait à réchauffer la Terre davantage encore. Tous les modèles de climat repris par le GIEC s'accordent à convenir que ce serait principalement sous les tropiques et près de la tropopause que l'effet devrait principalement se manifester via une température relativement plus élevée désignée par « point chaud ». La tropopause est la frontière virtuelle vers 11 kilomètres d'altitude entre la troposphère de plus basse altitude et la stratosphère de plus haute altitude. Problème majeur pour cette conjecture, ce fameux point chaud n'est pas observé (Douglass *et al* 2004, 2008, Christy *et al* 2010, Fu *et al* 2011)[1]. Plus gênant encore, à l'altitude vers 9 km où le point chaud est attendu et où le CO_2 contribue au flux radiatif vers l'espace grâce à une pression atmosphérique plus faible limitant les collisions avec les molécules voisines, l'humidité spécifique qui est censée augmenter a décru au contraire. Elle est passée de 0,28 g/kg en 1948 à 0,25 g/kg ces 15 dernières années selon les mesures de la NOAA (Humlum 2022). La rétroaction positive supposée de la vapeur d'eau n'est donc pas observée puisque l'observation indique l'inverse. Elle n'est pas davantage démontrée puisque Van Brunt (2020) souligne que les changements de concentration de la vapeur d'eau et de la température associée ne sont pas une rétroaction des changements de concentration du CO_2.

L'écart, minime, entre les flux thermiques entrant et sortant ne dépend pas que des gaz dits à effet de serre. Un autre paramètre tout aussi important est l'albédo de la Terre et son éventuelle évolution. Il mesure la fraction du rayonnement solaire renvoyé, réfléchi vers l'espace sans échauffer la Terre. Il est de l'ordre de

1. Christy, J., 2019. *Le Spectacle du Monde* N° 619, 26-28.

30 %. Contribuent à l'albédo les surfaces enneigées et glacées, particulièrement réfléchissantes, et surtout les nuages.

Les rayons cosmiques ont une influence sur les nuages, donc sur le bilan entre flux entrant et sortant au sommet de l'atmosphère. Les rayons cosmiques comme les protons sont électriquement chargés. Leur effet ionisant peut favoriser la formation et la croissance de noyaux de condensation de nuages (Svensmark *et al* 2021). En augmentant l'albédo, les nuages peuvent refroidir la Planète. On parlera de rétroaction négative (Mauritsen and Stevens 2015). Lindzen and Choi (2009, 2011) considèrent une rétroaction négative, l'effet « iris », lié à une diminution des cirrus tropicaux permettant davantage de rayonnement infrarouge vers l'espace. L'effet iris abaisse la sensibilité climatique à 0,5° – 0,7°C. Paltridge *et al* (2009), Spencer and Braswell (2010) soulignent également des rétroactions négatives des nuages. Différents mécanismes confirment l'augmentation de l'albédo dû aux nuages (Loeb *et al* 2018, Delgado-Bonal *et al* 2020, Ollila 2020, Sfica *et al* 2021). Pour la seule année 2021, une vingtaine d'articles insistent sur le rôle important de l'évolution de la couverture nuageuse dans le bilan radiatif et le climat de la Terre[1].

Après une nuit sous une couverture nuageuse, la température matinale reste proche de celle de la veille au soir. En revanche, après unc nuit sans nuages, elle est généralement beaucoup plus fraiche que celle de la veille au soir. L'écart d'énergie associé à ces changements de température est considérable, beaucoup plus que la contribution raisonnablement attribuable aux émissions de CO_2. C'est le cycle de l'eau et ses composantes vapeur et nuages qui régulent le climat de

1. notrickszone.com/2022/02/03/2021-the-year-scientists-ascribed-shortwave-modulating-cloud-variability-as-the-driver-of-climate/

la Terre. Un changement de la couverture nuageuse ou de la distribution de types de nuages, ou de la proportion de vapeur d'eau est capable de contrebalancer l'effet du CO_2 comme l'ont montré Düball et Vahrenholt (2021).

CHAPITRE 2

Phénomènes météorologiques et sentinelles du climat

La seule chose dont nous devons avoir peur est la peur elle-même (Franklin Roosevelt)

Résumé – La confusion entretenue entre météo et climat tente de nous convaincre que nous subissons déjà un dérèglement, voire une crise climatique. Accuser le CO_2 en lieu et place des écarts de pression atmosphérique, de la direction et de l'intensité des vents et des nuages qu'ils véhiculent, origine réelle du temps qu'il fait et des caprices de la météo, est dénué de sens puisqu'alors que la météo joue avec les dizaines de degré, l'impact du CO_2 reste quelque mille fois moindre. Les fluctuations de température mesurées depuis 360 ans par le plus ancien thermomètre du monde ne témoignent pas de fréquences ni d'amplitudes différentes aujourd'hui de ce qu'elles étaient il y a près de quatre siècles. **Les reconstructions du climat au paléolithique complétés des observations contemporaines, glaciers et banquises, niveau des océans, vitesse du Gulf Stream, basicité et chaleur contenue dans les océans ne montrent pas de corrélation nette avec les émissions anthropiques.** En revanche, des cycles climatiques naturels s'invitent dans le débat. L'Antarctique, de très loin le plus grand glacier du monde, se comporte à l'inverse des prédictions des modèles de climat. Les océans ne peuvent qu'être chauffés à la marge par l'atmosphère. La hausse du niveau des océans a commencé il y a 12 000 ans lors de la dernière déglaciation. Sa finale asymptotique mesurée par les marégraphes ne dépasse guère le millimètres par an.

Au fil des ans, le discours politique et médiatique est passé de « réchauffement climatique », relativement moins usité aujourd'hui au vu de la platitude des séries de température récentes dans les figures 1.4 et 1.5, à « changement climatique », terme utilisé pas moins de 35 fois dans l'Accord de Paris[1] COP21, puis à « dérèglement climatique » dans le projet de loi voté par l'Assemblée Nationale mais qui n'a pas obtenu l'adhésion du Sénat. Dans « dérèglement », il y a « règlement ». On serait preneur d'un tel règlement si tant est qu'il existe.

« Changement » ou « dérèglement » climatique vise à gommer toute variabilité du climat passé pour prétendre que l'évolution actuelle est tout sauf naturelle (Koutsoyiannis 2021) : « La notion (et le terme scientifique) de climat a été établie durant l'Antiquité grecque dans un contexte géographique et elle a acquis son contenu statistique (temps moyen) à l'époque moderne après que les mesures météorologiques soient devenues courantes. Pourtant, les définitions modernes du climat sont sérieusement affectées par la perception erronée des deux siècles précédents selon laquelle le climat devrait être constant, à moins qu'un agent extérieur n'agisse sur lui. Par conséquent, nous essayons de donner une définition plus rigoureuse du climat, cohérente avec la stochastique moderne. Nous illustrons la définition par des données du monde réel, qui illustrent également la grande variabilité du climat. Compte tenu de cette variabilité, le terme « changement climatique » s'avère scientifiquement injustifié. Plus précisément, il s'agit d'un pléonasme, car le climat, comme la météo, est en constante évolution. En effet, une enquête historique révèle que le but de l'utilisation de ce terme n'est pas scientifique mais politique. [...] On rappelle

---

1. unfccc.int/process-and-meetings/the-paris-agreement/the-paris-agreement

que Platon et Aristote ont clarifié le sens et la valeur de la science comme poursuite de la vérité ; poursuite qui n'est nullement motivée par des intérêts politiques et économiques. Pour ces derniers, ils ont utilisé des termes différents, sophiste et sophisme. Dans la politique moderne, le langage flou et la subjectivité peuvent être souhaitables car ils servent plusieurs objectifs tels que l'inclusion et la diffusion de la responsabilité. En revanche, en science, les ambitions sont la rigueur, la clarté et l'objectivité ».

Judith Curry écrit[1] : « Le changement climatique est devenu un grand narratif dans lequel le changement climatique d'origine humaine est devenu une cause dominante des problèmes de société. Tout ce qui ne va pas renforce alors la conviction qu'il n'y a qu'une chose à faire pour prévenir les problèmes de société : arrêter de brûler des combustibles fossiles. Ce grand récit nous incite à penser que si nous résolvons le problème du changement climatique causé par l'homme, alors ces autres problèmes seraient également résolus. Cette croyance nous éloigne d'une enquête plus approfondie sur les véritables causes de ces problèmes. Le résultat final est un rétrécissement des points de vue et des options politiques que nous sommes disposés à considérer pour traiter de questions complexes telles que la santé publique, les catastrophes météorologiques et la sécurité nationale. Et ainsi, le climat devient tout ». Et n'importe quoi, serait-on tenté d'ajouter… « Le changement climatique n'est qu'un tatouage mental, un mot que nous invoquons pour sa connotation de sophistication scientifique dans le but de faire croire à une compréhension de ce qui reste en réalité incompris ».[2]

1. judithcurry.com/2021/05/02/climate-is-everything
2. judithcurry.com/2021/12/30/year-in-review-2

Dans son livre *Fake Invisible Catastrophes and Threats of Doom* (Fausses catastrophes invisibles et menaces de malheur), Patrick Moore, Docteur en Sciences de l'environnement et cofondateur de Greenpeace, écrit : « Je me suis rendu compte que la plupart des histoires effrayantes dans les médias d'aujourd'hui sont basées sur des choses invisibles, comme le CO_2 et les rayonnements, ou très éloignées, comme les ours polaires et les récifs coralliens. Ainsi, pratiquement personne ne peut observer et vérifier la véracité de ces affirmations. On ne peut que compter sur les militants, les médias, les politiciens et les scientifiques – qui ont tous un énorme intérêt financier et/ou politique pour le sujet – pour nous dire la vérité. C'est mon ambition, après 50 ans en tant que scientifique et militant écologiste, que d'exposer la désinformation et les mensonges purs et simples utilisés pour nous effrayer, nous et nos enfants, à propos de l'avenir de la Terre. **L'observation directe est la base même de la science. Sans observation vérifiée, il n'est pas possible de connaître la vérité. »**

Le climat, plus précisément les différents types de climat dépendent des grandes régions de la Terre comme le rappelle la Figure 2.1. Leur classification par Köpper-Geiger est ici reprise par Peel *et al* (2007).

Réduire le climat de régions si différentes à une température moyenne comme le font les climatologues est discutable. Ces différents types de climat continuent à changer comme ils ont toujours changé. La *Convention Cadre des Nations Unies sur le Climat* le reconnait dans sa définition du changement climatique « attribué directement ou indirectement à une activité humaine qui modifie la composition de l'atmosphère mondiale et qui s'ajoute à la variabilité naturelle du climat observée sur des

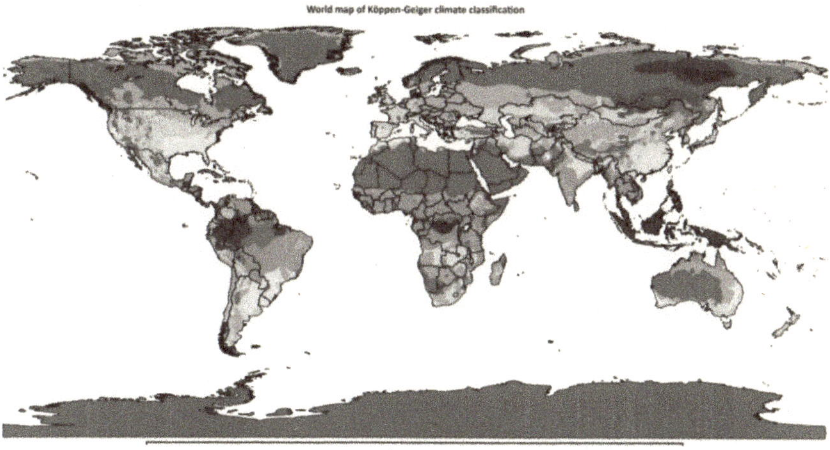

Fig. 2.1 – Reproduction des classifications de types de climat selon Peel *et al* (2007).

périodes de temps comparables ». Quelle est donc la proportion de variabilité naturelle et de contribution anthropique ?

Il y a quatre siècles, trois instruments susceptibles de répondre à la question ont été inventés. Le nom de Galilée est associé à l'invention du thermomètre, on doit à Torricelli celle du baromètre à mercure en 1644, et c'est encore Galilée qui a perfectionné la longue vue pour en faire la lunette astronomique. Elle a permis d'observer les taches solaires et autres merveilles comme la rotation des satellites de Jupiter, Io, Europe, Ganymède et Callisto.

Thermomètre, température : vous avez dit dérèglement ?

La température est une grandeur intensive. On entend par là qu'ajouter un même volume d'eau à 50°C à un autre volume d'eau à 50°C donnera un volume d'eau double mais elle restera à 50°C. Elle ne bouillira pas à 100°C. Toutefois, l'énergie cinétique des molécules de l'atmosphère est proportionnelle à leur température évaluée sur l'échelle de Kelvin. Le zéro (0°K = – 273°C) correspond à une vitesse nulle d'agitation thermique des molécules. L'énergie est une grandeur extensive autorisant addition et moyenne.

Le plus ancien relevé de température est reproduit à la Figure 2.2.

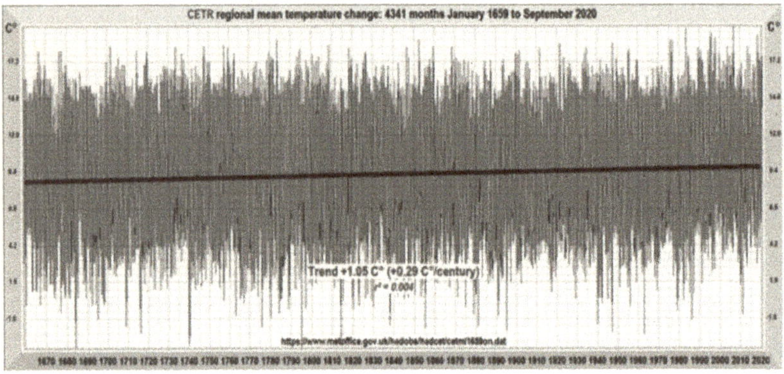

Fig. 2.2 – Plus ancien relevé de température par le thermomètre *Central England* depuis 1659.[1]

La ligne centrale est la moyenne. **L'accroissement de la température moyenne mesurée par le thermomètre *Central England* a commencé bien avant l'ère industrielle, soulignant une variabilité naturelle.** Mais surtout, les fluctuations contemporaines autour de la moyenne ne sont pas d'amplitude et de fréquence différente de ce qui était observé il y a près de

1. www.metoffice.gov.uk/hadobs/hadcet/cetml1959on.dat

quatre siècles. Le « dérèglement » climatique[1], voire « l'effondrement » climatique[2] sont des termes trompeurs car ils restent parfaitement invisibles dans les mesures. La Figure 2.3 montre les écarts aux moyennes de saison de 3 000 stations de mesure depuis 1900 (Lindzen and Christy 2020).

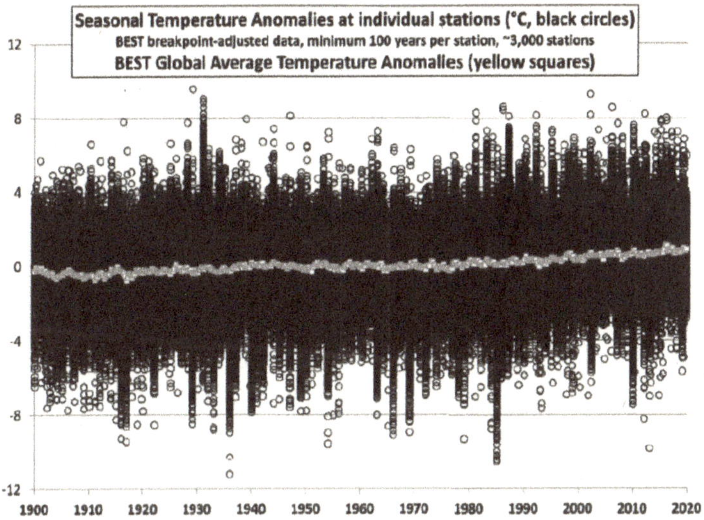

Fig. 2.3 – Ecarts aux moyennes de saison de 3 000 stations de mesure depuis 1900 selon BEST (Lindzen and Christy 2020).

La moyenne des écarts aux moyennes de saison atteint une dizaine de degrés en plus ou en moins. L'amplitude de ces différences de « ressenti » n'a rien de commun avec le caractère infinitésimal des contributions anthropiques des principaux émetteurs de CO_2 rapportées dans le Tableau 1.2, même calculés avec les chiffres retenus par le GIEC. Rappelons également

1. www.nytimes.com/2020/09/22/climate/climate-change-future.html
2. wattsupwiththat.com/2021/05/28/friday-funny-a-new-addition-to-the-climate-doom-lexicon

que le froid excessif provoque dix fois plus de décès que la chaleur[1], surtout chez les plus démunis (Ai *et al* 2021, Ho *et al* 2020, Zhao *et al* 2021, Burkart *et al* 2021). Lindzen and Christy (2020) concluent : « un examen des écarts à la température moyenne mondiale montre clairement que tout endroit sur Terre est presque aussi susceptible, à un moment donné, d'être plus chaud ou plus froid que la moyenne. L'écart est le petit résidu des fluctuations généralement de plus grande amplitude. Ce résidu (qui est généralement considéré comme représentant le « climat ») est également beaucoup plus petit que les variations de température que toute vie sur Terre subit régulièrement ».

La Figure 2.3 montre les écarts aux moyennes mensuelles. Si l'on reportait les écarts au quotidien, les amplitudes de fluctuations seraient majorées. **On peut ainsi toujours trouver pour un ou quelques jours quelque part dans le monde un endroit où la température est inhabituellement élevée, voire bat un record – que les médias sont friands de rapporter – et simultanément un autre endroit où la température est inhabituellement froide, voire bat un record de froid.** Curieusement, les médias apparaissent moins enclins à le signaler. Vu la longue liste relevée par les media des lieux qui se réchauffent davantage que la moyenne mondiale[2], ne serait-il pas tout aussi intéressant de dresser la liste symétrique ?

L'impact sur la température de la Terre de l'empreinte carbone de chaque pays dans le Tableau 1.2, qu'il soit annuel ou sur une décennie, apparait négligeable devant les écarts dus aux

---

1. friendsofsciencecalgary.files.wordpress.com/2015/09/cold-weather-kills-macrae-daleo-4sept2015-final.pdf
2. belgotopia.com/2022/02/17/les-j-o-du-rechauffement-climatique/

saisons et devant les écarts aux moyennes de saison (Figure 2.3). On est également en droit de se poser des questions quant à la crédibilité non pas des températures mesurées mais sur les petits « arrangements » qui ont été opérés par la suite, parfois un siècle après la mesure. De façon surprenante, les modifications vont toujours dans le sens d'augmenter la tendance au réchauffement[1], voire « d'homogénéiser » une tendance au refroidissement et la mettre au pas pour qu'elle devienne une tendance au réchauffement.[2]

Ce qui est ressenti par les êtres humains est encore plus vrai pour les animaux qui vivent dehors ainsi que pour la végétation, sauf justement dans les serres construites pour offrir aux plantes une température plus élevée favorable à leur croissance ; avec possible enrichissement en CO_2. Animaux et végétation ressentent selon les saisons et selon les fluctuations de la Figure 2.3, une température qui à tout moment et à tout endroit avec une probabilité égale se trouve plus chaude ou plus froide de plusieurs degrés par rapport à la moyenne. Ils ressentent en particulier l'écart important de température entre le jour et la nuit par temps clair en l'absence de couverture nuageuse. Le prétendu impact du « changement climatique » sur la biodiversité, faune et flore, est ainsi discutable au vu de l'amplitude des fluctuations aléatoires de la Figure 2.3, surtout si on les compare aux accroissements infinitésimaux de température liés au CO_2 dans le Tableau 1.2.

---

1. realclimatescience.com/2021/04/are-government-temperature-graphs-credible electroverse.net/nasas-smoking-gun-of-climate-fraud

2. www.manhattancontrarian.com/blog/2021-8-26-the-greatest-scientific-fraud-of-all-time-part-xxviii

notrickszone.com/2021/04/16/8-longterm-australia-stations-altered-from-warming-to-cooling-by-nasa-giss

notrickszone.com/2021/08/24/adjusting-to-warm-nasa-data-alterations-change-cooling-to-warming-in-ireland-greece

Baromètre et gradients de pression atmosphérique

La confusion reste courante entre climat défini comme la température moyenne de la Terre sur 30 ans et le temps qu'il fait chaque jour, chaque heure et même chaque minute en cas d'averse subite. Torricelli en consultant le baromètre à mercure qu'il avait mis au point découvrit les prémisses de la météorologie moderne. Le temps qu'il fait dépend de la pression atmosphérique. **Une pression plus faible implique un « sale temps » avec vent, pluie, voire tempêtes. A l'inverse, une pression plus élevée que la moyenne de 760 millimètres de hauteur de mercure, 1 013 millibars, est synonyme de « beau temps », calme et ensoleillé (Figure 2.4).**

Fig. 2.4 – Corrélation entre le temps qu'il fait et la pression atmosphérique en centimètres de hauteur de mercure lue sur un ancien baromètre anéroïde.

Dans les périodes de « beau temps », les isobares – lignes d'égale pression atmosphérique – restent distants les uns des autres. Le gradient, dérivée du champ de pression, est faible. Les météorologues parlent d'un anticyclone. En revanche, plus les isobares se resserrent, plus les vents pourront souffler, poussant les nuages. Plus le gradient est resserré, moins la prédiction météo devient fiable à quelques jours. Un fort gradient préside aux phénomènes tempétueux. Ils sont toutefois imprévisibles sur le long terme car les gradients de pression sont régis par des lois chaotiques au sens mathématique du terme (Lorenz 1963).

Que nous en dit le Professeur Richard Lindzen, ancien titulaire de la chaire Alfred P. Sloan de météorologie au prestigieux Massachussetts Institute of Technology : « En ce qui concerne les phénomènes extrêmes, les données ne montrent aucune tendance [...] Les propos généraux sur les extrêmes sont presque introuvables dans la littérature mais semblent abonder dans les médias [...] Il suffit de quelques secondes pour se rendre compte que la perception populaire selon laquelle le réchauffement climatique signifie que tous les extrêmes doivent augmenter tout le temps est absurde. Au cœur de cette absurdité se trouve l'incapacité à distinguer le temps du climat. Ainsi, le réchauffement climatique fait référence à l'augmentation bienvenue de la température d'environ 1°C depuis la fin du petit âge glaciaire il y a environ 200 ans. D'autre part, les extrêmes météorologiques peuvent entraîner des changements de température de l'ordre de 20°C. Des changements aussi importants ont une origine profondément différente du réchauffement climatique. En gros, ils résultent de vents transportant de l'air chaud et froid en provenance de régions éloignées, très chaudes ou très froides. Ces vents sont sous forme de vagues. La force de ces vagues dépend de la différence de température entre les tropiques et l'Arctique, des différences plus importantes conduisant à des vagues plus fortes. Les modèles utilisés pour projeter le réchauffement climatique prédisent tous que cette différence de température va diminuer plutôt qu'augmenter. Ainsi, l'augmentation des températures extrêmes se rapporterait plutôt à un refroidissement global qu'à un réchauffement. Les personnes non scientifiques semblent incapables de distinguer le réchauffement climatique global des températures extrêmes dues aux conditions météorologiques. En fait, il ne semble pas vraiment y avoir de tendance discernable dans les extrêmes météorologiques. Il n'y a que la plus grande attention accordée par les médias à la météo, et l'exploitation de cette couverture « d'actualité » par des gens qui se rendent compte que les projections de catastrophe dans un avenir lointain ne sont guère mobilisatrices, et qu'il leur faut donc convaincre le public que le danger est immédiat, même s'il ne l'est pas » (Lindzen 2018).

Le consortium UCAR (*University Corporation for Atmospheric Research*) regroupe une centaine d'universités et écoles en sciences de l'atmosphère. Ils ont fait « tourner » un même modèle de climat de l'Amérique du Nord sur 50 ans, avec la même évolution de la concentration de CO_2, en ne changeant que d'un millième de milliardième les conditions initiales. Le millième de milliardième est suffisant pour provoquer 30 évolutions différentes. Il s'avère qu'il était impossible de prévoir à l'avance lequel des 30 essais se rapprocherait le plus du climat observé et lequel s'en est éloigné le plus. Cette expérience conduite sur ordinateur illustre à merveille l'extrême sensibilité d'un système chaotique aux conditions initiales et la vanité d'espérer une quelconque prédiction fiable. Le troisième rapport (TAR) du GIEC le reconnaissait explicitement : « **Dans la modélisation du climat, nous devons reconnaître que nous avons affaire à un système chaotique non linéaire couplé, et donc que la prédiction à long terme des futurs états climatiques n'est pas possible** ». Même si l'on moyenne des comportements chaotiques, on obtient un comportement chaotique moyen, pas une meilleure prédiction.

Dame Nature fait ses caprices que les calculs sur ordinateurs ne voient pas toujours venir. Une illustration, tragique à certains égards, en est fournie par la vague de froid qui s'est abattue sur le Texas en février 2021 alors que la météo annonçait 20 jours auparavant des températures très supérieures aux moyennes de saison. Les éoliennes ont gelé, déstabilisant le réseau électrique en cascade avec pour conséquence un blackout qui a plongé dans le froid et le noir 4 millions d'américains pendant plusieurs jours (Fig. 2.5).

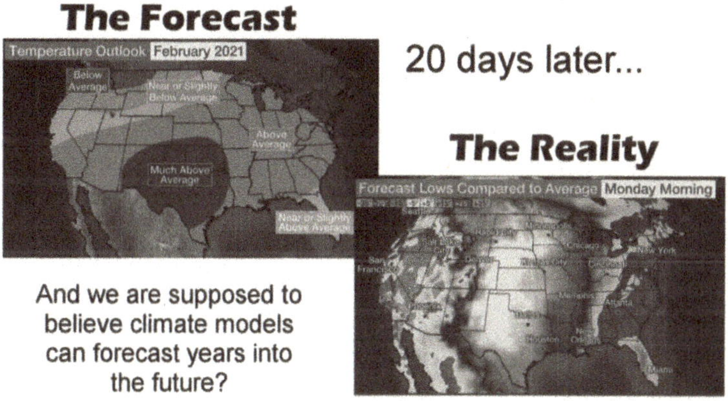

Fig. 2.5 – Illustration de la prévision (forecast) faite 20 jours à l'avance de températures très au-dessus des moyennes de saison au Texas en février 2021, et la réalité 20 jours plus tard d'un blizzard qui s'est abattu sur la région, faisant geler les éoliennes et s'écrouler le réseau électrique en cascade, plongeant dans le froid et le noir pendant plusieurs jours 4 millions d'américains (wattsupwiththat.com/2021/02/19/friday-funny-nature-makes-a-mockery-of-month-ahead-model-forecasts).

Quelle ironie pour un état qui a toujours été un grand fournisseur d'énergie.

Même si de tels évènements météorologiques extrêmes peuvent se produire en raison des mécanismes chaotiques qui régissent les gradients de pression atmosphériques et continueront inévitablement à se produire, Formetta and Feyen (2019) confirment la décroissance globale de notre vulnérabilité aux phénomènes naturels violents. Goklany (2020) confirme également, à l'instar de plusieurs autres rapports.[1]

On comprend néanmoins que les assureurs s'inquiètent du risque climatique. Judith Curry à la tête du réseau de prévision climatique CFAN (*Climate Forecast Applications Network*) a été sollicitée quant à la réalité des dangers à venir.[2] Ses réponses ont été les suivantes :

1. Les inquiétudes se réfèrent au scénario RCP8.5 du GIEC, prétendument « business as usual » En réalité, ce scénario est de moins en moins considéré comme plausible par les économistes de l'énergie et même par le GIEC lui-même dans son dernier rapport AR6 (Chapitre 4).
2. Le risque d'ouragan a trait au nombre et à l'intensité de ceux qui frappent et ont toujours frappé les États-Unis par exemple. Judith Curry est spécialiste des ouragans. Comme pour d'autres évènements climatiques extrêmes, elle souligne que les prévisions des modèles divergent. Elle souligne également que le record historique des ouragans majeurs frappant les États-Unis date d'avant 1970, lorsque les températures de surface de la mer étaient plus froides.

---

1. ourworldindata.org/natural-disasters

www.thegwpf.com/we-are-winning-the-war-on-climate-related-diseases

www.aon.com/global-weather-catastrophe-natural-disasters-costs-climate-change-2019-annual-report/index.html

notalotofpeopleknowthat.wordpress.com/2021/02/20/noaas-climate-disaster-claims-are-a-sham

www.aon.com/global-weather-catastrophe-natural-disasters-costs-climate-change-2020-annual-report/index.html

2. judithcurry.com/2021/02/15/assessment-of-climate-change-risk-to-the-insurance-sector

3. Comme pour les ouragans, les modèles de climat divergent quant à la hausse future du niveau des océans.
4. Pour en revenir aux ouragans, une évolution vers un Océan Atlantique plus frais, donc moins favorable à la formation des ouragans, est attendue dans les trente années à venir si l'entrée en phase froide de *l'Oscillation Atlantique Multidécennale* (AMO) se confirme.

Les points 3 et 4 font l'objet de paragraphes dédiés dans ce chapitre.

Le professeur Steven Koonin de l'Université de New York a participé au développement des tous premiers modèles informatiques en science. Il a écrit plus de 200 articles dans des revues internationales à comité de lecture qui ont été cités plus de 14 000 fois dans ces mêmes revues. Ses travaux sur la science du climat et l'énergie ont amené le Président Barack Obama à le nommer sous-secrétaire aux sciences au département américain de l'Énergie. Il a publié *Unsettled: What climate science tells us, what it doesn't and why it matters* (Ed. Benbella 2021) (Absence de consensus: ce que la science du climat nous dit, ce qu'elle ne dit pas et pourquoi c'est important). On peut lire sur la quatrième de couverture: « L'élévation du niveau de la mer inonde les côtes – Les ouragans et les tornades sont de plus en plus violents et fréquents – Le changement climatique sera une catastrophe économique – Vous avez entendu tout cela présenté comme un fait. Mais toutes ces déclarations sont profondément trompeuses ». L'une des principales contributions du livre est son compte rendu détaillé de la façon dont **le message sur le changement climatique est déformé au fur et à mesure qu'il passe par des filtres successifs. Les travaux publiés sont traduits en rapports puis en résumés de rapports qui sont ensuite repris par des médias alarmistes sans qu'ils se soient évidemment donné la peine de lire les travaux originaux.**

Les décès dus aux catastrophes naturelles, inondations, sécheresses, ouragans, tornades, ont diminué de 7,2 par million d'habitants dans les années 1990 à 5,6 dans les années 2010. Boccard (2021) confirme que les risques pour les personnes ont chuté depuis 1970. Les risques pour les biens ont également diminué depuis 1980. Les mesures d'adaptation et de protection ont entraîné une réduction spectaculaire des victimes climatiques au cours des dernières décennies. Malheureusement pas partout. Les catastrophes sont amplifiées par des fragilités et des inégalités préexistantes. Les analyses sommaires qui attribuent les catastrophes au CO_2 détournent l'attention de ces vulnérabilités locales et de leurs causes sociopolitiques. Les contribuables pourront tenir le gouvernement pour responsable du manque d'investissements dans la prévention des inondations ou de la sécheresse, alors que les responsables politiques tentent de se dédouaner des crises en les imputant au changement climatique, le bouc émissaire idéal (Lahsen et Ribot 2021).

Après les inondations catastrophiques en Allemagne en juillet 2021, les météorologues et les experts en phénomènes extrêmes ont accusé de défaillances monumentales le système allemand d'alerte aux inondations. **Construire des parcs éoliens n'arrêtera pas les inondations. Accuser le changement climatique est la réponse un peu trop facile des décideurs politiques pour prétendre les exonérer des permis de construire délivrés en zones inondables.** Les experts avaient mis en garde le gouvernement allemand contre le risque élevé d'inondations dans le bassin du Rhin, mais le gouvernement n'a pas mis en œuvre de mesures de protection suffisantes. Elles étaient financées à un niveau historiquement bas et donc inefficaces. L'Allemagne a préféré dépenser des centaines de milliards d'euros dans l'éolien et le solaire, délaissant la protection contre les évènements météorologiques extrêmes qui sont et resteront inévitables puisque régis par des lois chaotiques. Toutefois à une échelle plus globale et au contraire des annonces alarmistes, non seulement la fréquence des inondations a diminué depuis une cinquantaine d'années, mais la probabilité d'une crue centenaire même si elle ne peut être nulle, chaos oblige, semble devenue plus faible (Slater *et al* 2021).

Un mois pluvieux fait momentanément taire les media obsédés par les canicules. Mais ils se rattraperont le mois suivant si le soleil se montre généreux et si le vent est orienté au sud, baignant la France d'un air chaud en provenance du Sahara. La toute dernière étude publiée dans *Nature Climate Change* ne rapporte toutefois pas d'augmentation mondiale des zones arides (Berg et McColl 2021).

Les activistes environnementalistes, des media jouant la carte anxiogène pour augmenter leur audience, tous assènent différentes versions d'un monde prétendument en feu. Mais les observations relativisent de telles déclarations (Gissing *et al* 2021). **Entre le vingtième et le début du vingt et unième siècle, c'est au contraire une diminution moyenne globale de 12 800 kilomètres carrés par an de feux de forêts et de superficies brûlées qui est observée (Yang *et al* 2014).** La superficie globale brûlée a diminué de 4 920 000 km^2 par an durant la première décennie du siècle dernier à 3 620 000 km^2 par an durant la première décennie de ce siècle.

L'argent investi dans les éoliennes et dans la mobilité électrique fait défaut pour l'entretien des rivières mais aussi des forêts. Empêcher les pyromanes de se livrer à leur plaisir favori, qui peut par ailleurs bien arranger certains promoteurs, prévenir les imprudences des promeneurs, n'a rien à voir avec le CO_2 atmosphérique. Peut-être n'est-il pas inutile de rappeler à ce propos que dans un extincteur, le produit qui va éteindre le feu est de la neige carbonique, autrement dit la forme condensée du CO_2...

L'énergie cyclonique cumulée (Fig. 2.6) sous les tropiques (ACE)[1] est régulièrement mise à jour sur le site *climatlas.com/tropical* (Maue 2011).

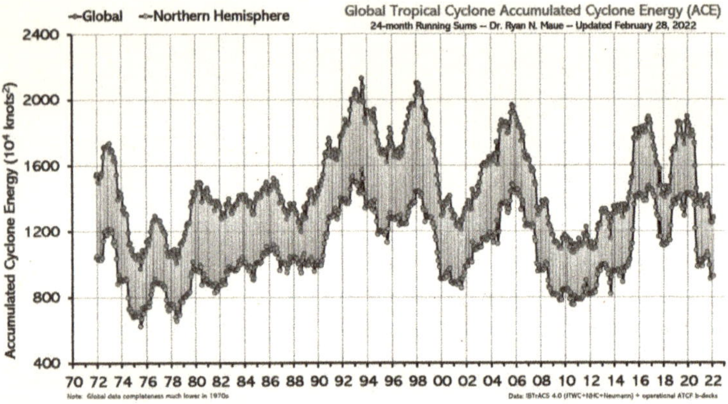

Fig. 2.6 – Absence d'accroissement de l'énergie cyclonique cumulée selon Maue (2011) mis à jour sur son site *climatlas.com/tropical.*

La tendance pour les cyclones majeurs n'apparait pas croissante. L'absence de tendance nette depuis 1851 est confirmée par Vecchi *et al* (2021).

Dans son analyse, *The Climate Blame Game*[2], William Briggs pose la question : serions-nous vraiment responsables des phénomènes météo violents ? La réponse issue des lois chaotiques à l'œuvre est clairement la négative. Il souligne en particulier que les conclusions basées sur des modèles sont pour le moins suspectes, car il n'y pas un seul modèle de climat. Il y en a plusieurs et leurs conclusions divergent au-delà du raisonnable

1. wattsupwiththat.com/2021/07/01/was-2020-a-record-breaking-hurricane-season-yes-but/

2. www.thegwpf.org/content/uploads/2021/04/Briggs-Climate-Attribution.pdf

(Figures 1.2 et 1.3). Or, toutes les conclusions relatives aux phénomènes météorologiques sont conditionnées à la qualité de ces modèles. Le moins que l'on puisse dire est qu'ils gardent des marges de progression considérables. Comme abordé au Chapitre 4, même le rapport AR6 (2021) du GIEC reconnaît que la probabilité de scénarios d'émissions élevées tels que RCP8.5 est considérée comme faible, mais ils sont néanmoins utilisés dans les projections, y compris celles du Groupe II du GIEC. En Science, les incertitudes ne se retranchent pas, elles s'ajoutent. La marge d'incertitude d'un modèle prévoyant une température future doit être ajoutée aux incertitudes sur les relations de cause à effet possibles d'un évènement météorologique extrême donné. Ce qui n'est pas toujours réalisé.

Croire en la Science. Mais quelle Science ? Par une sorte de conformisme rassurant, confortable, voire vertueux dans la mesure où il est censé élever les âmes prosternées devant l'autel de la bonne conscience environnementale, leur offrant une raison d'être valorisante à bon marché, nombreux sont ceux qui se gargarisent de mots et d'images sans chercher à savoir ce qu'est vraiment le climat en chiffres et leurs évolutions. Un thermomètre mesure une température, pas une pression. Un baromètre mesure une pression, pas une température. La confusion est entretenue avec les événements météorologiques courants, d'où l'amalgame avec la prétendue urgence climatique à la première canicule, terme pas vraiment nouveau puisque son étymologie remonte à l'époque romaine… En choisissant le bon critère, température, ou humidité, ou vent, voire activité électrique de l'atmosphère, le bon endroit et le bon moment, chacun peut toujours trouver quelque part dans le monde le record qu'il veut trouver. Même des universitaires se livrent à ce petit jeu. Cela frise le ridicule quand ils prétendent conclure avec une incertitude de 900 % et une limite inférieure de leur prédiction sans pratiquement aucun changement par rapport à ce qui s'est toujours produit et continuera à se produire de toutes façons.

Le nombre de personnes tuées par des phénomènes météorologiques extrêmes a diminué régulièrement au cours du siècle dernier. Il y a un siècle, près de 500 000 personnes en moyenne étaient victimes chaque année de tempêtes, d'inondations, de sécheresses, d'incendies de forêt et de températures extrêmes, plus souvent trop froides que trop chaudes. Au cours des dix dernières décennies, le nombre de décès annuels dus à ces causes a fort heureusement chuté à 18 000. En 2020, il est tombé à 14 000, et à 6 100 en 2021, 1 % par rapport à il y a un siècle.[1] Nos contemporains sont plus à l'abri des catastrophes liées au climat que jamais[2].

La croyance erronée que les conditions météorologiques extrêmes sont causées par les émissions de CO_2 n'est nullement étayée car ni leur fréquence ni leur intensité n'est en hausse. Les assureurs confirment[3]. Les fausses affirmations médiatisées sont démystifiées par des spécialistes[4]. Les figures 2.2 et 2.3 illustrent un comportement chaotique lié à une sensibilité extrême aux conditions initiales dont découlent les fluctuations du champ de pression atmosphérique. Ils restent imprévisibles, même à l'échelle de quelques semaines. Ils récusent

1. climatechangedispatch.com/2021-saw-lowest-global-death-rate-from-weather-disasters-on-record

2. www.wsj.com/articles/climate-activists-disasters-fire-storms-deaths-change-cop26-glasgow-global-warming-11635973538

3. www.climato-realistes.fr/nouveau-rapport-sur-les-catastrophes-naturelles-de-lassureur-aon/

4. alarmistclaimresearch.wordpress.com/2020/08/04/climate-alarmist-claim-rebuttals

donc toute attribution pertinente. Le comportement chaotique du temps qu'il fait se manifeste par des fluctuations de température de grande amplitude. Leur amplitude et leur fréquence ne sont toutefois pas supérieures aujourd'hui à ce qu'elles étaient il y a 360 ans. Ces fluctuations ne sont aucunement sans précédent. Elles sont la règle. Elles sont simplement devenues la coqueluche des médias qui trouvent là quelque chose de vendeur. Ce n'est pas nouveau. Déjà en 1871, le *Brisbane Courier* du 10 janvier écrivait : « Chaque saison est à coup sûr « extraordinaire », presque chaque mois est l'un des plus secs ou des plus humides, ou des plus venteux, ou des plus froids ou des plus chauds jamais vus. »

Gradient thermique vertical : la Terre comparée à Vénus

La pratique de la haute montagne ou la simple lecture de la température extérieure lors d'un vol long-courrier vérifient la décroissance de la température avec l'altitude, du moins dans la troposphère. L'air se dilate à mesure que la pression atmosphérique devient plus faible avec l'altitude. Avec la perte d'énergie interne, sa température s'abaisse dans des proportions calculables en dérivant la loi des gaz parfaits[1]. Dans l'atmosphère

1. Le gradient de température vertical est issu de la relation $dT/dp = (C_p\rho)^{-1}$. ρ est la densité de l'air, p la pression atmosphérique, V le volume d'air, T la température sur l'échelle absolue de Kelvin et C_p la chaleur spécifique des gaz de l'atmosphère. Si g est l'accélération de la pesanteur, à partir de la relation entre la pression et l'altitude z, $dp/dz = -g\rho$, on en déduit le gradient adiabatique vertical $dT/dz = -g/C_p = -9{,}8\ K/km$ pour l'atmosphère terrestre. C_p est déterminé par les principaux gaz de l'air, l'azote 78 % et l'oxygène, 21 %. Dans l'atmosphère de Vénus, $-g/C_p$ a une valeur très semblable à celle de la Terre de $-10{,}5\ K/km$ en dépit de compositions gazeuses excessivement différentes. La vapeur d'eau dans l'atmosphère terrestre abaisse le gradient à $-6{,}5\ K/km$ parce qu'avec l'altitude elle se condense en eau liquide dans l'air plus froid.

Terrestre, la chute de température est de – 6,5°C par kilomètre d'altitude. Cette réalité nous ramène à la définition de l'effet de serre donnée dans le glossaire des rapports du GIEC, à savoir « la chute de température avec l'altitude dans la troposphère avec pour conséquence un affaiblissement de l'émission (des gaz à effet de serre) », autrement dit une conséquence du gradient de température atmosphérique vertical et de sa cause gravitationnelle.

Nikolov et Zeller (2017) ont montré que l'on retrouvait la température au sol de planètes ou de satellites de planètes aussi différentes que Vénus, la Terre, la lune (pas d'atmosphère), Mars, Titan (satellite de Saturne) et Triton (satellite de Neptune), à partir de seulement deux variables. La première est l'irradiance solaire qui dépend de leur distance au soleil. La seconde est la pression atmosphérique à la surface. Leur théorie élégante fait appel à l'analyse dimensionnelle, un outil puissant en physique. L'atmosphère de Vénus contient 96 % de CO_2, celle de la Terre seulement 0,04 %. La concentration de CO_2 explique-t-elle la température plus élevée de Vénus ? Pour partie seulement. La raison majeure est une *pression* à la surface de Vénus quelque 90 fois supérieure à celle de la Terre. A l'altitude dans chacune des deux atmosphères où la pression est la même, on retrouve des températures similaires compte-tenu des distances respectives au soleil et des albédos respectifs. Passer de 0,04 % à 96 % suppose 11 doublements successifs. Chaque doublement élève la température de 0,78°C (Chapitre 1). 11 doublements l'élève de 11 × 0,78°C = 8,6°C. Même avec la meilleure estimation reprise dans le rapport AR6 du GIEC, le complément de température du CO_2 sur Vénus atteint tout au plus 11 × 1,68°C = 18,5°C. Dans les deux cas, on reste très loin de la fournaise de 462°C à la surface de Vénus, essentiellement due non pas au CO_2 même s'il intervient à la marge, mais à la formidable pression atmosphérique au sol.

« Réchauffement » en descendant une marche

Le thermomètre extérieur d'un avion croisant à 40 000 pieds (12 kilomètres d'altitude) indique une température autour de – 55°C en raison du gradient thermique vertical de – 6,5°C par kilomètre. En sens inverse, en descendant d'un mètre, soit six marches d'un escalier extérieur, « l'échauffement » est de 0,0065°C, soit *un millième de degré par marche descendue.* C'est tellement imperceptible que l'on ne ressent évidemment rien, d'autant que le « ressenti » est noyé dans d'autres facteurs qui interviennent de façon largement dominante comme un rayon de soleil, ou le passage dans l'ombre du soleil, ou un nuage qui l'occulte, du vent ou même un simple courant d'air. En se référant à la colonne de droite du Tableau 1.2, un tel réchauffement de 0,001°C par marche descendue serait aussi celui de la Terre d'ici 2050 causé par la France ou le Royaume-Uni si l'un ou l'autre pays continue à brûler des combustibles fossiles au rythme de 2019.

Ainsi frappante est la contradiction entre l'absence de ressenti en descendant une marche et les qualificatifs alarmistes, voire catastrophistes assénés quotidiennement dans chacun des deux pays pour justifier une politique dont l'impact thermique sera tout aussi inexistant que la descente d'une marche. Cette contradiction chiffrée mériterait pour le moins d'être connue et partagée, car l'omerta reste la règle. En dépit de valeurs imperceptibles, chaque décideur se prétendant éco-conscient peaufine son discours culpabilisateur sur l'empreinte carbone pour accentuer les mesures coercitives et taxer toujours davantage.

Ces valeurs infimes à mettre en regard de la politique de chaque pays, voire de certaines villes, constituent le prétexte et le seul du changement de paradigme sociétal et énergétique que l'on nous mitonne au fil des 26 COP.

Lunette de Galilée et taches solaires – le rôle crucial du soleil

A peu près 30 % du rayonnement solaire est renvoyé vers l'espace sans échauffer la Terre. C'est l'albédo. Ce sont principalement les nuages, la neige et les glaces qui sont responsables. Albédo déduit, la surface de la Terre reçoit 240 W/m^2, moyenne entre jour et nuit, été et hiver, et latitudes. Multiplié par la superficie de la planète, 510 10^{12} m^2, la puissance moyenne reçue du soleil atteint 1,2 10^{17} Watts. Sur une année, l'énergie reçue et renvoyée vers l'espace, atteint de l'ordre de 10^{18} kilowattheures (kWh).

En 2019, le monde a consommé 11 700 millions de tonnes d'équivalent pétrole (mtoe), dont 33 % de pétrole, 27 % de charbon et 24 % de gaz naturel. A l'énergie fournie par les combustibles fossiles s'ajoutait 4 % d'énergie nucléaire, 6 % d'hydroélectricité, 2 % d'énergie éolienne, 1 % de solaire photovoltaïque, et de plus faibles proportions de biomasse, énergie géothermique et agrocarburants. Une tonne équivalent pétrole (toe) correspond à 11,63 Mégawattheures (MWh). La consommation énergétique mondiale a ainsi atteint 136 10^{12} kWh en 2019. L'énergie reçue du soleil est ainsi quelque *10 000 fois plus élevée*. **En d'autres termes, l'Humanité produit et consomme en une année l'équivalent énergétique reçu du soleil en seulement une heure. Cette comparaison illustre à quel point le soleil est LE maître du climat de la**

Terre et de l'énergie dont la végétation a besoin par photosynthèse pour sa croissance.

Le rayonnement solaire est-il constant ? Non. La lunette de Galilée a permis de révéler un cycle de taches solaires de 11 ans en moyenne et dont la période peut varier entre 8 et 14 ans. L'amplitude des cycles évaluée à partir du nombre de taches, de leur taille et de leur activité, est variable. Elle a été voisine de zéro durant le minimum de Maunder de 1645 à 1715. Ce minimum est associé à une période froide, synonyme de famine (Carmenisch *et al* 2016).

Chaque tache solaire représente une partie un peu moins chaude de la surface du soleil. Elle est associée à un champ magnétique intense. Ce champ magnétique dévie les rayons cosmiques, particules chargées électriquement comme les protons. S'ils ne sont pas déviés, ces rayons cosmiques peuvent ioniser des molécules de l'atmosphère qui elles-mêmes joueront le rôle de noyaux de condensation pour favoriser la formation de nuages (Svensmark *et al* 2013, Svensmark 2015, Shaviv 2015, Svensmark *et al* 2021). Les nuages réfléchissent et diffusent le rayonnement solaire, le renvoyant pour partie vers l'espace sans échauffer le Terre. En l'absence de taches solaires, davantage de nuages peuvent se former, contribuant à augmenter l'albédo et donc refroidir la Terre. En revanche, le champ magnétique des taches solaires dévie les rayons cosmiques, les empêchant de favoriser la formation des nuages. En ce sens, les taches solaires augmentent indirectement le pouvoir réchauffant du soleil.

L'amplitude des cycles de taches solaires est passée par un maximum durant la seconde moitié du vingtième siècle (Solanki *et al* 2004). L'amplitude du dernier cycle, numéroté 24, n'était que d'un tiers de celle, record, du cycle 19 observé de

1954 à 1964. Il est possible que le cycle 25 reste de faible amplitude, c'est du moins ce à quoi s'attendent des travaux publiés récemment (Herrera *et al* 2021, Courtillot *et al* 2021). Les reconstructions à partir de différents indicateurs évaluent une température de la Terre supérieure à l'actuelle dans la période appelée optimum médiéval.[1]

La Figure 1.4 ne témoigne pas d'une corrélation nette entre température et CO_2 atmosphérique, ni de 1910 à 1945 avec un accroissement de température de 0,6°C alors que les émissions étaient trop faibles pour l'expliquer, ni de 1945 à 1975 puisque la température baissait alors que les émissions étaient en pleine accélération. Comment l'expliquer ? Une possibilité fait appel à des cycles naturels comme développé dans le paragraphe suivant. Une autre possibilité qui s'ajoute à la précédente a trait à la longueur des cycles de taches solaires comme illustré dans la Figure 2.7.

L'étude des séries de taches solaires est avantageusement complétée par celle de mesures géomagnétiques terrestres, idéalement par des mesures aux antipodes l'une de l'autre, comme compilées par l'indice baptisé aa (Figure 2.8).

Au moyen d'une double régression, Stefani (2021) compare la concentration en dioxyde de carbone et l'indice géomagnétique aa en tant qu'indicateur de l'activité solaire. Il en déduit une sensibilité climatique comprise entre 0,6°C, très similaire à celle issue des analyses des spectres infrarouge (Harde 2013, 2014), et 1,6°C. La partie ultraviolette du rayonnement solaire sur la couche d'ozone, qui fluctue de plus de 5 %, joue un rôle important.

1. www.researchgate.net/project/Mapping-the-Medieval-Climate-Anomaly

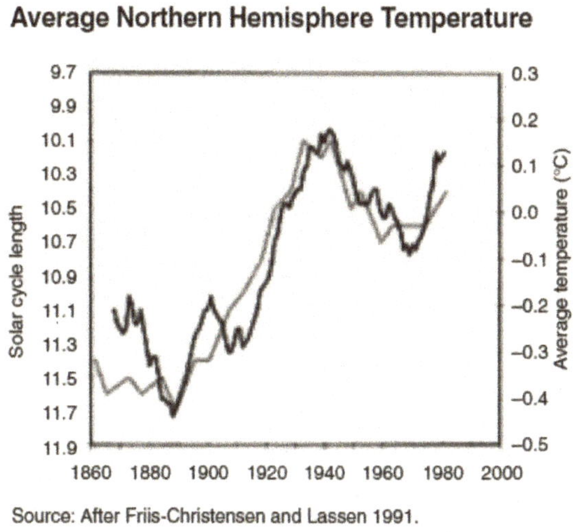

Fig. 2.7 – Figure 6 de Jaworowski (2006) montrant la corrélation entre température de l'hémisphère Nord et longueur des cycles de taches solaires.

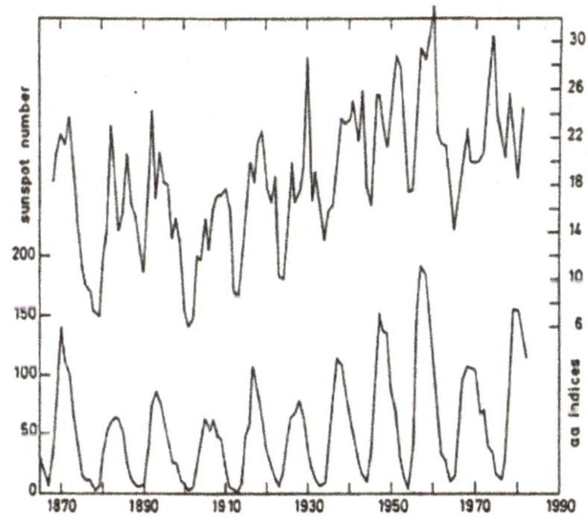

Fig. 2.8 – Correspondance entre cycle de taches solaires (en bas) et indice géomagnétique aa (en haut)[1].

1. www.girgea.org/wp-content/uploads/work-mayaud.pdf

Connolly *et al* (2021) et Soon *et al* (2022) comparent différentes estimations de l'irradiance solaire depuis la fin du dix-neuvième siècle aux moyennes de températures limitées aux stations de mesure situées en zones rurales, de manière à éviter les biais d'îlots de chaleur urbain. Ils en déduisent ainsi que l'échauffement de l'hémisphère nord dans les zones rurales est principalement naturel et lié à l'évolution de l'activité solaire. Lopes *et al* (2021) confirment le rôle crucial de notre astre.

Oscillations Atlantique et Pacifique multi-décennale

Comme le confirme la mise à jour à la Figure 2.9, Schlesinger and Ramankutty (1994) ont rapporté une oscillation de période 65-70 ans de *l'Oscillation Atlantique Multidécennale* (AMO).

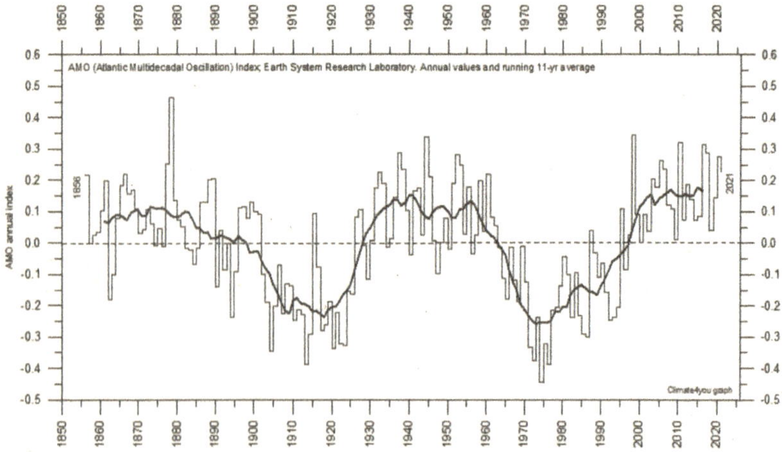

Fig. 2.9 – Mise à jour de l'indice mesurant l'Oscillation Atlantique Multidécennale (AMO), cycle de période ~ 60-70 ans (Humlum, www. climate4you.com).

Le refroidissement de la Terre observé de 1945 à 1975 (Fig. 1.4) a principalement concerné l'hémisphère nord comme le montrent de nombreuses études[1]. L'AMO est justement observée dans l'Atlantique Nord et l'oscillation était en phase de refroidissement durant cette période. Elle n'est pas la seule. La comparaison avec l'Oscillation Pacifique (PDO) est confondante dans la mesure où une phase froide est également observée de 1947 à 1976 (Fig. 2.10).

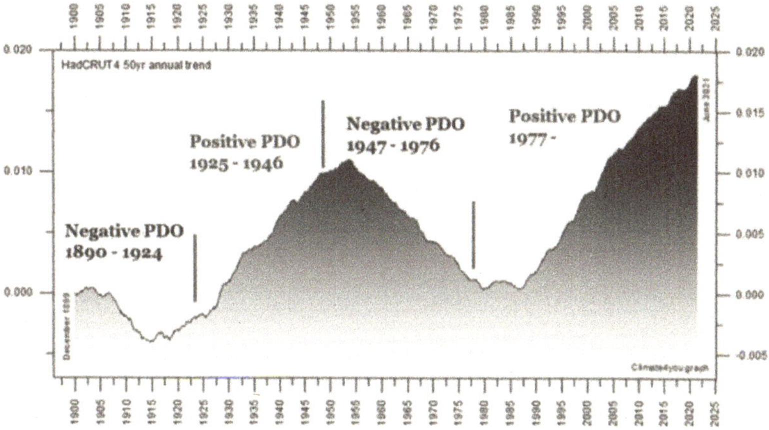

Fig. 2.10 – Ecarts de température de la Terre évalués par Humlum (www.climate4you.com) comparés aux inversions de l'Oscillation Pacifique PDO[2].

Plus globalement, les indices AMO et PDO apparaissent synchrones avec la série de températures HadCRUT4. Tous trois confirment une phase montante récente. Si ces cycles se poursuivent, ils devraient être suivis par une phase descendante dans les quelque trente ans à venir.

1. notrickszone.com/2021/02/04/robust-measurements-show-the-northern-hemispheres-atmosphere-cooled-0-6c-in-5-years-60-years-ago/

2. notrickszone.com/2021/10/05/global-warming-of-past-40-years-an-artefact-of-pacific-ocean-cycle-now-comes-the-cooling/

Plusieurs auteurs s'accordent à confirmer le cycle de 60 à 70 ans :

- Ogurtsov et al 2002
- Klyashtorin et Lyubushin 2003
- Loehle 2004
- Zhen-Shan et Xian 2007
- Jaworowski 2007
- Carvalo et al 2007
- Swanson et Tsonis 2009
- Scafetta 2009
- Akasofu 2010
- D'Aleo et Easterbrook 2010
- Loehle et Scafetta 2011
- Knudsen et al 2011
- Humlum et al 2011
- Chambers et al 2012
- Lüdecke et al 2013
- Courtillot et al 2013
- Akasofu 2013
- Macias et al 2014
- Ogurtsov et al 2015
- McCarthy et al 2015
- Gervais 2016
- Ollila 2017b
- Scafetta et al 2020
- Scafetta 2021a
- Akasofu et Tanaka 2021

Scafetta (2021a) identifie plusieurs cycles supplémentaires d'amplitudes toutefois moindres. Il montre surtout par une analyse de Fourier que le cycle de ~ 60 ans et les autres sont remarquablement corrélés à la vitesse du soleil par rapport au centre de masse du système solaire (Scafetta 2009). Le cycle principal de ~ 60 ans implique les deux planètes les plus massives, Jupiter et Saturne, selon que leurs orbites respectives autour du soleil les amènent ou non proches, avec des influences gravifiques sur la boule de gaz déformable qu'est notre étoile qui s'ajoutent si elles sont proches, on non. Scafetta *et al* (2020) considèrent toutefois d'autres explications possibles à ces observations, toutes plus naturelles les unes que les autres, du moins sans aucun lien avec les émissions de CO_2.

Lüdecke *et al* (2021) se sont intéressés aux précipitations africaines qui présentent d'importantes fluctuations naturelles d'une année sur l'autre. Ils montrent selon les régions en plus de l'activité solaire et de l'influence des oscillations AMO et PDO, le rôle des fluctuations El Niño/La Niña, et également celui d'un cycle propre à l'Océan Indien qui jouxte la côte Est africaine.

Comme on l'a appris à l'école, les courants océaniques ont une influence considérable sur la température de surface de la Terre. La dernière étude (Worthington *et al* 2021) sur la période 1981-2016 ne rapporte pas de ralentissement du Gulf Stream même si des fluctuations sont temporairement observées. Le paragraphe sur la chaleur contenue dans les océans montrera que s'ils sont effectivement chauffés par le soleil, le CO_2 atmosphérique n'intervient pratiquement pas car la profondeur de pénétration dans l'eau du rayonnement à sa fréquence de vibration est trop faible. Contrairement à ce qui fait parfois polémique dans les media alarmistes, les émissions carbonées ne sauraient être accusées d'un ralentissement du courant océanique.

Cryosphère contrastée

Puisque la banquise Arctique tangente l'océan Atlantique, il serait logique que l'Oscillation Atlantique Multidécennale

(Fig. 2.9) l'influence, en particulier lors de son minimum de superficie de septembre. De la même façon, la partie ouest de la banquise Arctique serait influencée par l'Oscillation Pacifique (Fig. 2.10) comme le soulignent Liu *et al* (2021). A l'appui de cette logique, Alekseev *et al* (2016) comparent le minimum de superficie de banquise de septembre en 1945 et 70 ans plus tard pour les trouver similaires alors qu'entre ces dates, l'extension de banquise était plus élevée. Cette observation s'inscrit parfaitement dans les oscillations observées dans les Figures 2.9 et 2.10. L'idée est confirmée si l'on prend comme critère non plus seulement la superficie mais le volume de banquise (Van Achter *et al* 2020). Les modèles de climat repris par le GIEC ne l'entendent pas ainsi. Ignorant les oscillations Atlantique, Pacifique et le maximum observé autour de 1945, compatible avec un minimum de superficie de banquise, ils considèrent comme seules coupables les émissions de CO_2. Toutefois, comme pour d'autres projections à l'horizon de la fin du siècle, ils sont loin d'être d'accord entre eux quant à la superficie de banquise Arctique au minimum estival. Le désaccord est même caricatural comme le montre la Figure 2.11.

Comme on peut le voir, même à un horizon aussi proche que 2030, il y en a pour tous les goûts puisque les prophéties s'échelonnent entre 0 et 100 %…

En revanche, les observations de la superficie et du volume de banquise Arctique rapportées par l'Institut Météorologique Danois (Fig. 2.12) montre une évolution lente des observations, du moins en moyenne, car se superposent des fluctuations d'amplitude élevée liées à la météo de l'année. Le 29 octobre 2021 par exemple, on constatait nettement plus de glace qu'à la même date en 2020 en superficie et en volume, de l'ordre de 3 000 milliards de mètres cubes supplémentaires. Le mois suivant, l'Institut danois modifiait son mode d'évaluation, ce

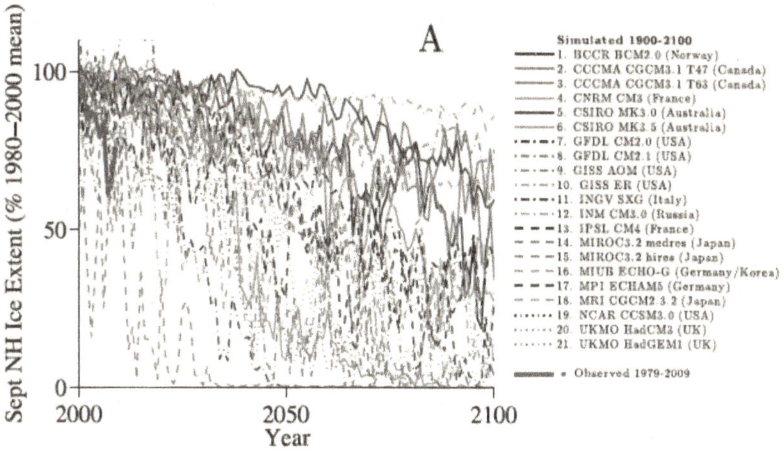

Fig. 2.11 – Prévisions du minimum estival de superficie de banquise Arctique d'ici la fin de ce siècle reproduit de Eisenman *et al* (2011) selon différents modèles de climat.

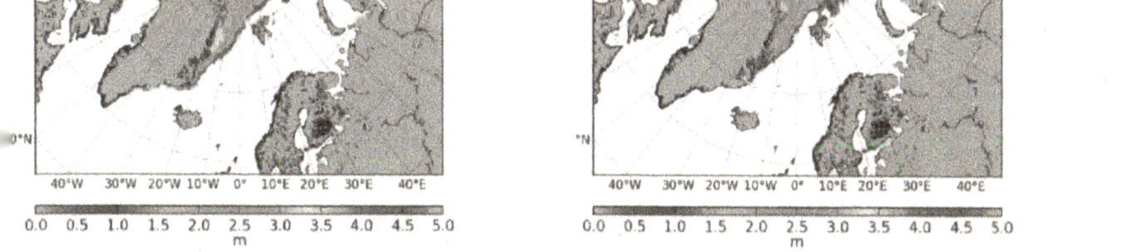

Fig. 2.12 – Superficie, épaisseur et volume de banquise Arctique le même jour à un an d'intervalle, rapportée par www.climate4you.com à partir des publications quotidiennes de l'Institut Météorologique Danois ocean.dmi.dk/arctic/icethickness/images/FullSize_CICE_combine_thick_SM_EN_20211004.png

qui ne semble pas avoir convaincu certains de ceux qui suivent ses données avec attention.[1] La modification ne change toutefois rien de significatif à l'écart observé entre les années 2020 et 2021.

Dans son discours de récipiendaire du Prix Nobel de la paix 2007, Al Gore déclarait que la banquise Arctique pourrait disparaître dans les 7 ans. 14 ans plus tard, la Figure 2.12 montre qu'elle est toujours bien là.

De très loin, le plus grand glacier du monde est l'Antarctique. Si les glaciers fondent à cause de l'augmentation du CO_2 dans l'atmosphère, c'est auprès du plus grand d'entre eux qu'il convient prioritairement d'en chercher la preuve. **La Figure 2.13 montre les relevés de température à la base Amundsen-Scott située au Pôle Sud. Contrairement aux projections de modèles de climat qui prévoient un réchauffement plus marqué à *chacun des deux* pôles, l'Antarctique se refuse à en témoigner.**

Avec une perte de masse de glace au plus de l'ordre de 0,0005 % par an, la preuve de réchauffement fait défaut car l'effet éventuel se retrouve très en deçà des incertitudes (Turner *et al* 2016, Sheferd *et al* 2017, Smith *et al* 2020, Klem *et al* 2020). Zwally *et al* (2021) rapportent au contraire un gain de masse de glace de 1992 à 2011, principalement avec la contribution de l'Antarctique Ouest, mais encore une fois assorti d'une certaine incertitude. Singh et Polvani (2020) et d'autres confirment que le continent antarctique ne s'est pas réchauffé au cours des sept dernières décennies. Hsu *et al* (2021) rapportent un refroidissement de l'Antarctique Est de 1979 à 2014. Ceci est confirmé par la réanalyse de Zhu, Xie *et al* (2021) qui montrent

1. realclimatescience.com/2021/12/the-dmi-improved-model

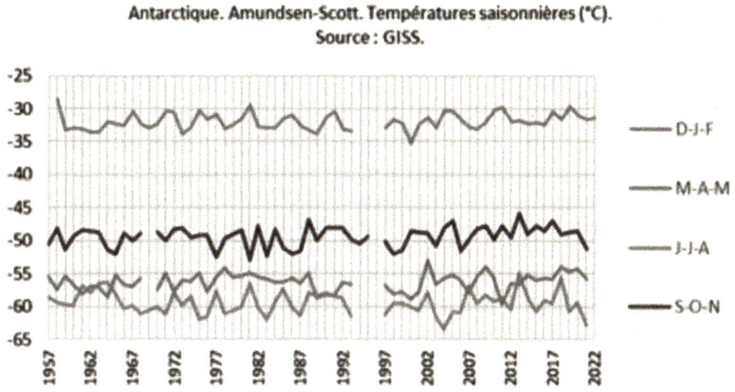

Fig. 2.13 – Platitude des températures en toutes saisons mesurées au Pôle Sud à la base Amundsen-Scott.[1] La moyenne est de – 30°C durant l'été austral (décembre à février). Elle chute à – 60°C au cœur de l'hiver.

un refroidissement de – 2,8°C de 1979 à 2018 de l'Antarctique Est et un refroidissement de – 1,7°C de l'Antarctique Ouest durant la même période de mesures. En juin 2021, l'équipe de la base Amundsen-Scott a subi une température de – 81,7 °C. Pendant quelques jours, l'équipe n'a littéralement subi aucun effet de serre du CO_2 puisqu'une telle température se situe 4°C en dessous du point de congélation de ce gaz…

Toutefois, la fonte de la banquise durant l'été austral 2022 a été plus marquée que la moyenne au large du littoral Antarctique Ouest et uniquement à cet endroit. C'est justement là où Artemieva (2022) situe une chaîne de jeunes volcans (Fig. 2.14).

Même si cette chaîne volcanique pourrait ainsi avoir produit une fonte localisée, cela n'a pas empêché la superficie de banquise Antarctique d'augmenter en moyenne de 11 300 kilomètres

1. mythesmanciesetmathematiques.wordpress.com/2022/04/08/antarctique-que-se-passe-t-il-au-juste

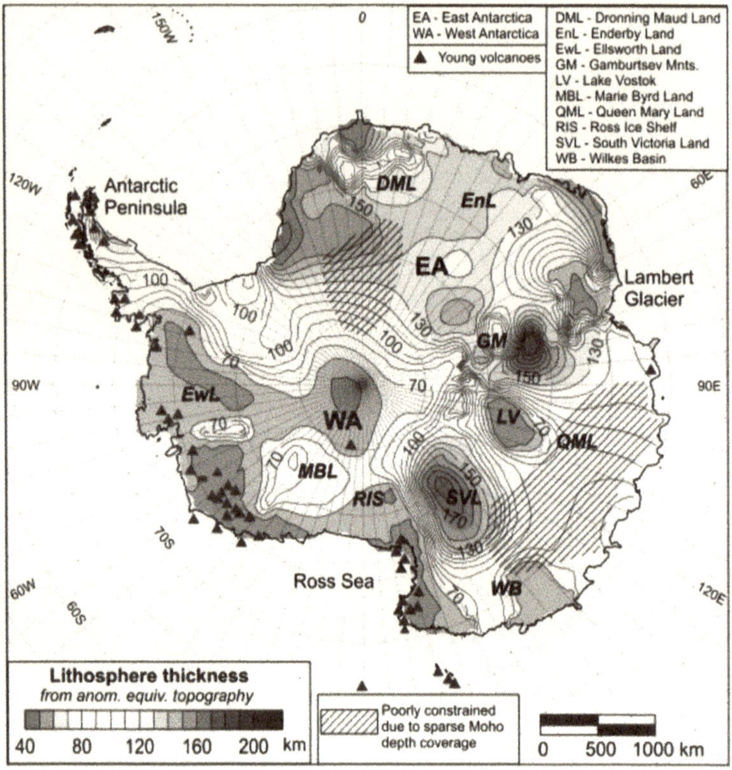

Fig. 2.14 – Ceinture volcanique longeant le littoral de l'Antarctique Ouest (Artemieva 2022).

carrés par an depuis le début des mesures en 1979 (Parkinson 2019) à l'inverse de ce qui est observé en Arctique.

La Figure 75 de Poyet (2020) confirme l'absence de corrélation entre CO_2 et température Antarctique à partir des carottages de glaces.

Le second plus grand glacier du monde est le Groenland. De 2001 à 2019, la tendance pour les températures reste plutôt plate et peu significative avec un refroidissement mesuré ces dernières années (Hanna *et al* 2020).

La saga qui se veut emblématique de la disparation progressive de l'ours polaire n'est pas confirmée par les recherches les plus récentes[1]. Les animaux marins et les ours polaires ont été beaucoup plus actifs et abondants ces dernières années que dans le passé (Bengtsson *et al* 2021). Les observations de phoques et de morses ont augmenté de 50 à 100 % depuis 2005. Les ours polaires étaient près de 80 % plus souvent observés entre 2012 et 2018 par rapport aux données précédentes.

Hausse modeste du niveau des océans

La hausse du niveau des océans est la fin d'une augmentation lente, asymptotique, qui a atteint 120 mètres et a commencé il y a 15 000 ans, après la fonte des glaces du dernier âge du même nom à une époque où l'existence de gros 4 × 4, SUV et lignes aériennes n'est pas documentée. Elle a commencé à ralentir voici 7 000 ans[2]. La Figure 2.15 montre la hausse annuelle du niveau des océans reproduite de la Figure 3.14 du rapport AR5 (2013) du GIEC.

La tendance semble similaire à celle des oscillations atlantique AMO et pacifique PDO dans les Figures 2.9 et 2.10. Les deux courbes en pointillés reproduisent les limites supérieure et inférieure de la plage d'incertitude des données de 240 marégraphes analysées par trois groupes d'auteurs (Jevrejeva *et al* 2006, Church et White 2011, Ray et Douglas 2011). La moyenne arithmétique des courbes supérieure et inférieure

---

1. www.thegwpf.org/content/uploads/2021/02/Crockford-Polar-Bears-2020-.pdf polarbearscience.com/2021/09/08/svalbard-polar-bear-paper-falsely-assumes-that-loss-of-genetic-diversity-has-negative-consequences

2. alarmistclaimresearch.files.wordpress.com/2020/12/ac-rebuttal-sea-level-122620.pdf

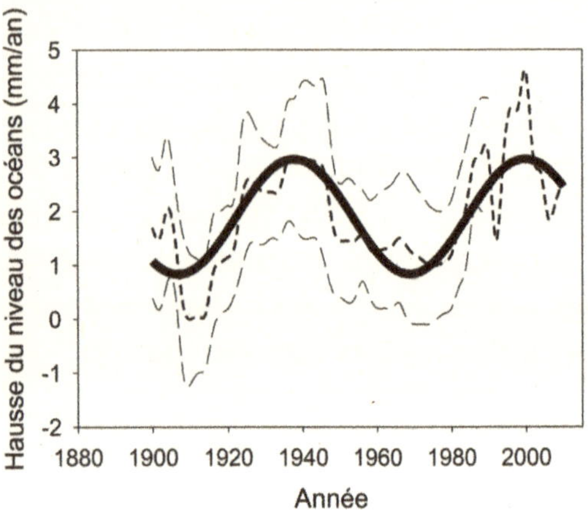

Fig. 2.15 – Evolution de l'incertitude sur les valeurs supérieures et inférieures de la hausse du niveau des océans rapportées par les marégraphes selon la Figure 3.14 du rapport AR5 (2013) du GIEC. La courbe en trait gras est une régression par une sinusoïde de période 62 ans (Gervais 2016).

est complétée après 1992 par des données des marégraphes moyennées issues de Jevrejeva *et al* (2014). La courbe en trait épais est une régression avec une forme d'onde sinusoïdale. Une période de 62 ans en est déduite (Gervais 2016). Elle rappelle les oscillations des Figures 2.9 et 2.10.

Frederikse *et al* (2020) confirment l'oscillation. Ils rapportent une hausse moyenne de 1,52 ± 0,33 mm par an de 1900 à 2018, plus faible que la moyenne de la Figure 2.15 basée sur 240 marégraphes. Une telle valeur extrapolée d'ici 2050 indique une hausse de 4,5 centimètres. Toutefois, en considérant jusqu'à 2 133 marégraphes, Parker et Ollier (2015) rapportent une valeur observée plus faible de 1,04 mm par an, extrapolée à 3 centimètres d'ici 2050 car il ne concluent pas à une accélération (Parker and Ollier 2017). Les marégraphes de Brest et de Marseille confirment l'ordre de grandeur du millimètre par an avec des séries de mesures qui pour le premier remontent à deux siècles. Les côtes connaissent des amplitudes de grandes marées et des hauteurs de vagues tempétueuses en regard desquelles on voit mal comment on ne saurait s'adapter à 3 à 5 centimètres supplémentaires surtout d'ici trois décennies.

Il ne s'agit pas de nier l'érosion du littoral à certains endroits. Mais les pouvoirs publics ne sont pas obligés d'y délivrer des permis de construire. A l'échelle mondiale, Donchyts *et al* (2016) et Luijendijk *et al* (2018) rapportent en moyenne un accroissement de la superficie des continents en général et des plages en particulier. La superficie des îles du Pacifique et de l'océan Indien, y compris les Maldives, s'est accrue de 6 % (Holdaway *et al* 2021), celle des Marshall de 4 % (Ford et Kench 2015). Boretti (2021) souligne que la hausse relative des océans qui les entourent n'excède pas 0,46 mm par an. **Certains modèles de climat retenus par le GIEC prophétisent une accélération de la hausse. Si l'on dérive la tendance de la Figure 2.14, on trouve des accélérations mais aussi des décélérations dans les mêmes proportions. Un exemple est présenté à la Figure 2.16.**

Accélérations et décélérations mesurées par les marégraphes se succèdent pour les côtes du Royaume-Uni, mais la moyenne reste à zéro. Elles ne font qu'illustrer localement la tendance globale oscillatoire de la Figure 2.15. Certes, sur une période de temps trop limitée comme autour de 1990, on note une accélération mais la généraliser n'aurait aucune valeur scientifique car elle se trouve annulée par la phase suivante autour de 2020. D'autres modélisations de bien meilleure résolution, qui tiennent compte des courants océaniques (Van Westen et Dijkstra 2021) et confirmées par les marégraphes, ne suivent pas le GIEC quant à l'alarmisme de certaines de ses projections.

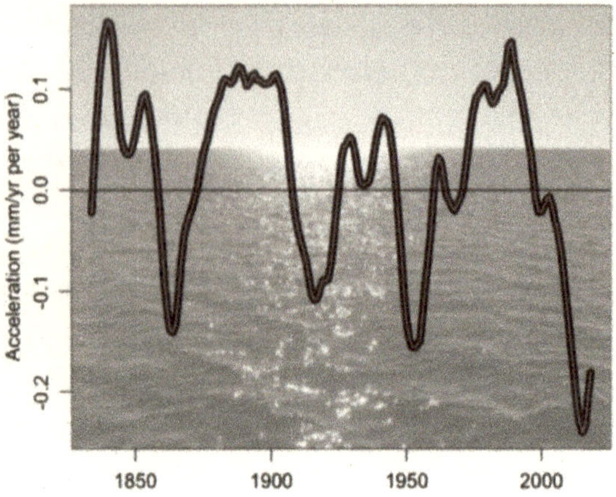

Fig. 2.16 – Séquence d'accélérations et de décélérations du niveau des océans autour du Royaume-Uni.[1] Les valeurs positives en 1930 et 1990, négatives en 1960 ainsi qu'en 2020 correspondent aux maxima et minima de la dérivée de l'oscillation mondiale à la Figure 2.15.

La tectonique des plaques peut relativiser la mesure d'un marégraphe (Parker *et al* 2018). Au voisinage de Stockholm par exemple, le niveau de la mer ne monte pas, *il s'abaisse* de 3,9 millimètres par an. Les phénomènes de subduction lorsqu'une plaque continentale s'enfonce, ou l'inverse, ont été tout particulièrement documentés par Mörner (2016). En en tenant compte, il confirme une hausse moyenne mondiale qui n'excède pas de l'ordre du millimètre par an.

Chaleur contenue dans les océans : +0,0004°C par an

La vapeur d'eau atmosphérique absorbe une partie significative du rayonnement infrarouge de la surface terrestre et

1. Eschenbach. W. wattsupwiththat.com/2021/03/02/historical-uk-sea-levels

surtout maritime dont elle est par ailleurs issue par évaporation. Cette absorption assure à notre Planète une température moyenne de 15°C favorable au développement de la vie végétale et animale. L'eau liquide est quelque mille fois plus dense que l'air qui contient entre 1 % et 5 % de vapeur d'eau. Elle absorbera donc le rayonnement infrarouge au moins 20 000 fois plus. Celui émis par la molécule de CO_2 à la longueur d'onde de 15 micromètres aura ainsi une profondeur de pénétration dans l'eau limitée à quelques micromètres, ne pouvant la réchauffer que d'une quantité infinitésimale. **Autant l'eau peut chauffer l'air comme le montre le phénomène El Niño, autant l'air ne peut chauffer l'eau qu'à la marge.** Pour le vérifier, essayez de chauffer l'eau froide d'une baignoire en poussant à fond le thermostat de la salle de bain…

La température des océans mesurée par le British Hadley Center[1] montre logiquement les mêmes tendances que celles des Figures 1.4 pour la température de la Terre, 2.9 pour l'oscillation Atlantique AMO, 2.10 pour l'oscillation Pacifique PDO et 2.15 pour la hausse du niveau des océans : une hausse de 1910 à 1945, une baisse de 1945 à 1970, une hausse de 1970 à 2000 à laquelle se superpose la fluctuation intense El Niño de 2016 qui impacte prioritairement l'Océan Pacifique.

Quelques 3 000 balises ARGO ont commencé à être déployées sur les océans à partir de 2002. Elles plongent régulièrement jusqu'à 2 000 mètres de profondeur pour mesurer températures et salinité. Wunsch et Heimat (2014) en exploitent les informations. S'y ajoutent dans leur article les données jusqu'aux profondeurs abyssales. En 19 ans, ils rapportent une quantité de chaleur des océans accrue de 4 10^{22} Joules (J). Cela peut

1. crudata.uea.ac.uk/cru/data/temperature/HadSST4.pdf

paraître énorme mais ne représente qu'un « forçage » minime, de 0,2 W/m^2. Cette valeur est du même ordre de grandeur que le flux de chaleur qui provient du cœur de la Terre (Pollack *et al* 1993), là encore minimisant le rôle du CO_2 atmosphérique.

L'eau a une chaleur spécifique élevée, quatre fois supérieure à celle des terres et très supérieure à celle de l'air. Cumulée sur la masse considérable des océans, 250 fois celle de l'atmosphère, la chaleur spécifique atteint 5,4 10^{24} J. K^{-1}. Autrement dit, pour les réchauffer de 1°C, il faut une énergie calorifique de 5,4 10^{24} J. Les océans sont à une température moyenne de 288 ± 13 K. Ils contiennent ainsi une énergie thermique d'environ $5{,}4\ 10^{24} \times 288 = 1{,}5\ 10^{27}$ *J.* La chaleur gagnée par les océans en 19 ans, 4 10^{22} J (Wunsch et Heimat 2014), représente donc par an de l'ordre d'un millionième de leur énergie thermique. Autrement dit, le complément de chaleur les réchauffe de seulement : $4\ 10^{22}/(5{,}4\ 10^{24} \times 19) = 0{,}0004$*°C par an.* Devons-nous vraiment considérer un tel échauffement comme une menace existentielle ? Cette valeur est une moyenne. Wunsch et Heimat (2014) la précisent différente d'un bassin océanique à l'autre. Laloyaux *et al* (2018) rapportent une oscillation de la chaleur contenue dans les 300 mètres supérieurs qui rappelle celles des Figures 1.4, 2.9, 2.10, 2.15, suggérant une origine naturelle commune qui ne doit pas grand-chose au CO_2 mais plus logiquement au soleil comme le propose Scafetta (2009).

Les océans ne sont pas acides

Autre menace existentielle déclinée dans la longue liste risquant de frapper l'Humanité selon les media alarmistes, l'acidification des océans. La moyenne du pH des océans a effectivement évolué de 8,2 à 8,1 ces dernières décennies. Le pH, ou potentiel hydrogène, mesure la basicité (pH > 7) ou l'acidité (pH < 7) d'une solution aqueuse. **Les océans sont donc basiques et non pas acides et le resteront vraisemblablement. « Débasification », en l'occurrence de 0,1 point de pH, devrait être la terminologie à employer au lieu de la trompeuse « acidification », probablement plus vendeuse pour les marchands de peur.**

La concentration de CO_2 est maximale dans les eaux froides parce que sa solubilité augmente à mesure que diminue la température, une bonne raison de garder au frais dans le seau à glace la bouteille de Champagne ou de Vouvray (ce livre est écrit en Touraine) une fois ouverte. Les eaux chaudes sous les tropiques ont plus de mal à le retenir. La variation annuelle de pH d'origine anthropique n'excède pas – 0.0017 (Byrne *et al* 2010), valeur reprise par le GIEC, mais restant petite comparé au pH de 8,1. Ainsi, les variations saisonnières (Wei *et al* 2021) excèdent-elles largement la minuscule contribution anthropique.

Paléoclimat : absence de corrélation entre CO_2 et température

La Figure 2.17 compare une estimation de l'évolution du CO_2 atmosphérique avec une reconstruction de la température moyenne de la Terre.

On ne peut pas franchement conclure à une quelconque corrélation[1]. En particulier, à la fin de l'Ordovicien il y a

1. Confirmé par www.science-climat-energie.be/2021/12/31/la-geologie-la-temperature-et-le-co2

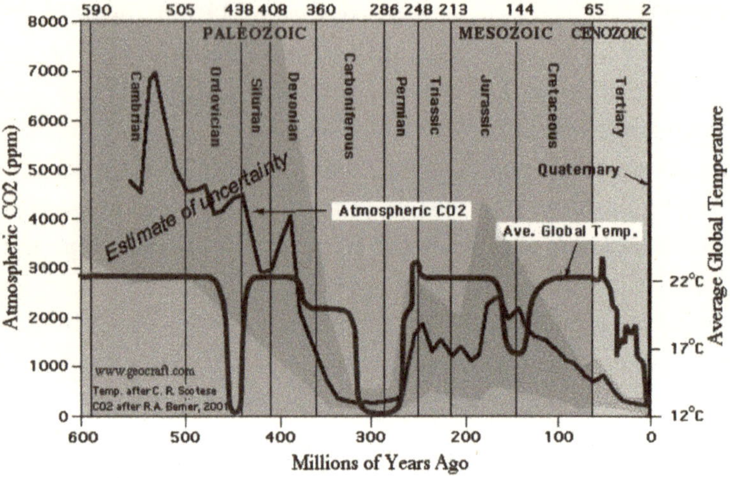

Fig. 2,17 – Comparaison des évolutions de CO_2 atmosphérique et de température de la Terre (Fleming 2018).

quelque 450 millions d'années, la température était plus froide qu'aujourd'hui alors que la concentration atmosphérique de CO_2 était quelque 10 fois supérieure à l'actuelle. C'est assez facile à comprendre sur la base d'une sensibilité climatique de 0,78°C. Chaque doublement ou division par deux de la concentration de CO_2 qui se sont produits plusieurs fois dans l'Histoire de la Terre, élève ou abaisse de 0,78°C la température sur l'échelle de droite de la Figure 2.17, ce qui reste petit et dans la marge d'incertitude.

A une échelle de temps non plus évaluée en centaines de millions d'années mais plus près de nous en remontant tout de même de 423 000 ans, les enseignements des carottages de glace à Vostok dans l'Antarctique, restent controversés. Les données ont été publiées par Petit *et al* (1999). Elles sont reproduites à la Figure 2.18 dans la version publiée par Richet

(2021), censurée par la suite par l'éditeur sous la pression de l'antenne française du GIEC comme relaté au Chapitre premier. La température de la Terre a varié selon son ensoleillement, en suivant les cycles de Milankovitch dus à l'excentricité, l'obliquité et la précession des équinoxes de notre Planète dans son mouvement autour du soleil. Pour chaque température, les carottages renseignent sur les concentrations atmosphériques de gaz carbonique et de méthane. Alors qu'une synchronicité est observée entre méthane et température, elle est discutable et discutée en ce qui concerne le CO_2.

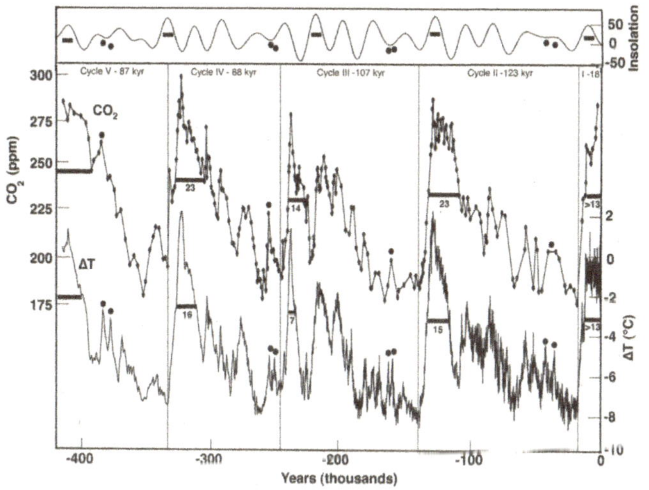

Fig. 2.18 – Evolution de la température de la Terre due aux cycles de Milankovitch à partir des carottages de glace de Vostok dans l'Antarctique (Richet (2021) repris des données de Petit *et al* (1999). Comparaison avec les concentrations de CO_2 atmosphérique. Les barres horizontales soulignent que les pics de température sont plus étroits que les pics de CO_2.

La synchronicité a été affirmée par Parrenin *et al* (2013). Caillon *et al* (2003) en revanche notaient un retard d'environ 800 ans du CO_2 sur la température. Pour sa part, reprenant une méthode usuelle en spectroscopie, Pascal Richet (2021) s'est intéressé à la largeur à mi-hauteur des descentes de température et de concentration de CO_2. Dans la Figure 2.17, les traits épais horizontaux soulignent des intervalles de temps différents pour la chute des deux grandeurs. Et c'est toujours le CO_2 qui est en retard sur la température. Le retard peut atteindre 7 000 ans. L'absence de synchronicité souligne l'absence de corrélation et donc a fortiori l'absence de causalité. Richet (2021) conclut: « Interpréter les séries de CO_2 et de température des carottes de glace à la lumière des modèles climatiques s'avère méthodologiquement erroné. Ironiquement, toute affirmation selon laquelle les modèles reproduisent avec précision l'évolution climatique depuis la fin du vingtième siècle illustrerait plutôt leur nature fallacieuse, et ne prouverait pas leur validité, si les augmentations de température de cette période ne sont pas causées par des augmentations des concentrations de CO_2 ». Pascal Richet ajoute: « Cela n'a aucun sens de mettre autant l'accent sur les effets du CO_2 dans les modèles climatiques ou sur les réductions d'émissions dans les politiques environnementales ». On comprend que cela n'ait pas plu aux gardiens du temple d'où leur acharnement à censurer.

Khilyuk et Chillingar (2003) écrivent: « Nous vivons dans une période géologique de refroidissement et le réchauffement climatique observé au cours des 150 dernières années environ n'est qu'un court épisode de l'histoire géologique ». Jaworowski (2007) ajoute: « Ce n'est pas l'homme, mais la nature qui gouverne le climat. Le protocole de Kyoto et les rapports du GIEC, calés sur des idées malthusiennes, peuvent certainement faire beaucoup de bruit et causer d'énormes dommages à l'économie mondiale et au bien-être de milliards de personnes. Mais ils ne peuvent rien faire pour le climat. C'est ce que nous apprendrons dans un futur proche ».

CHAPITRE 3

Cycle du carbone et verdissement de la Terre

Le doute est un état mental désagréable
mais la certitude est ridicule (Voltaire)

Résumé - Le carbone est un élément clé de la vie des êtres humains, des animaux et de la végétation. Un tiers des émissions de CO_2 a permis un verdissement de la Planète, une augmentation de biomasse végétale et bénéficié aux plantes nutritives comme illustré pour 45 d'entre elles qui assurent 95 % de la nourriture mondiale en fruits et légumes, dans un contexte d'augmentation de la population mondiale de 10 % par décennie et de lutte contre la faim. **L'augmentation annuelle du CO_2 dans l'atmosphère se corrèle avec les fluctuations de température de la Terre. Comme en 2016, les années les plus chaudes sont suivies d'un pic de CO_2.** Les eaux plus froides le captent plus efficacement tandis que les eaux plus chaudes le libèrent. Si pour une combinaison d'activité solaire moindre, d'aérosols émis par des volcans, de fluctuation froide La Niña, la température de surface baissait de - 0,6°C par rapport à la moyenne depuis 43 ans, la proportion de CO_2 dans l'atmosphère pourrait cesser d'augmenter, indépendamment des émissions anthropiques, comme presque observé en 1992 pour une seule de ces raisons. Le chapitre se conclut par un point sur le méthane et le protoxyde d'azote, ainsi que sur les polluants.

Ce chapitre rappelle les points-clés et propose une mise à jour des données d'un précédent ouvrage consacré au sujet[1]. Sans carbone, la Vie dans ses versions végétale, humaine et

1. Gervais, F., *Merci au CO_2*, L'Artilleur, coll. « Grandeur Nature », 2020.

animale, n'existerait tout simplement pas sur Terre. Flore et faune forment un couple qui se complète à merveille. Pour vivre, animaux et êtres humains ont besoin de respirer de l'oxygène. Ils expirent du gaz carbonique, indispensable et irremplaçable pour la vie végétale.

Carte blanche à la photosynthèse

Grâce aux rayons du soleil et à l'eau du sol, les plantes exploitent la réaction chimique inverse par photosynthèse $6\,CO_2 + 6\,H_2O \rightarrow C_6H_{12}O_6 + 6\,O_2$, régénérant ainsi l'oxygène de l'air et fournissant le glucose nécessaire à la croissance et à la vie des plantes. Le CO_2 n'est nullement un polluant. C'est au contraire un fertilisant. La Figure 3.1 montre l'évolution de la concentration de CO_2 dans l'atmosphère mesurée à l'observatoire de Mauna Loa au milieu du Pacifique, la référence selon le GIEC. Elle est passée de 0,03 % à un peu plus de 0,04 % en un siècle. D'autres observatoires fournissent des valeurs très similaires.

Pendant le dernier âge glaciaire il y a 20 000 ans, la concentration de CO_2 atmosphérique avait chuté à 180 ppm environ, soit seulement 30 ppm au-dessus du niveau critique fatal à la végétation (Gerhart et Ward 2010). Si la Vie végétale s'éteint, toute Vie s'éteindrait sur Terre. Pour s'assurer d'une marge de sécurité suffisante, c'est un triplement comme opéré dans certaines serres, qu'il faudrait envisager par rapport au seuil critique.

La Figure 3.1 illustre l'oscillation saisonnière du gaz carbonique. Chaque printemps et été, sa concentration dans l'air chute car il est acteur essentiel d'une végétation en pleine croissance pendant les jours plus longs. Avec la chute des feuilles en

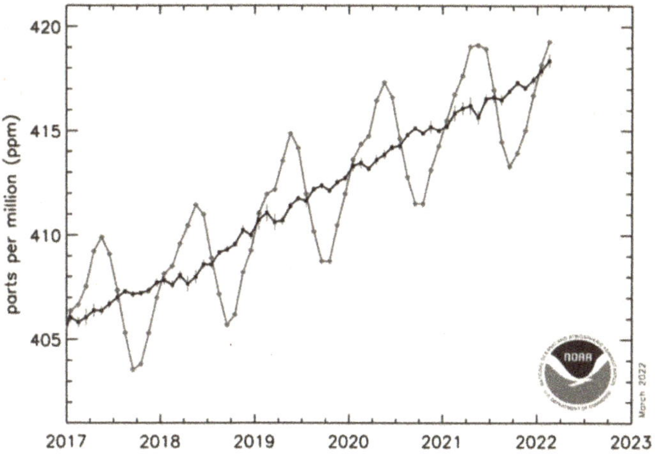

Fig. 3.1 – Evolution de la concentration de CO_2 dans l'atmosphère mesurée à l'observatoire de Mauna Loa de la NOAA (gml.noaa.gov/ccgg/trends)

automne et en hiver, sa proportion remonte. Le phénomène se cale sur les saisons de l'hémisphère Nord qui jouit d'une superficie de végétation supérieure à celle de l'hémisphère Sud. L'amplitude de l'oscillation saisonnière est faible en Antarctique par manque de végétation environnante.[1] En revanche, mesurée à La Jolla en California, elle était d'amplitude 36 % supérieure en 2013 comparé à 1969 (Gervais 2016). Cet accroissement est 71 % supérieur à celui de 21 % du CO_2 dans l'air durant la même période, illustrant à quel point la végétation s'en gorge dès qu'il y en a davantage disponible, sans signe avant-coureur de saturation. D'autres méthodes confirment (Bellassen *et al* 2011, Clay *et al* 2012, Pretzsch *et al* 2014, Loehle *et al* 2016). **Les observations par satellite confirment également le verdissement de la Terre (Zhu *et al* 2016), en 33 ans l'équivalent**

1. scrippsco2.ucsd.edu/graphics_gallery/other_stations/global_stations_co2_concentration_trends.html

d'un sixième continent de 18 millions de kilomètres carrés, plus de 30 fois la superficie de la France métropolitaine. La NASA illustre également le verdissement généralisé (Figure 3.2).

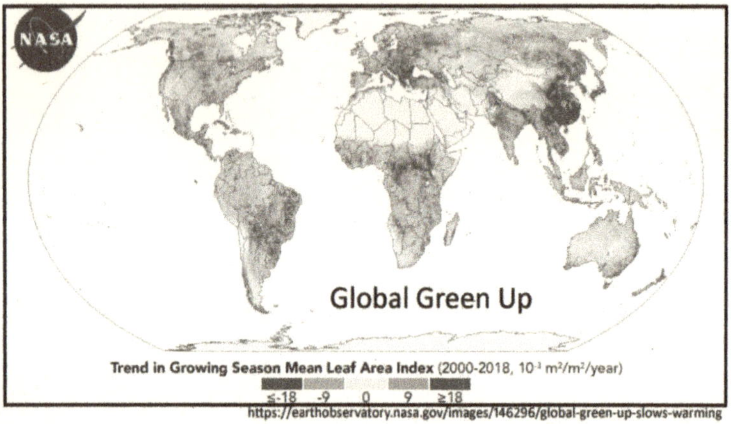

Fig. 3.2 – Tendance à l'augmentation de la superficie de feuillus depuis le début de ce siècle dans la plupart des régions du monde selon les mesures de la NASA.[1]

Bénéfice pour la biomasse, les récoltes, et la lutte contre la faim

En 2019 et à peu près comme chaque année, un tiers des émissions de CO_2, soit 12 milliards de tonnes convertibles en 3,3 milliards de tonnes de carbone, sont absorbés par la végétation, presqu'autant que les 16 milliards de tonnes qui restent dans l'atmosphère. Cette valeur de 3,3 GtC est à comparer à 450 GtC, le total de carbone dans la biomasse végétale (Bar-On *et al* 2018). L'accroissement annuel est de

1. climaterealism.com/2021/03/nasa-data-world-is-10-greener-so-far-this-century-thanks-to-co2

3,3/450 = 0,73 %. Tout au long des 33 années durant lesquelles le verdissement de la Terre a été observé par satellite (Zhu *et al* 2016), l'enrichissement de la biomasse végétale a donc été de l'ordre de 33 × 0,73 % = 24 %. L'accroissement pourrait atteindre 174 GtC d'ici la fin de ce siècle (Haverd *et al* 2020), une augmentation de 174/450 = 39 %. En élargissant son champ d'action naturel, la biomasse supplémentaire ne peut qu'être favorable à la biodiversité.

Le bénéfice du CO_2 supplémentaire se manifeste tout particulièrement dans les régions arides où ce gaz contribue à limiter le stress hydrique[1] (Donohue *et al* 2013, Metclaffe 2014, Kaptué *et al* 2015, Lu *et al* 2016, Cheng *et al* 2017, Gao *et al* 2019, Winkler *et al* 2019, Bastin *et al* 2020). Venter *et al* (2018) montrent que la couverture forestière de l'Afrique subsaharienne s'est accrue de 8 % ces trois dernières décennies. Les jeunes forêts tropicales humides peuvent absorber onze fois plus de carbone atmosphérique que les forêts anciennes (Poorter *et al* 2016), confirmant par des mesures directes l'absorption accrue sous les latitudes tropicales d'Amérique latine.

Le supplément de dioxyde de carbone contribue à augmenter les rendements des cultures, un atout dans la lutte contre la faim dans le monde. Évalué pour 45 cultures qui assurent 95 % de l'alimentation végétale mondiale, le profit global pour l'humanité a été estimé à 3 200 milliards de dollars sur la période de 1961 à 2011 comme le montre Idso (2013). Le rapport précise le bénéfice plante par plante. Il est ainsi de 580 milliards de dollars pour le riz à lui seul, de 275 milliards

1. www.conservativewoman.co.uk/new-nasa-satellite-data-prove-carbon-dioxide-is-still-greening-the-earth

de dollars pour le blé, de 271 milliards de dollars pour le raisin. Les réponses de la productivité des plantes à un CO_2 plus élevé révèlent que presque toutes connaissent des augmentations. Les résultats obtenus dans 3 586 conditions expérimentales distinctes menées sur 549 espèces végétales montrent des résultats positifs pour presque toutes les plantes. Un CO_2 plus élevé améliore la productivité des écosystèmes. Cela est vrai pour les forêts, les prairies, les tourbières, les zones humides et les sols. La fertilisation aérienne se traduira par de plus grandes réserves de carbone dans le sol en raison de son apport accru, même dans les sols pauvres en éléments nutritifs. En extrapolant les travaux de Taylor et Schlenker,[1] une augmentation de 100 ppm de CO_2 correspondant à la mesure à Mauna Loa de 1959 à 2021, équivaut à une augmentation de rendement de 50 % pour le maïs, de 60 % pour le soja et de 80 % pour le blé.

Aidée par les progrès des techniques agricoles, la récolte des cultures de l'Inde en 2021 par exemple a atteint un record absolu.[2] L'Australie affiche une tendance similaire.[3] La production agricole du Kenya a plus que doublé depuis 1988. Elle a augmenté de plus de 400 % depuis 1961.[4] *L'Organisation des Nations Unies pour l'alimentation et l'agriculture (FAO)* confirme une production record de blé en 2021.[5] Le réchauffement climatique si vilipendé, en réalité modeste (Chapitre 1)

1. www.nber.org/papers/w29320
2. wattsupwiththat.com/2021/08/24/heres-why-climate-alarmists-are-ignoring-all-time-record-crop-production-in-india – wattsupwiththat.com/2021/10/28/climate-change-contributes-to-another-year-of-record-crop-production-in-india
3. www.bakingbusiness.com/articles/53020-australian-farmers-harvest-record-wheat-crop
4. climaterealism.com/2021/03/data-show-agriculture-is-booming-amidst-climate-change-not-declining
5. www.world-grain.com/articles/14970-fao-forecasts-record-wheat-production-in-2021

et partiellement d'origine naturelle (Chapitre 2), favorise, du moins n'empêche pas, une croissance amplifiée de la végétation en général et des plantes nutritives en particulier.

Sur les 36 GtCO_2 émis en 2019, 8 ont été captés par les océans sans les rendre acides pour autant. En revanche, le bénéfice pour la chaîne alimentaire marine via la croissance du plancton apparaît bien réel. Pas d'effet d'acidification donc comme c'était craint, mais à l'inverse des coccolithophores qui ont exploité le carbone supplémentaire du CO_2 pour se développer d'un facteur dix sur à peine un demi-siècle, ce qui était parfaitement inattendu mais représente une excellente nouvelle (Rivero-Calle *et al* 2015, Sswat *et al* 2018, Clark *et al* 2020, Buesseler *et al* 2020, ainsi qu'un rapport sur d'autres travaux publiés dans des revues internationales à comité de lecture[1]).

Fluctuations de température et fluctuations de CO_2 : l'œuf ou la poule ?

La mesure par satellite de la température de la Terre est plus homogène que les mesures par capteurs qui accordent trop d'importance aux capteurs très distants des autres. Elle mesure aussi bien la température des continents et des océans. La Figure 3.3 compare ainsi l'évolution de la température de la Terre mesurée par satellite pendant le pic El Niño de début 2016 à l'évolution du taux de CO_2 dans l'atmosphère.

Surprise : c'est le pic de CO_2 qui suit le pic de température et non pas l'inverse comme le voudrait la théorie de l'effet de serre.

1. co2coalition.org/wp-content/uploads/2020/06/Steele-Ocean-Health-White-Paper-final-5-28-20.pdf

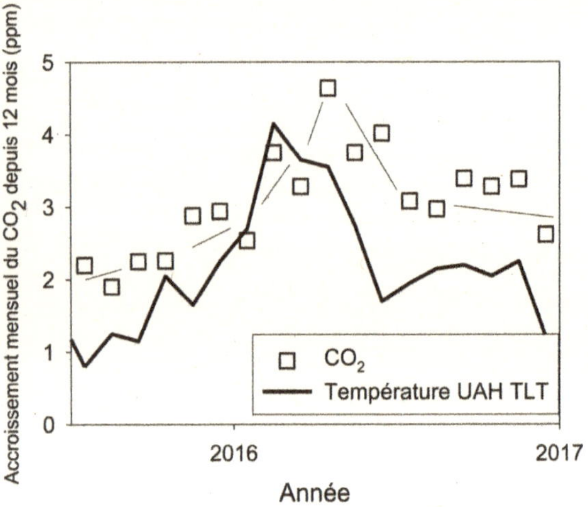

Fig. 3.3 – Retard de l'accroissement mensuel de CO_2 (gml.noaa.gov/ccgg/trends) comparé au pic de température El Niño de début 2016 mesuré par satellite par l'Université d'Alabama à Huntsville (UAH TLT), mise à jour de Spencer (2017).

Les travaux de Pascal Richet (2021) relatés à la fin du Chapitre 2 nous avaient déjà mis l'eau à la bouche à ce sujet. Autre surprise de taille : alors que l'augmentation annuelle de CO_2 fluctue habituellement autour de 2 ppm par an (Figure 3.6), le pic de CO_2 suivant la bouffée de chaleur El Niño atteint 4,6 ppm. C'est 10 fois supérieur au plus faible accroissement annuel de 0,47 ppm mesuré en 1992.

L'année 1992 a été froide. L'éruption du volcan Pinatubo en 1991 a envoyé quantité d'aérosols dans la haute atmosphère qui ont momentanément voilé le rayonnement solaire, provoquant une baisse de température et ce en dépit d'un épisode El Niño cette année-là et de la bouffée de CO_2 crachée par le volcan. Une évolution d'un facteur 10 du CO_2 annuel ne sauraient traduire des différences d'émissions anthropiques car elles restent assez similaires d'une année à l'autre. D'ailleurs, la Figure 3.1 ne montre pas d'à coup pendant les périodes de confinement de 2020, en dépit d'une chute d'activité économique, du transport aérien, et de tourisme en berne. Le lien et le retard du CO_2 sur la température nous amènent à envisager une composante naturelle de son augmentation dans l'atmosphère. D'où viendrait-il ? Des continents ou des océans ? La Figure 3.4 compare l'oscillation saisonnière du CO_2 en 1992, année froide donc, à celle de 1998, année chaude due à un pic El Niño, recalée sur la première.

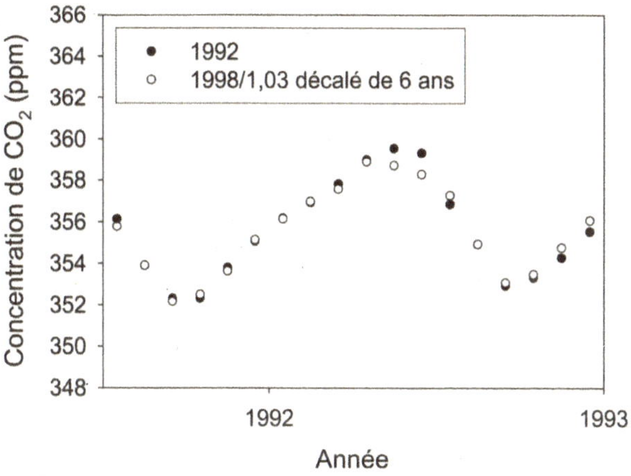

Fig. 3.4 – Comparaison des oscillations saisonnières de 1992 et 1998 décalée de 6 ans. Les données de la seconde ont été divisées par 1,03 pour partir d'une même origine à l'automne (Gervais 2021).

Les deux courbes sont quasiment superposées. La composante continentale de la variation du CO_2 ainsi mesurée à partir de son interaction avec la végétation, ne semble pas affectée par la température de l'année. On est fondé à y voir un gros caillou dans la chaussure du GIEC qui donne une toute autre interprétation dans la Figure TS.4 de son rapport AR5 (2013) reproduite à la Figure 3.5.

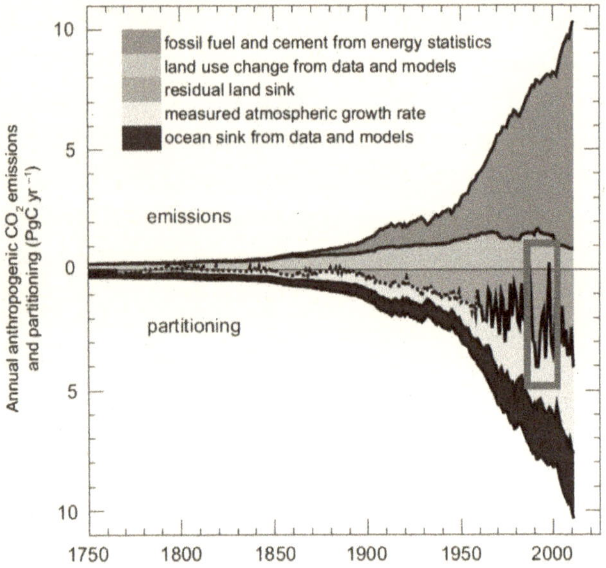

Fig. 3.5 – Copie de la Figure TS.4 de l'AR5 (2013) du GIEC. L'encadré ajouté souligne que le GIEC suppose que les continents auraient été incapables d'absorber le moindre CO_2 anthropique durant l'année chaude 1998 alors qu'ils en auraient absorbé la totalité durant l'année froide 1992.

L'encadré ajouté dans la Figure 3.5 souligne que le GIEC reporte sur les continents les écarts atmosphériques. Les continents auraient-ils été incapables d'absorber le moindre CO_2 anthropique durant l'année chaude 1998 alors qu'ils en auraient absorbé la totalité de 4 GtC, écrit en pétagrammes de carbone (PgC), durant l'année froide 1992 ? La mesure directe de l'amplitude de l'oscillation saisonnière (Fig. 3.4) semble réfuter cette interprétation et remet en question le bilan carbone anthropique du GIEC.

La Figure 3.6 généralise la corrélation entre fluctuations de température moyenne à la surface de la Terre mesurées par satellite UAH TLT et fluctuations annuelles de CO_2 ici *avancées de 6 mois* pour mieux montrer l'accord. Le décalage de 6 mois confirme le retard systématique du CO_2 sur la température déjà montré à la Figure 3.3.

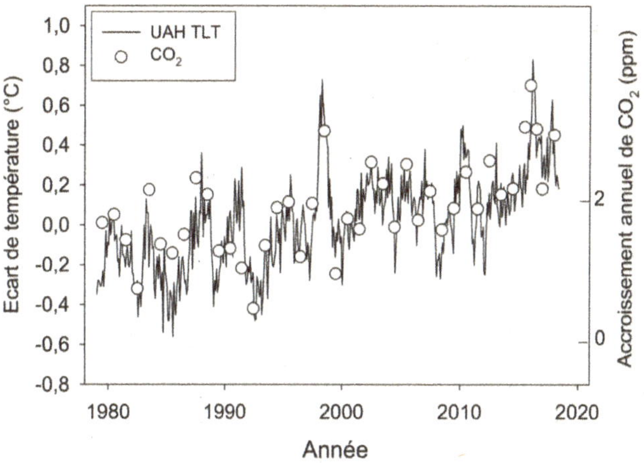

Fig. 3.6 – Corrélation entre fluctuations de température UAH TLT (mise à jour de Spencer 2017) et fluctuations annuelles de CO_2 (gml.noaa.gov/ccgg/trends) *décalées de 6 mois vers la gauche* pour mieux montrer l'accord. Le décalage confirme le retard systématique du CO_2 sur la température montrée à la Figure 3.3 (Gervais 2021).

L'augmentation annuelle n'est pas du tout constante. L'écart trop considérable entre 0,47 ppm mesuré en 1992 et le pic de 4,6 ppm à la Figure 3.3 pose avec insistance la question d'une composante naturelle. La corrélation de la Figure 3.6 confirme le rôle majeur de la température. Comme la Figure 3.4 semble dédouaner les continents, seuls les océans resteraient en lice. Examinons attentivement cette hypothèse.

Le CO_2 est très soluble dans l'eau comme l'illustrent les boissons gazeuses, et sa solubilité augmente lorsque la température s'abaisse. Il y a 60 fois plus de CO_2 dans les océans que dans l'atmosphère (AR5 2013). En conséquence, les épisodes chauds El Niño comme en 1998 et 2016 sont suivis du dégazage de bouffées de CO_2 d'origine océanique comme l'illustre la Figure 3.6. Toutefois, contrairement à ce que suggèrent Zeng *et al* (2005), les fluctuations El Niño/La Niña ne sont pas le seul facteur puisque l'épisode El Niño de 1992 a été contrecarré par le refroidissement dû aux aérosols envoyés dans l'atmosphère par le volcan Pinatubo et la chute de température qui a suivi, y compris celle des océans.

La corrélation et le retard du CO_2 sur la température, l'inverse de ce à quoi on s'attendrait selon la théorie de l'effet de serre atmosphérique, ont été confirmés et discutés par de nombreux auteurs (Kuo *et al* (1990), Park (2009), Quirk (2009), Essenhigh (2009), Beenstock *et al* (2012), Salby (2012), Gervais (2014), Harde (2017a, 2019), Berry (2019), Stallinga (2020), Koutsoyiannis and Zbigniew (2020)). Humlum *et al* (2013) concluent : **« les changements des températures océaniques semblent expliquer une partie substantielle des changements observés dans le CO_2 atmosphérique [...] Le CO_2 libéré par des sources anthropiques a apparemment peu d'influence sur les changements observés dans le CO_2 atmosphérique ».** Cette conclusion est controversée mais pour autant force est de reconnaître qu'un budget carbone convaincant reste loin d'être établi. Il suffit de constater les écarts considérables entre les différentes projections (Friedlingstein *et al* 2006).

Il peut paraître contrintuitif que les océans qui capturent 23 % des émissions puissent émettre du CO_2 les années les plus chaudes. Toutefois,

- Globalement, 130 ppm remontent chaque année de l'océan profond alors que seulement 125 ppm descendent selon Levy *et al* (2013).

- Le CO_2 peut précipiter sous forme solide de carbonate de calcium car les océans contiennent suffisamment de calcium.
- Les océans apparaissent comme une pompe biologique de carbone plus efficace que l'on ne l'avait imaginé jusqu'à présent (Buesseler *et al* 2020, Kieft *et al* 2021).

Un autre sujet de controverse concerne l'estimation du temps de résidence du CO_2 dans l'atmosphère. Un élément de réponse a trait au rapport isotopique $^{13}C/^{12}C$ (Segalstad 1998). Le carbone provenant des ressources fossiles affiche un rapport entre les isotopes 12 et 13 $^{13}C/^{12}C$ de – 2,1 % alors que le rapport est de seulement – 0,7 % pour le CO_2 naturel. Le rapport a évolué de – 0,76 % mesuré en 1982 dans l'atmosphère à – 0,85 % en 2017, suggérant une fraction de seulement 6 % de résidu anthropique. Ce résultat correspond à une durée de vie de la perturbation des émissions anthropiques d'à peu près 5 ans (Essenhigh (2009), Gervais (2014), Harde (2019), Poyet (2020), Harde et Salby (2021)). La fraction résiduelle de CO_2 anthropique se situerait ainsi au niveau du plus faible ajout observé en 1992 (Fig. 3.6). Skrable *et al* (2022) concluent pour leur part à une teneur totale en CO_2 d'origine fossile dans l'atmosphère de 0,366 10^{12} tCO_2, soit 23 % seulement des émissions totales depuis 1750, et 11 % du stock actuel.

Mais peut-être que la corrélation de la Figure 3.6 est transitoire, auquel cas son interprétation resterait provisoire. Toutefois, si elle persistait sur le court terme et si pour une combinaison de causes naturelles allant dans le même sens comme activité solaire plus faible, aérosols émis par une éruption volcanique intense, fluctuation froide La Niña de grande amplitude, la température baissait de – 0,6°C sur l'échelle relative de gauche à la Figure 3.6 correspondant à une augmentation nulle sur l'échelle de droite, le CO_2 cesserait mécaniquement d'augmenter, indépendamment des émissions. Cela s'est presque produit en 1992 pour une seule de ces causes naturelles.

Les biais et contradictions évoqués à ce stade montrent à quel point la science du climat et la prétendue urgence prônée est une pyramide inversée qui cherche à rester en équilibre – précaire – sur sa pointe essentiellement basée sur un petit nombre de modèles de climat qui ne sont même pas d'accord entre eux.

Polluants

Le CO_2 est ainsi tout sauf un polluant. C'est au contraire un fertilisant vivement apprécié de la flore en général et des plantes nutritives en particulier. La pollution a nettement diminué en France, celle par les particules fines, les fumées, l'acroléine. Le poison qu'est le monoxyde de carbone CO est presque éradiqué grâce à la généralisation depuis des décennies des pots catalytiques. Les façades des immeubles en ville restent blanches alors que le gris voire le noir dominait dans les années 1950. *Airparif* a constaté que la présence de particules dans l'atmosphère parisienne a été divisée par 30 depuis 1960, passant de 200 microgrammes par mètre cube à 7[1]. Les efforts en ce sens continuent.

La combustion de biomasse reste un problème à cause des hydrocarbones polyaromatiques. En extérieur, le problème reste dilué mais en intérieur, il s'avère majeur. La combustion de biomasse, de déchets végétaux et d'excréments animaux pour cuire les aliments dans des habitations mal ventilées est à l'origine de décès prématurés, non pas de milliers de personnes comme affiché de façon passablement fantaisiste en France selon

1. Gérondeau, C., *L'air est pur à Paris mais personne ne le sait*, L'Artilleur, 2018.

un rapport pour le moins controversé, mais bien de près de 4 millions de personnes chaque année dans le monde, parmi 34 % de la population mondiale pauvre selon l'Organisation Mondiale de la Santé (McCarthy *et al* 2017).[1] Les femmes et les enfants qui restent longuement dans le foyer y sont particulièrement exposés et vulnérables.

Pour éviter ce fléau, il est impératif de remplacer dès que possible ces conditions de cuisson funestes par un accès soit à une électricité à faible coût, s'agissant de populations très pauvres, soit par un combustible comme le propane ou GPL issu des ressources fossiles. Des organisations caritatives distribuent ainsi des cuisinières à propane, pourtant gaz à effet de serre, pour sauver près de 4 millions de vies chaque année. « Poor people lives matter » plaide Christian Gérondeau, chiffres éloquents à l'appui.[2] L'amalgame trompeur entre pollution et CO_2, gaz au contraire non polluant susceptible de sauver près de 4 millions de vie chaque année, illustre l'extraordinaire ignorance, voire tromperie pour sauvegarder d'autres intérêts, du rôle indispensable et irremplaçable de cette composante essentielle à la vie sur Terre. **La lutte contre le CO_2 est une lutte contre la Vie, donc une lutte suicidaire contre nous-mêmes.**

Concentrations infinitésimales de méthane et protoxyde d'azote

Arguant de graves erreurs méthodologiques, Glatzle (2014) conteste la prétendue influence majeure sur le climat de

1. www.who.int/fr/news-room/fact-sheets/detail/household-air-pollution-and-health
2. www.climato-realistes.fr/poor-people-lives-matter

l'agriculture en général et de l'élevage du bétail en particulier. Avec des molécules composées de deux atomes différents, certes méthane CH_4 et protoxyde d'azote N_2O sont des gaz dits à effet de serre. Mais leur concentration dans l'atmosphère n'excède pas 0,00018 % pour le méthane et de 0,00003 % pour le protoxyde d'azote (Figure 3.7). La proportion de méthane avait doublé dans l'atmosphère au cours du vingtième siècle sans que l'on sache bien pourquoi, mais la tendance est devenue plus proche de la platitude.

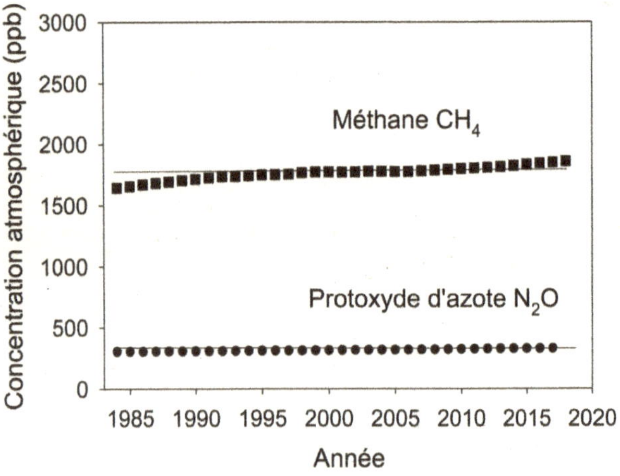

Fig. 3.7 – Evolution des concentrations atmosphériques de méthane et de protoxyde d'azote mesurées à l'Observatoire de Mauna Loa (gml.noaa.gov/ccgg/trends) en parties par milliard (ppb).

La raison pour laquelle la consommation de viande est vilipendée est que le *potentiel de réchauffement* de ces gaz est déclaré plus élevé que celui du CO_2. C'est exact, mais trompeur. Ce fameux potentiel de réchauffement correspond à la dérivée hyperbolique d'une loi logarithmique (Figure 1.7). Il est effectivement élevé tant que la concentration atmosphérique reste infime. Mais il chuterait rapidement, et l'effet avec, si la concentration augmentait. Par ailleurs, les écarts de charge électrique au sein des liaisons C-H et N-O, ou différence d'électronégativité, sont plus faibles que pour C-O. De ce fait, la sensibilité climatique du méthane et du protoxyde d'azote reste très faible, respectivement de 0,06°C et de 0,08°C (Coe *et al* 2021).

CHAPITRE 4

Critique de l'alarmisme du rapport AR6 du GIEC

S'il y a une exception à une règle,
et si elle peut être prouvée par l'observation,
cette règle est fausse (Richard Feynman)

Résumé – Un certain nombre d'assertions du *Résumé pour les décideurs* (SPM) du Groupe I du rapport AR6 (2021) sont décortiquées pour en relever les contradictions. La hausse annuelle du niveau des océans est reconnue de 1,7 millimètre, soit seulement 5 centimètres d'ici 2050. Le scénario RCP8.5 fournissant les projections de température les plus inquiétantes est confirmé peu réaliste. Cela n'empêche pas les collègues du Groupe II de l'exploiter dans pas moins de 57 % de leurs scénarios... **Les modèles de climat prévoient la fonte de la banquise Antarctique alors que les observations effectuées depuis 42 ans montrent en moyenne l'augmentation de sa superficie, un très mauvais point pour les modèles qui en décrédibilise l'alarmisme**, lui-même basé sur une sensibilité climatique exagérée. Le rapport AR6 s'approprie l'amalgame à la mode entre météo et climat mais sans être convaincant quant à l'attribution des évènements météorologiques aux activités humaines, s'agissant de fluctuations chaotiques liées aux écarts de pression atmosphérique.

Les 3 949 pages de la *Version acceptée avant édition finale* du rapport du Groupe I du GIEC (AR6 2021), celui censé analyser les fondements scientifiques, seront probablement rarement lues dans leur intégralité. Intéressons-nous donc aux 31 pages du *Résumé pour les décideurs* (SPM) qui en présente les points clés.

Dans le processus d'écriture des rapports du GIEC, tandis que les chapitres sont examinés par les *experts reviewers* d'abord dans la version *First Order Draft* (juin 2019) puis *Second Order Draft* (mai 2020) une seule version du *Résumé* SPM est envoyée aux relecteurs. Sa version finale doit être approuvée ligne à ligne par les représentants des 195 pays participants d'où le « I » de GIEC pour « Intergouvernemental ». **On est fondé à se demander si le Résumé *pour* les décideurs ne serait pas en fait le Résumé *par* les décideurs.**

Précédentes erreurs

Avant l'analyse du rapport AR6, il est instructif de rappeler les erreurs majeures du précédent rapport AR4 de 2007 pour lesquelles le GIEC a reçu le Prix Nobel de la paix. Le GIEC s'est par la suite publiquement excusé pour ces erreurs. **Répété à l'envi par le président du GIEC et par le secrétaire général des Nations Unies, l'AR4 a affirmé que le réchauffement climatique pourrait réduire la production agricole nord-africaine de 50 % d'ici 2020. Le problème est qu'il n'y avait aucune preuve à l'appui de cette affirmation. Le GIEC avait simplement réitéré une affirmation douteuse issue non d'un article publié dans une revue internationale à comité de lecture, mais d'une brochure publiée par une ONG. Le responsable du groupe de travail du GIEC a été contraint d'admettre en 2010 que l'affirmation n'était nullement étayée.**

« Les glaciers de l'Himalaya reculent plus rapidement que dans toute autre partie du monde [...] La probabilité qu'ils disparaissent d'ici 2035 et peut-être plus tôt est très élevée si la Terre continue de se réchauffer au rythme actuel. Sa superficie totale passera probablement des 500 000 kilomètres carrés actuels à 100 000 kilomètres carrés d'ici 2035 ». Media alarmistes, militants et politiciens ont largement relayé cette prévision catastrophique. Une telle menace existentielle pour l'approvisionnement en eau de millions de personnes, était pourtant sans aucun fondement. **Trois ans après que le GIEC ait publié son effrayante affirmation sur l'Himalaya, mais toutefois après avoir attendu la fin de la COP15 de Copenhague, décisive, le GIEC a admis sur son site Internet que l'allégation n'était nullement fondée. Là encore, sa source n'était pas une recherche publiée dans une revue internationale à comité de lecture, mais une obscure interview datant de 1999.**[1]

Contradictions flagrantes

Dans ce qui suit, les phrases en italique sont recopiées du Rapport AR6 (2021).

Chaque 1 000 $GtCO_2$ d'émissions de CO_2 cumulées devrait probablement réchauffer la Terre de 0,27 °C à 0,63 °C avec une meilleure estimation de 0,45 °C (SPM D.1.1, page 28).

Les continents et les océans ont absorbé une proportion quasi constante (globalement de 56 %) des émissions de CO_2 (SPM A.1.1 page 4)

Cette seconde phrase confirme que la fraction des émissions qui restent dans l'atmosphère est limitée à 44 %. La première phrase est suivie de la Figure SPM.10 qui comptabilise les émissions cumulées depuis 1850. Dans la même figure, est affichée l'augmentation de température depuis 1850 pouvant laisser croire que c'est la totalité des émissions cumulées qui l'ont causée, alors que le seul responsable ne peut bien évidemment

1. www.spiked-online.com/2021/08/11/the-ipcc-is-not-infallible

être que la fraction de 44 % restée dans l'atmosphère, au moins pendant un certain temps.

Les mesures précises de concentration de CO_2 dans l'atmosphère à l'Observatoire de Mauna Loa ont commencé en 1959. Elles indiquaient alors 316 ppm. En 2021, la concentration était supérieure de 100 ppm, soit 780 $GtCO_2$ supplémentaires. La Figure SPM.10 indique un cumul nettement supérieur depuis 1959, trompeur lorsqu'il est comparé à la hausse de température. Avec le facteur de conversion de 7,8 $GtCO_2$ par ppm, l'augmentation annuelle de l'ordre de 2 ppm depuis le début de ce siècle (Fig. 3.6) correspond bien à 16 $GtCO_2$, 44 % des émissions de 2019 de 36 $GtCO_2$.

En reprenant la première phrase citée du *Résumé* SPM de l'AR6, les émissions de 2019 auraient ainsi réchauffé la Terre de (0,45°C ± 0,18°C) × 16 $GtCO_2$/1 000 $GtCO_2$ = 0,007°C ± 0,003°C, soit 0,07°C par décennie. 0,07°C est le seuil de mesurabilité admis pour la température de la Terre. **La hausse annuelle est ainsi 10 fois trop faible pour être mesurable. Extrapolée d'ici 2050, année déclarée objectif de neutralité carbone, la hausse serait de 0,2°C ± 0,08°C, guère supérieure à 0,14°C issu du spectre infrarouge dans le Tableau 1.2. Ni 1°C, ni 2°C, ni 3°C, ni davantage, comme scandé dans les manifestations « pour sauver le climat ».** On ne peut en vouloir aux manifestants induits en erreur par le style effectivement alarmiste du rapport du GIEC. Y trouver l'information quantitative pertinente au milieu d'un amoncèlement de phrases essentiellement qualitatives relève de l'exploit. Toujours est-il qu'un réchauffement d'ici 2050 compris entre 0,14°C et 0,2°C que personne ne peut ressentir en regard des fluctuations de température quotidiennes, récuse tout « code rouge pour l'Humanité ».[1]

La Figure SPM.1b montre une hausse de température de 1°C

1. clintel.org/politicians-cant-stop-climate-change

entre un minimum autour de 1965 jusqu'à un maximum en 2020. Le lissage des données permet d'intégrer le pic El Niño de 2016 et ses répliques, un phénomène naturel qui arrange bien le GIEC. Toujours selon les mesures de l'Observatoire de Mauna Loa, 740 $GtCO_2$ ont été ajoutées à l'atmosphère durant cette période. En appliquant à nouveau les chiffres du GIEC, 740 $GtCO_2$/1000 $GtCO_2$ × (0,45°C ± 0,18°C) = 0,33°C ± 0,13°C. Aux incertitudes près, c'est trois fois moins que 1°C, démontrant que la variabilité naturelle l'emporte sur la contribution anthropique, même celle estimée par le GIEC. Si tant est que cette contribution soit uniquement la conséquence des émissions, condition discutable et discutée dans le Chapitre 3. Et si tant est que la sensibilité climatique reprise par le GIEC soit avérée, deuxième condition démontrée fausse par le spectre infrarouge au Chapitre premier. Néanmoins, cette faible contribution de 0,33°C s'inscrit violemment en faux contre l'affirmation péremptoire aussi imprécise qu'infondée : *Il est probable que les gaz à effet de serre (GHG) ont contribué à un réchauffement de 1°C à 2°C.*

Le précédent rapport AR5 (2013) du GIEC utilisait la réponse climatique transitoire. Le rapport AR6 (2021) lui préfère la *réponse climatique transitoire aux émissions de* CO_2 *cumulées,* notée TCRE en anglais. La meilleure estimation de 0,45°C multipliée par 3,2 (le nombre de 1000 $GtCO_2$ présents dans l'atmosphère en 2019) donne une valeur proche de la meilleure estimation de réponse climatique transitoire donnée par les modèles CMIP6 et utilisée au Chapitre 1. La différence de définition explique le petit écart entre 0,007°C et 0,008°C en bas de colonne 7 du Tableau 1.2.

Le niveau moyen mondial de la mer a augmenté de 0,20 [0,15 à 0,25] mètre entre 1901 et 2018. Ainsi, **le GIEC reconnaît**

une augmentation moyenne de 1,7 ± 0,4 millimètre par an, sans la moindre preuve qu'elle soit causée par les émissions de CO_2 puisque les enregistrements des marégraphes les plus anciens montrent une hausse similaire avant l'accélération des émissions à partir de 1945. 1,7 mm par an extrapolé d'ici 2050 donne environ 5 centimètres. Des augmentations plus importantes sont prédites par les modèles climatiques, mais pas observées par les marégraphes, en particulier lorsque les phénomènes d'advection et de subduction côtières sont pris en compte (Mörner 2016 et références citées).[1] **Le monde s'adaptera facilement à l'augmentation de 5 centimètres, infime devant l'amplitude des marées et des vagues par gros temps. Comment raisonnablement justifier une dépense de 89 000 milliards de dollars comme le recommande la Banque Mondiale,[2] en regard d'une hausse aussi minime?** Une hausse de 5 centimètres prétend-elle justifier les bouleversements sociétaux et économiques majeurs qui interviendraient pour atteindre la neutralité carbone d'ici 2050? D'autant que la culpabilité des émissions n'est nullement établie dans ce phénomène très probablement majoritairement naturel puisqu'observé depuis 15 000 ans.

« L'exception prouve qu'une règle est fausse. C'est le principe de la Science. S'il y a une exception à une règle, et si cela peut être prouvé par l'observation, cette règle est fausse ». Cette citation du Professeur Richard Feynman, Prix Nobel de Physique, est applicable au rapport AR6 car c'est essentiellement à partir

---

1. Avec plus de 650articles sur le sujet publiés dans des revues internationales à comité de lecture, le Professeur Mörner est un éminent spécialiste de la hausse, modeste, du niveau des océans. Mais le GIEC se garde bien de la citer en dépit de ma recommandation dans mes rapports d'expert reviewer pour l'AR6.

2. www.worldbank.org/en/news/feature/2015/04/18/raising-trillions-for-climate-finance

de modèles climatiques que le GIEC en arrive à la conclusion qu'*Il est sans équivoque que l'influence humaine a réchauffé l'atmosphère, l'océan et la Terre*. Cette règle est-elle prouvée par les observations ? *Il n'y a pas eu de tendance significative pour l'extension de la banquise Antarctique de 1979 à 2020.* Parkinson (2020) montre précisément le contraire avec une augmentation annuelle moyenne de 11 300 kilomètres carrés. Son article est connu du GIEC puisque cité dans le rapport AR6, et mon rapport destiné au GIEC insistait sur cette augmentation. Contrairement à ce que prétendent les scientifiques tous nommés par les gouvernements, il est surprenant de se voiler la face au point de ne pas reconnaitre une telle tendance, confirmée par un refroidissement significatif par Zhu, Xie *et al* (2021). L'Antarctique étant le plus grand glacier de la Planète, cette exception remarquable pour qui veut bien la reconnaître au lieu de la cacher sous le tapis, contredit les modèles de climat qui prévoient un réchauffement plus marqué pour chacun des deux pôles. A elle seule, cette exception prouve que la « règle » est fausse. Après l'assertion reconnue fausse sur les glaciers Himalayens, c'est pour le moins un caillou dans la chaussure du GIEC.

Il est pratiquement certain que l'océan supérieur global (0-700 m) s'est réchauffé depuis les années 1970 et il est extrêmement probable que l'influence humaine en soit le principal moteur. L'influence humaine est déclarée d'autorité mais nullement démontrée. Le moteur principal est le soleil (Connolly *et al* 2021 et références citées), étrangement bien peu évoqué par le GIEC. Le CO_2 atmosphérique ne peut réchauffer les océans autrement qu'à la marge car la profondeur de pénétration dans l'eau de son rayonnement émis reste micrométrique. Sur la totalité de leur volume incluant les profondeurs abyssales, Wunsch et Heimbach (2014) écartés des travaux cités en dépit de ma recommandation, rapportent un « forçage » très faible de 0,2 W/m^2, se traduisant par un réchauffement annuel de 0,0004°C. Ils rapportent des fluctuations d'un bassin océanique à l'autre. Comme la concentration de CO_2 est relativement uniforme dans toute l'atmosphère, les fluctuations peuvent difficilement lui être attribuées, plaidant pour des phénomènes naturels. Les océans en revanche ont une forte influence sur la météo mondiale, avec en particulier les amplitudes El Niño de plusieurs degrés devant lesquelles l'infinitésimal 0,0004°C fait bien piètre figure.

Meilleure estimation de sensibilité climatique à l'équilibre de 3°C. L'estimation provient uniquement des modèles de climat CMIP6 qui ne sont pas d'accord entre eux et « chauffent » trop par rapport aux observations. Le corpus des 111 résultats du Tableau 1.1 concluant à une sensibilité climatique égale ou inférieure à 1°C cité dans mon rapport au GIEC est resté essentiellement ignoré, ostracisant par là-même quantité de travaux publiés dans des revues internationales à comité de lecture. Certains sont pourtant signés d'anciens auteurs principaux de précédents rapports du GIEC. Pourquoi sont-ils tombés en disgrâce ?

La superficie de banquise Arctique à la fin de l'été a été la plus faible depuis au moins 1 000 ans (degré de confiance moyen). Heureusement que le GIEC assortit l'affirmation d'une réserve, car elle est contredite par Alekseev *et al* (2016) qui rapportent des valeurs autour de 1945 similaires à des valeurs récentes.

Les périodes de froid extrême (y compris les vagues de froid) sont devenues moins fréquentes et moins sévères. Gageons que les 4 millions d'américains qui ont connu le blackout de plusieurs jours dû au blizzard qui a balayé le Texas en février 2021 (Figure 2.6) auront quelque mal à être convaincus. « Kälte reports »[1] comme son nom l'indique rapporte une liste d'épisodes de froid extrême qui contredit le GIEC.

La fréquence et l'intensité des fortes précipitations ont augmenté depuis les années 1950 sur la plupart des terres pour lesquelles les données observationnelles sont suffisantes pour l'analyse des tendances (degré de confiance élevé), et le changement climatique induit par l'homme est probablement le principal moteur. L'assertion est contredite par Alimonti *et al* (2022) qui ne relèvent pas de tendance significative. Certes assorti du « probablement », l'assertion semble partiellement contredite par « *il y a une faible confiance dans l'influence humaine sur les changements dans les débits des rivières* », affirmée ailleurs dans le rapport. Davantage de précipitations ou davantage de sécheresses ? *Il est peu probable que l'influence humaine ait affecté les tendances des sécheresses météorologiques.* On s'y perd un peu dans ces affirmations passablement contradictoires du GIEC et surtout restant trop qualitatives alors qu'une information quantitative serait plus scientifiquement convaincante. Leur point commun est, comme le développait Richard Lindzen, auteur de précédents rapports du GIEC du temps où ils étaient moins politisés, d'imprégner le lecteur du paradigme de *changement climatique d'origine humaine* alors que les évènements météorologiques extrêmes ont toujours existé et continueront à exister. Ce sont les mécanismes chaotiques théorisés par Lorenz (1963) en ce qui concerne le climat qui en sont la cause comme le reconnaissait le premier rapport FAR du GIEC, lui plus scientifique que politisé. Les fluctuations aléatoires inhérentes à un mécanisme reconnu chaotique récusent intrinsèquement toute influence humaine.

1. eike-klima-energie.eu/2021/08/22/kaelte-report-nr-24

L'abondance de « probable » qui constellent le *Résumé SPM* ne reflète pas ce qui serait attendu pour un texte censé être scientifique. Le corpus de références citées dans cet essai relativise l'amalgame entre météo et climat qu'a fini par s'approprier le GIEC. C'est un peu trop facile et pas franchement à son honneur. Le corpus de références citées au Chapitre 2 tempère ses affirmations qui entretiennent la confusion entre climat d'une part, température moyenne de la Terre sur 30 ans, et manifestations météorologiques quotidiennes et banales d'autre part. **Les fluctuations de température illustrées dans les Figures 2.2 et 2.3 ne sont ni plus fréquentes ni plus intenses de nos jours qu'elles ne l'étaient il y a un ou près de quatre siècles. L'amplitude de ces fluctuations, quotidiennes entre le jour et la nuit, saisonnières, excède très largement le minuscule réchauffement annuel anthropique de 0,007°C évalué avec les chiffres du GIEC (bien qu'exagéré compte tenu de la sensibilité climatique trop élevée qu'il reprend), minimisant jusqu'au ridicule l'attribution anthropique des événements météorologiques. Un réchauffement annuel anthropique (exagéré) de sept millièmes de degré C ne peut évidemment pas causer de manière significative davantage d'incendies de forêt, d'inondations, de sécheresses ou réduire la vitesse du Gulf Stream.** La dynamique chaotique de la météo liée aux gradients de pression atmosphérique imprévisibles à long terme empêche toute prédiction fiable et interdit donc une attribution convaincante. En raison du coût pharaonique déclaré par la Banque mondiale, le *changement climatique induit par l'homme* reste à démontrer et ne peut pas seulement être supposé *probable.*

La probabilité de scénarios d'émissions élevées tels que RCP8.5 est considérée comme minime à la lumière des développements récents dans le secteur de l'énergie. Malgré la faible probabilité reconnue, le scénario RCP8.5 est considéré dans le tableau B.1.2. Ce scénario suppose une augmentation du CO_2 dans l'atmosphère jusqu'à 1 200 ppm d'ici 2100, et même 2 000 ppm par la suite. **Ces augmentations jusqu'à 12 fois supérieures à tout ce qui a déjà été émis en un siècle et demi sont reconnues comme irréalistes par le GIEC lui-même dans sa phrase. Et surtout cette probabilité considérée comme minime par le Groupe I n'empêche nullement le Groupe II de l'exploiter dans pas moins de 57 % de ses scénarios plus alarmistes les uns que les autres… Les deux groupes ne communiquent-ils pas entre eux ? Le Tableau B.1.2 montre pourtant que quel que soit le scénario d'émissions, de réduction ou d'augmentation irréaliste, la température restera la même au cours des deux prochaines décennies à 0,1 °C près, invalidant explicitement et à nouveau toute allégation d'urgence climatique.**

Avec excessivement de passages restant qualitatifs et non quantitatifs, trop de « possibles » ou de « probables », des plages d'incertitude bien trop grandes pour une information quantitative pertinente, le rapport AR6 s'inscrit trop loin des critères d'une démonstration scientifique. Pire, contrairement à ma recommandation explicite, l'AR6 persiste à ignorer les derniers résultats spectroscopiques qui permettent une évaluation précise des conséquences de l'ajout de CO_2 dans l'atmosphère. Des décennies d'expérimentation en spectroscopie infrarouge à différentes altitudes, la physique de l'interaction du rayonnement électromagnétique avec les molécules, le CO_2 en particulier, même en tenant compte de rétroactions, confirment une sensibilité climatique non pas de 3°C mais simplement de 0,5°C à 0,8°C comme l'ont publié Rasool et Schneider (1971), Lindzen et Choi (2009, 2011), Harde (2013, 2017a, 2017b), Ollila (2017, 2019), Schildknecht (2020), Coe *et al* (2021), et de nombreux autres auteurs listés dans le Tableau 1.1 et dans la légende de la Figure 1.2. Parmi les plus récents travaux, Coe *et al* (2021) concluent : « **La vraie question est de savoir s'il est logique de détruire l'économie moderne pour empêcher un réchauffement que les humains ne peuvent pas ressentir ?** »

Au vu des divergences grandissantes entre les observations du climat réel et les modèles de climat virtuel, au vu des incertitudes qui enflent au contraire de s'estomper, des trop nombreuses incohérences, contradictions et controverses sur le rôle réel des émissions de CO_2, au lieu d'un récit imprégné d'un alarmisme trop appuyé mais restant insuffisamment étayé pour être convaincant, une conclusion honnête aurait dû être que l'importance du rôle de l'influence humaine sur le climat de la Terre reste encore largement incertain.

Propagande des media alarmistes

La sortie du rapport AR6 le 9 Août 2021 a été illustrée dans de nombreux media par des images de feux de forêts en Grèce et en Californie. Les feux de forêts restent un fléau récurrent en Août dans l'hémisphère Nord. Le manque d'entretien des forêts au prétexte de ne pas nuire à la biodiversité, le manque de précautions des estivants, et évidemment la perversité des pyromanes[1] en sont les causes réelles, surement pas un réchauffement annuel au moins 10 fois inférieur au seuil de mesurabilité de la température de la Terre. Dans le *Résumé SPM*, les feux de forêts ne sont mentionnés que comme une cause d'émissions de CO_2, pas comme une conséquence, un point que les media obsédés par leur propagande alarmiste n'ont même pas

1. climaterealism.com/2021/12/leftist-arsonists-are-responsible-for-more-wildfires-than-climate-change

noté. Yang *et al* (2014), Goklany (2020), Gissing *et al* (2021) montrent que la fréquence et la gravité de ces incendies n'augmente pas. Ils sont simplement davantage médiatisés. Même le rapport du Groupe II du GIEC convient de l'absence de tendance globale.

Si les média se sont rabattus sur les feux de forêts, c'est parce que la météo ne les a pas beaucoup aidés. L'année 2021 n'a été que la vingtième plus chaude en France, autrement dit pas vraiment chaude. La production viticole en a souffert. La banquise Arctique, sujet habituel d'un article alarmiste lors du minimum estival de mi-Septembre, a refusé de coopérer, présentant avec quelque ironie une superficie 40 % supérieure à celle de 2012.[1] Son volume excédait de 1 000 milliards de mètres cube celui de l'année précédente (Fig. 2.12), moquant effrontément la prédiction d'Al Gore de 2007 qu'elle pourrait disparaitre 7 ans plus tard. Contrairement à la prédiction alarmiste des Nations Unies en 2005 de 50 millions de réfugiés climatiques pour 2010, la tendance pour les îles dans les océans Indien et Pacifique est à une augmentation de leur superficie (Holdaway *et al* 2021, Ford et Kench 2015), pas à une diminution. Bref, les « nouvelles » habituelles propres à accuser le changement climatique n'ont pas daigné coopérer pour saluer la sortie du rapport AR6. Mais les media alarmistes n'en ont cure. Comme s'en amuse Hacène Arezki[2] : « Les médias nous montrent les preuves du changement climatique sur la planète avec les aléas météorologiques comme un ivrogne affirme qu'il est toujours l'heure de l'apéro quelque part sur Terre ». Gageons qu'ils continueront à saisir le premier prétexte venu pour alimenter leurs couplets sur le climat « déréglé ».

1. www.thegwpf.com/arctic-sea-ice-long-term-decline-held-back
2. hacene-arezki.fr/2022/01/04/flop26-lechec-des-negocations-climatiques-ou-les-victoires-du-mondialisme

Pour une information un tantinet plus fiable mais qui leur demanderait de l'investigation, les media sont invités à s'inspirer d'un corpus de plus de 4 275 articles publiés dans des revues internationales à comité de lecture dont les liens sont donnés dans le chapitre suivant. Ils ont ainsi matière à écrire 4 275 fois supplémentaires leur introduction favorite « selon une étude ». Ces articles montrent que (i) les facteurs naturels expliquent des évolutions moindres que les projections de modèles inadéquats puisque divergeant trop fortement dans leurs projections, (ii) qu'il n'y pas d'évolution nette des évènements météorologiques extrêmes,[1] et (iii) que le nombre de décès qui en résultent a considérablement diminué en dépit de l'augmentation de la population mondiale (Formetta and Feyen 2019, Goklany 2020).

1. www.thegwpf.org/content/uploads/2021/04/Briggs-Climate-Attribution.pdf
www.thegwpf.org/content/uploads/2021/04/Extreme-Weather-2020.pdf
alarmistclaimresearch.wordpress.com/2020/08/04/climate-alarmist-claim-rebuttals
ourworldindata.org/natural-disasters
www.thegwpf.com/we-are-winning-the-war-on-climate-related-diseases

CHAPITRE 5

Striptease de finance climatique

On se fatigue de voir la bêtise triompher sans combat
(Albert Camus)

Résumé – L'appel de la banque mondiale à lever 89 000 milliards de dollars pour la finance climatique, portés à 150 000 milliards lors de la COP26, pose au moins deux questions : qui paierait ? Et qui profiterait de cette formidable manne ? Par ailleurs, quelle étude a prouvé que 0,5°C supplémentaire (objectif de 1,5°C de la COP21 par rapport à la période préindustrielle minoré d'un réchauffement de 1°C déjà intervenu, partiellement naturel) serait à ce point insupportable qu'il faille décréter la mobilisation générale pour le combattre à toute force et par tous les moyens ? Le paradigme sinon de l'urgence mais surtout de la « finance » climatique apparaît comme une opportunité d'investissement historique aux yeux d'une « élite ». Mais elle induira des malus, des pénalités, des impôts et des taxes en cascade qui seront principalement préjudiciables aux plus démunis. **0,5°C justifie-t-il d'instaurer un « passe climatique », de confiner la population pour « sauver le climat » ? La dénonciation d'une telle absurdité est le fait de près de 1 000 scientifiques, professionnels de l'environnement et de la Santé, qui s'appuient sur un corpus de déjà 4 275 articles.** Même si tous les pays se mettaient d'accord, ce qui est très loin d'être le cas comme l'a montré la COP26, l'objectif de la neutralité carbone d'ici 2050 serait vraisemblablement inatteignable pour des raisons technologiques.

Comment a-t-on pu en arriver à agréger sans que s'en gaussent les humoristes, deux concepts aussi dissemblables que « finance » et « climat » ? Cette association improbable illustre à merveille le degré de manipulation dont nous sommes victimes.

Coût-bénéfice d'un réchauffement de 0,5°C

Le Chapitre 3 a rappelé le bénéfice des émissions de CO_2 pour la fertilisation des océans, des continents, des forêts et des plantes nutritives (Donohue *et al* 2013, Idso 2013, Kaptué *et al* 2015, Rivero-Calle *et al* 2015, Lu *et al* 2016, Cheng *et al*, 2017, Gao *et al* 2019, Winkler *et al* 2019, Bastin *et al* 2020, Sswat *et al* 2018, Clark *et al* 2020). Alors que les émissions de CO_2 n'auront pas d'impact significatif sur la température de la Terre dans un délai d'une à trois décennies, en revanche toute réduction de l'empreinte carbone contrarierait ce bénéfice.

La biomasse et la biodiversité s'expriment majoritairement dans les forêts tropicales humides et très minoritairement dans les régions polaires froides (Brown 2013, Kraft *et al* 2011). De ce point de vue, des températures plus élevées que celles existant actuellement sur Terre semblent être plus favorables. Schulze-Makuch *et al* (2020) suggèrent « qu'une température légèrement plus élevée, peut-être de 5°C, similaire à celle du début du Carbonifère, fournirait des conditions plus habitables jusqu'à ce qu'un optimum soit atteint ». Ce constat questionne le paradigme de l'accord de Paris COP21 qui prévoit de limiter le réchauffement à 2°C et si possible 1,5°C par rapport à la période préindustrielle. Les hypothèses en restent discutables, comme le scénario RCP8.5 reconnu comme peu plausible par le Groupe I du GIEC mais que le Groupe II n'hésite pas néanmoins à utiliser dans une majorité de ses scénarios alarmistes.

Selon Kramm *et al* (2020), la température moyenne de la Terre est de 14,5°C. Est-ce la température que l'on reporte en hiver sur la consigne du thermostat de notre logement parce qu'une température plus élevée serait proprement insupportable ? Quelle étude aurait prouvé que 1°C ou 0,5°C supplémentaire serait intenable ? Au contraire, ce serait tout bénéfice pour la végétation selon Schulze-Makuch *et al* (2020). La Figure 2.3 montre que tout un chacun, durant la moitié de sa vie en extérieur, ressent une température plus élevée que la moyenne de plusieurs degrés, s'ajoutant aux écarts quotidiens entre le jour et la nuit et les écarts saisonniers entre l'hiver et l'été. Non seulement 0,5°C supplémentaire n'empêche pas l'espérance de vie d'augmenter, mais un réchauffement aussi modéré se corrèle avec une augmentation de la richesse mondiale (Tol 2009). Dans son allocution de récipiendaire du Prix Nobel en 2018, William Nordhaus confirme un optimum économique si la température était plus élevée de 3,5°C.[1] **Cinq millions d'êtres humains meurent chaque année des conséquences d'une exposition à une température extrême, mais dans 90 % des cas, c'est dû au froid, pas à la chaleur (Zhao *et al* 2021, Burkart *et al* 2021).**

Force est de reconnaître qu'en matière de modélisation fiable du futur climatique, les graves incertitudes tabulées par le GIEC lui-même, en réalité sous-estimées comme le montre la Figure 1.2, sont la preuve incontestable d'un cuisant échec. Baissant les bras face à une complexité réelle, la paresse intellectuelle a fait le reste, favorisant le développement d'une pensée unique dans laquelle le CO_2 était le coupable tout désigné pour endosser le rôle de bouc émissaire. Il est ainsi désigné comme

1. clintel.org/wp-content/uploads/2021/04/ClintelECR_EssayNeedless ClimateHaste-def.pdf

coupable de tout et de n'importe quoi : événements météorologiques extrêmes, tempêtes, ouragans, tornades, inondations, sécheresses, orages, éclairs, incendies de forêt, vagues de chaleur, vagues de froid, blizzard, pollution, perte de biodiversité, baisse du nombre d'insectes, déchets plastiques, maladies, obésité, coronavirus, prostitution, accidents, suicides, violences, guerres, victoire des talibans, migrants, racisme, discriminations des LGBTQR +… Une liste plus complète comporte 400 items référencés sur un ton quelque peu railleur[1].

Nos ancêtres les gaulois n'avaient qu'une crainte, que le ciel leur tombe sur la tête. Dans le passé, sécheresses ou inondations étaient attribuées à l'humeur des dieux vengeurs ou des démons. Aujourd'hui, une rhétorique instrumentalise la météo comme prétexte à un changement de paradigme énergétique, lui-même annonciateur d'un changement d'économie, donc de société. Nils-Axel Mörner (2015), Professeur de géophysique, de géodynamique et connaissant mieux les océans que Neptune lui-même, écrivait : « Le réchauffement climatique anthropique induit par le CO_2, a pris d'assaut le monde et est devenu une nouvelle religion. Elle est toutefois construite sur des prémisses fausses. Elle ignore la mesure réelle de la température et les observations connexes. Les changements de température calculés à partir de 102 modèles climatiques excèdent d'un facteur trois les valeurs mesurées. Cela implique que les menaces de température et de niveau de la mer d'ici l'an 2100 restent des histoires aussi effrayantes qu'illusoires ».

Faites peur à suffisamment de monde, en particulier les plus jeunes, pour leur faire croire ce que vous souhaitez qu'ils croient, et vous créez de futurs activistes qui deviendront les fidèles zélotes de l'idéologie de la neutralité carbone au

1. belgotopia.com/2021/04/12/les-epouvantables-consequences-du-changement-climatique-7

nom d'une « justice climatique ». Si Machiavel avait voulu planifier le plus grand transfert de richesse de l'histoire, la « finance climatique » pour prétendument sauver la Terre de l'apocalypse aurait certainement été tout en haut de sa liste[1]. **Ottmar Edenhofer, précédent co-président du Groupe III du GIEC reconnaissait en effet que : « il faut se démarquer de l'illusion que la politique climatique internationale est une politique environnementale. Au lieu de cela, la politique sur le changement climatique concerne la façon dont nous redistribuons de facto la richesse mondiale ».**[2] Pour autant, les plus démunis en bénéficieront-ils ? Rien n'est moins certain. En revanche, les plus fortunés y trouveront très probablement de belles opportunités.

Bien que le Chapitre 2 ait montré que les événements météorologiques extrêmes n'ont rien d'inédit et n'apparaissent pas corrélés aux émissions de CO_2, il convient de s'arrêter sur les pertes économiques mondiales dues aux intempéries, rapportées au produit intérieur brut (PIB). Durant la période de 1990 à 2018, il s'avère qu'elles ont plutôt eu tendance à diminuer comme le montre la Figure 5.1, en dépit du mantra du climat « déréglé ».

L'objectif de ne pas dépasser 0,5°C supplémentaire doit être comparé au coût afférent. On reprendra le chiffrage de la Banque Mondiale de 89 000 milliards de dollars d'ici 2030.[3] Au rythme évalué selon les propres chiffres du rapport AR6 (2021) du GIEC de 0,07°C par décennie, on reste très loin de 0,5°C d'ici là. Si l'argent est dépensé, cela sera donc pour de toutes autres

1. quadrant.org.au/opinion/doomed-planet/2021/01/when-smart-people-get-the-climate-crazies

2. www.dailysignal.com/2010/11/19/climate-talks-or-wealth-redistribution-talks

3. www.worldbank.org/en/news/feature/2015/04/18/raising-trillions-for-climate-finance

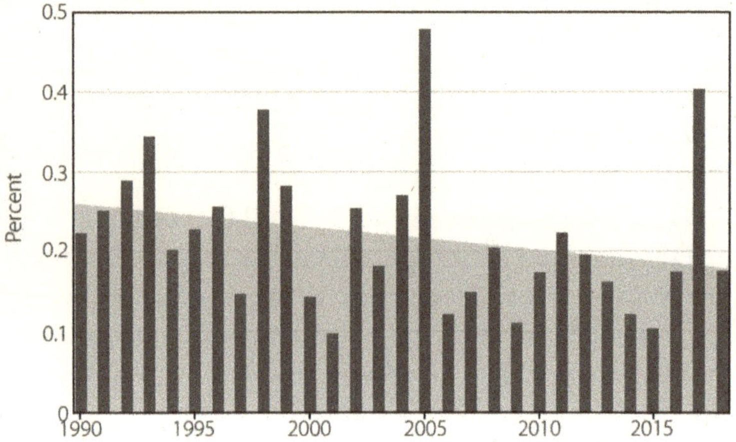

Fig. 5.1 – Diminution des pertes économiques mondiales dues aux intempéries, rapportées au PIB selon Goklany (2020) citant Roger Pielke, Jr, (rogerpielkejr.com/2019/01/10/tracking-progress-on disasters-2018-update).

raisons que celles qui servent de prétexte. Certains en profiteront immédiatement, tous les autres seront appelés à payer sous une forme ou sous une autre dans un délai plus ou moins long. Des pays creuseront davantage encore leur dette publique, laissant à nos descendants la charge de la dette supplémentaire surtout si les taux remontaient en raison des tensions sur le prix de l'énergie dont certains directement liées à un objectif prématuré de neutralité carbone. Pour le contribuable, le mieux ne serait-il pas tout simplement d'oublier la « finance climatique » pour lui préférer des objectifs plus urgents qui présentent l'avantage, eux, d'être quantifiables avec une mesure ne frisant pas le zéro. Les coûts excéderont les bénéfices au-delà de l'imaginable, si tant est que les bénéfices soient avérés. Pire, en réduisant significativement les émissions de CO_2, on ruinerait les avantages pour Mère Nature, pour le verdissement de la Terre et le bénéfice pour les plantes nutritives dans le contexte de hausse de la population mondiale de 10 % par décennie.

Une nouvelle bulle financière à craindre?

L'équation (5) indique l'échauffement provoqué par la fraction de CO_2 qui reste dans l'atmosphère à la suite de l'émission d'une tonne de ce gaz. Selon le prix de la tonne, on en déduit immédiatement le coût pour éviter un réchauffement de 0,5°C. Sur le marché du carbone européen, son cours atteignait 90 euros la tonne début 2022, alors qu'en 2017 son cours se contentait de fluctuer entre 4 et 7 euros.[1] Une telle inflation est évidemment une belle opportunité pour la spéculation. Aux USA, son prix était de 22 dollars la tonne en 2010. Il est passé à 36 dollars la tonne en 2013 et termina la présidence Obama à 51 dollars la tonne. La présidence Trump l'a ramené à 8 dollars la tonne. Comme ces prix sont davantage politiques que liés à un marché, la tonne est remontée à 51 dollars la première année de la présidence Biden.

A 90 euros la tonne de carbone, éviter un réchauffement d'un demi-degré coûterait la broutille de *111 500 milliards d'euros* (90 euros/tC divisé par la moitié de 3,9 10^{-13}°C/tC donné par l'équation 6). La Banque Mondiale confirme un montant similaire. Des économistes comme Joseph Stiglitz et Lord Stern[2] suggèrent de hausser le prix du carbone à 100 dollars la tonne. Le cours du carbone sur le marché européen l'a déjà atteint. Deux autres prix du carbone ont été évoqués lors de la COP26 : 130 dollars la tonne[3] et

1. ember-climate.org/data/carbon-price-viewer/

2. Toutefois Stern base ses évaluations sur le scénario RCP8.5 que même le rapport AR6 du GIEC considère comme peu crédible (Chapitre 5) : www.netzerowatch.com/stern-is-wrong-again

3. www.wsj.com/articles/net-zero-wall-street-green-renewables-cop26-glasgow-climate-change-global-warming-esg-11636643512

150 dollars[1]. Plus d'une centaine de milliers de milliards d'euros pour éviter un réchauffement de seulement 0,5°C illustrent comment le prétexte s'est traduit en incroyables ambitions financières.

En raison des sommes en jeu, la prétendue urgence climatique présente une opportunité d'investissement et de spéculation historique. Au cours de l'année écoulée, la haute finance a commencé à intégrer l'impact direct avec la hausse du cours du carbone. Les régulateurs « vendent » le prétendu risque climatique, si tant est que 0,5°C constitue un risque réel... Ils vendent également l'opportunité économique que créera la transition, si tant est que la géopolitique ne vienne pas tout chambouler. Grâce à une propagande véhiculée avec habileté par les organisations non gouvernementales, la *Convention Cadre des Nations Unies sur le Changement Climatique*, ainsi que de plus en plus de politiciens relayés par les médias alarmistes soucieux de leurs subventions, aucun thème n'était mieux placé que le changement climatique dans la liste de priorités des clients. Financiers, grandes banques, gestionnaires d'actifs, investisseurs privés, capital-risque découvrent qu'il y a potentiellement beaucoup d'argent à gagner ; à condition toutefois que l'avenir confirme un retour sur investissement, sinon ce serait l'éclatement de la bulle, une de plus. La mésaventure des 62 000 investisseurs espagnols dans les panneaux photovoltaïques donne à réfléchir[2].

Comme cité par Poyet (2020), Richard Courtney écrivait : « Aujourd'hui, tous les partis politiques britanniques importants

1. www.zerohedge.com/energy/one-bank-reveals-dismal-truth-about-150-trillion-crusade-against-climate-change

2. wattsupwiththat.com/2022/02/21/spains-solar-energy-crisis-62000-people-bankrupt-after-investing-in-solar-panels

sont alarmistes en matière le climat. L'alarmisme climatique est un train en marche et non un complot. Une convergence d'intérêts est généralement plus efficace qu'un complot. Des personnes de toutes tendances politiques utilisent l'alarmisme climatique comme un outil apte à promouvoir leurs objectifs». En conséquence, les chefs d'entreprise sont confrontés à l'équivalent carboné des «commissaires du peuple» qui surveilleront et auditeront chacun de leurs investissements et activités[1]. Au Royaume-Uni, la loi *Streamlined Energy and Carbon Reporting* érige en infraction pénale le défaut de déclaration ou la déclaration erronée de la consommation d'énergie et des émissions de gaz à effet de serre, passible d'une amende illimitée.

Il est instructif de s'intéresser à l'impact sur la concentration atmosphérique en CO_2 des différentes étapes des conférences annuelles organisées sous l'égide de la *Convention Cadre des Nations Unies sur le Changement climatique* (CCNUCC) depuis la création du GIEC, la signature en 1997 du protocole de Kyoto pour la réduction des émissions officiellement entré en vigueur en 2005, la COP15 de Copenhague en 2009 et l'accord de Paris COP21 en 2015 (Fig. 5.2).

Le résultat est éloquent. Aucune de ces mobilisations mondiales qui ont réuni jusqu'à 40000 participants à Paris en 2015, et entre parenthèses ont généré chaque année presque autant de voyages en avion émetteurs de CO_2 que de participants, n'ont eu le moindre impact en freinant un tant soit peu l'évolution malgré les déclarations «d'urgence» répétées se réclamant 26 fois de suite de la «dernière chance». En d'autres termes, la réponse politique à la prétendue urgence a plus que lamentablement échoué. S'agirait-il d'une pièce de théâtre

1. www.thegwpf.com/the-carbon-commissars-are-watching-you

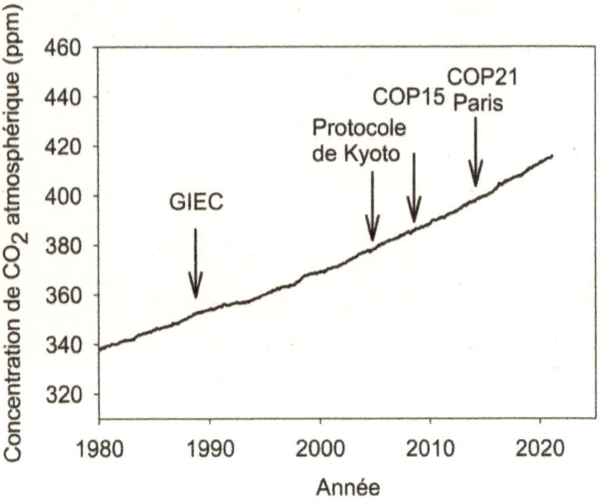

Fig. 5.2 – Evolution de la concentration de CO_2 atmosphérique lissée des oscillations saisonnières comparée aux différentes étapes de la politisation mondiale de la question climatique depuis la création du GIEC en 1989, l'application du Protocole de Kyoto en 2005, la COP15 de Copenhague promettant 100 milliards par an aux pays en développement et l'accord de Paris lors de la COP21 en 2015. L'impact de ces grand-messes sur l'évolution ne saute pas aux yeux…

en déjà 26 actes, que les acteurs se plaisent tellement à jouer qu'ils souhaitent ardemment que soient écrits des actes supplémentaires. **Les pouvoirs publics ont dépensé sur le dos des contribuables des milliards pour subventionner les énergies renouvelables sans le moindre impact visible sur l'évolution du CO_2.** Les figures 1.4 et 1.5 montrent que si les politiques n'ont pas réussi à modifier la tendance, la variation de température, si l'on fait abstraction des pics El Niño, phénomènes naturels, reste proche de zéro depuis le protocole de Kyoto, du moins bien plus faible que les projections alarmistes.

Le niveau des impôts dans certains pays, notamment en France championne en la matière, est déjà si élevé que les gouvernements hésitent à les augmenter davantage. C'est une raison possible pour laquelle, au lieu d'augmenter davantage les taxes, ils préfèrent le prétexte fallacieux de l'urgence climatique pour, via le malus, augmenter les pénalités sur les véhicules thermiques par exemple. En France, la fiscalité environnementale a bondi en dix ans de 39 milliards d'euros par an à 60 milliards. Rapporté au PIB, c'est davantage que l'Allemagne. Sans compter que la TVA est ponctionnée sur les taxes environnementales.

Dans leur lutte avouée contre le capitalisme et pour la décroissance, certains responsables et militants[1] veulent nous faire croire que nous vivons déjà une catastrophe climatique. Les sentinelles climatiques mondiales ne discernent pourtant aucune tendance catastrophique avérée. Cela n'empêche pas l'incitation impérieuse à rester chez soi pour « sauver le climat ». Les appels à des confinements climatiques (Le Quéré *et al* 2021), à des quotas personnels de carbone[2] (Nerini *et al* 2021), à une carte carbone[3], commencent à se manifester dans un contexte de confluence de crises mondiales perçues comme une opportunité à surtout ne pas laisser passer. WWF (World Wildlife Fund) a proposé de soumettre les candidats à l'élection présidentielle de 2022 à un « passe climatique »[4].

Le paradigme de l'urgence climatique offre aux États la justification d'accroître leur pouvoir sur la société en contrôlant et

1. www.investors.com/politics/editorials/climate-change-scare-tool-to-destroy-capitalism

2. www.weforum.org/agenda/2019/05/this-credit-card-has-a-carbon-emission-spending-limit

3. www.economie.gouv.fr/igpde-editions-publications/carte-carbone-n11

4. www.lejdd.fr/Politique/tribune-wwf-france-propose-au-prochain-president-un-passe-climatique-pour-sortir-de-limpasse-ecologique-4094787

régulant tous les aspects de notre vie, énergie, logement, déplacements, industrie et tous les secteurs de la consommation. Doit-on s'attendre à ce que les passes sanitaires puis vaccinaux soient suivis de passes climatiques[1] qui seraient utilisables pour surveiller toutes les activités à l'instar de ce qui est en vigueur en Chine, restreindre notre consommation énergétique, contrôler nos finances, dicter nos choix alimentaires et nos achats ?

Dans le cadre d'un « confinement » climatique, les gouvernements limiteraient l'utilisation des véhicules privés, la production industrielle, limiteraient la consommation de viande et imposeraient des mesures extrêmes d'économie d'énergie, tandis que les compagnies pétrolières devraient arrêter de forer et les compagnies aériennes licencier nombre d'employés. Toutes les restrictions qui ont été rodées durant la pandémie ont donné des idées à certains, mais elles seraient là appliquées à la puissance dix. Une régression considérable de la liberté, du peu acquis durant une longue vie de labeur et du relatif bien-être qui devrait en découler est en jeu. Elle s'inscrirait dans la durée car, contrairement à la période de pandémie, ce serait l'outil économique qui aurait été profondément mis à mal.

Milliers de scientifiques et professionnels de l'environnement réalistes

Michael Shellenberger a été honoré comme « Héros de l'environnement » par le magazine *Time*. Il est lauréat du prix du « Livre vert » 2008 du Centre pour l'écriture scientifique du

1. www.climatedepot.com/2021/09/04/study-in-journal-nature-covid-passports-tracking-apps-home-smart-meters-are-key-to-implement-personal-carbon-allowances-restrictions-on-individuals-that-were-unthinkable-only-one-year-befo

Stevens Institute of Technology. Il est le fondateur et président de *Environmental Progress* basé à Berkeley. Il a publié *Apocalypse zéro : pourquoi la fin du monde n'est pas pour demain*[1]. Il a déclaré[2] : « Au nom des écologistes du monde entier, je voudrais m'excuser formellement pour la peur climatique que nous avons créée au cours des 30 dernières années. Un changement climatique est en train de se produire. Ce n'est pas pour autant la fin du monde. Ce n'est même pas notre problème environnemental le plus grave [...] Je suis militant pour le climat depuis 20 ans et écologiste depuis 30 ans. Mais en tant qu'expert en énergie et à ce titre chargé par le Congrès de fournir un témoignage objectif et invité par le Groupe d'experts intergouvernemental sur l'évolution du climat (GIEC) à servir *d'expert reviewer* de son prochain rapport d'évaluation, je me sens dans l'obligation de m'excuser pour la façon dont nous, écologistes, avons induit le public en erreur. Voici quelques faits que peu de gens connaissent :

- le changement climatique n'aggrave pas les catastrophes naturelles,
- les incendies ont diminué de 25 % dans le monde depuis 2003,
- la superficie des terres dédiées à la production de viande – la première proportion agricole mondiale – *a diminué d'une superficie presque égale à celle de l'Alaska*,
- nous produisons 25 % de nourriture de plus que ce dont nous avons besoin et les excédents alimentaires continueront d'augmenter à mesure que le monde se réchauffera,
- le bois de chauffage est bien pire pour les bronches des êtres humains et de la faune que les combustibles fossiles

1. www.editionsartilleur.fr/produit/apocalypse-zero-pourquoi-la-fin-du-monde-nest-pas-pour-demain

2. environmentalprogress.org/big-news/2020/6/29/on-behalf-of-environmentalists-i-apologize-for-the-climate-scare

Je sais que les faits ci-dessus résonneront comme du « négationnisme climatique » pour beaucoup de lecteurs. Mais cela ne fait que démontrer la violence de l'alarmisme climatique. En réalité, les faits ci-dessus proviennent des meilleures études scientifiques disponibles, y compris celles menées ou acceptées par le GIEC, *l'Organisation des Nations Unies pour l'alimentation et l'agriculture* (FAO), *l'Union internationale pour la conservation de la nature* (UICN) et d'autres organismes scientifiques de premier plan [...] Jusqu'à l'année dernière, j'évitais soigneusement de dénoncer la peur climatique. C'est en partie parce que j'étais pour le moins gêné. Après tout, je suis aussi coupable d'alarmisme que n'importe quel écologiste. Pendant des années, j'ai qualifié le changement climatique de menace « existentielle » pour la civilisation humaine tout en la qualifiant de « crise ». Mais j'avais surtout peur. Je suis resté silencieux sur la campagne de désinformation sur le climat parce que j'avais peur de perdre des amis et des financements. Les quelques fois où j'ai eu le courage de défendre la science du climat contre ceux qui la dénaturent, j'ai subi de dures représailles. Et donc je suis resté la plupart du temps à ne rien faire alors que mes collègues écologistes terrifiaient le public [...] Et donc mes excuses formelles pour notre campagne de peur se présentent sous la forme de mon nouveau livre, *Apocalypse Never: Why Environmental Alarmism Hurts Us All*[1]. Quelques points forts du livre :

- Les usines et l'agriculture moderne sont les clés de la libération humaine et du progrès environnemental
- La chose la plus importante pour sauver l'environnement est

1. www.editionsartilleur.fr/produit/apocalypse-zero-pourquoi-la-fin-du-monde-nest-pas-pour-demain

de produire davantage de nourriture, en particulier de viande, sur une moindre superficie agraire

- Le plus important pour réduire la pollution de l'air et les émissions de carbone est de passer du bois au charbon, au pétrole, au gaz naturel, à l'uranium
- 100 % renouvelable nécessiterait d'augmenter la surface utilisée pour produire l'énergie de 0,5 % aujourd'hui à 50 % à l'avenir
- Nous devrions œuvrer pour que les villes, les fermes et les centrales électriques aient des densités de puissance plus élevées, et non plus faibles.

Pourquoi avons-nous tous été à ce point induits en erreur ? Dans les trois derniers chapitres *d'Apocalypse Zéro*, j'expose les motivations financières, politiques et idéologiques [...] Les médias font des déclarations apocalyptiques sur le changement climatique depuis la fin des années 1980, et ne semblent pas disposés à cesser [...] Les institutions scientifiques, dont *l'Organisation mondiale de la santé* et le GIEC, ont miné leur crédibilité par la politisation répétée de la science [...] Les preuves sont écrasantes que notre civilisation à haute énergie est meilleure pour les êtres humains et la nature que la civilisation à basse énergie à laquelle les alarmistes climatiques voudraient nous ramener [...] J'espère en outre que vous accepterez mes excuses ».

Michael Shellenberger est loin d'être seul. Parmi de nombreux autres auteurs, Patrick Moore, cofondateur de Greenpeace, a publié : *Confessions d'un repenti de Greenpeace : pour une écologie scientifique et durable.*[1] Marc Morano est membre senior du *US Senate Environment and Public Works Committee*. Il a publié : *Green Fraud: Why the Green New Deal Is Even Worse Than You Think* (Pourquoi le nouveau contrat vert est encore pire que ce

1. www.editionsartilleur.fr/produit/greenpeace-patrick-moore

que vous pensiez). Drieu Godefridi a publié *L'écologisme, nouveau totalitarisme ?* (Ed. Texquis, 2019). Bjorn Lomborg a publié : *False Alarm : How Climate Change Panic Costs Us Trillions, Hurts the Poor, and Fails to Fix the Planet* (Fausse alerte : comment la panique liée au changement climatique nous coûte des milliers de milliards, frappe les pauvres et ne parvient pas à sauver la planète).

Le professeur Richard Lindzen met en garde[1] : « La science est en train de perdre sa raison d'être, âprement méritée, qui faisait d'elle l'outil humain le plus efficace pour l'évaluation objective ; cela signifie perdre les fondements de la confiance et du soutien du public. Si nous ne faisons rien pour arrêter cette folie, la science sera, à juste titre, considérée comme une arnaque parmi d'autres ». Entre autres arguments, il détaille[2] : « La question actuelle du réchauffement/changement climatique est extrême en termes de nombre d'intérêts particuliers qui ont opportunément de fortes motivations pour croire aux allégations catastrophistes en dépit du manque de preuves. Citons :

- Des économistes de gauche pour qui le réchauffement climatique représente un exemple extrême de faillite de l'économie de marché (ainsi qu'une formidable opportunité de proposer des correctifs),
- Des apparatchiks des Nations Unies pour qui le réchauffement climatique conduit vers une gouvernance mondiale,
- Des dictateurs du tiers-monde qui voient la culpabilité liée au réchauffement climatique comme une opportunité pour des demandes d'aide,

1. Lindzen, R., 2019. *Le Spectacle du Monde* N° 619, 4-9
2. euanmearns.com/global-warming-and-the-irrelevance-of-science

- Les militants écologistes qui aiment n'importe quel sujet propre à effrayer les crédules tout en garantissant des donations à leurs nombreuses ONG,
- Des capitalistes de connivence qui voient les subsides considérables accordés en faveur de l'énergie « durable »,
- Des régulateurs gouvernementaux pour qui le contrôle d'un produit naturel de la respiration est un rêve devenu réalité,
- De nouveaux milliardaires qui trouvent l'enjeu de « sauver la planète » tout à fait à la mesure de leurs grandioses prétentions,
- Des politiciens qui trouvent le réchauffement anthropique catastrophique comme un thème dans lequel ils peuvent agir en démagogues sans crainte d'être contredits par la réalité ou par les plaintes des prétendus bénéficiaires de leurs actions.

Le professeur Lindzen ajoute : « Les générations futures se demanderont avec étonnement et perplexité pourquoi le monde développé du début du vingt-et-unième siècle a été pris d'une panique hystérique face à une augmentation de la température moyenne mondiale de quelques dixièmes de degré et sur la base d'exagérations flagrantes de projections informatiques hautement incertaines combinées à des chaînes de généralisations invraisemblables, pour se laisser fasciner par un retour avant l'ère industrielle ».

Près de mille scientifiques, universitaires, ingénieurs, professionnels de l'environnement et de la santé de 37 pays ont signé la déclaration *Il n'y a pas d'urgence climatique*[1]. Leur nombre peut être comparé aux 234 scientifiques de 66 pays qui ont signé le rapport AR6 du GIEC (Groupe I). La déclaration a été envoyée au Secrétaire Général

1. clintel.org

des Nations-Unies et à la Présidente de l'Union Européenne. Les point-clés en sont :

- Des facteurs naturels aussi bien qu'anthropiques causent le réchauffement
- Le réchauffement est beaucoup plus lent qu'annoncé
- Les politiques climatiques s'appuient sur des modèles inadéquats
- Le CO_2 est la nourriture des plantes, le fondement de toute vie sur Terre
- Le réchauffement climatique n'a pas accru les catastrophes naturelles
- Les politiques climatiques doivent tenir compte des réalités scientifiques et économiques

Tous ces points sont étayés par d'abondantes citations d'articles publiés dans des revues internationales à comité de lecture qui émaillent les chapitres de cet essai.

Climatefeedback (CF) a publié une critique de la déclaration de *CLINTEL*. A propos du titre, *Il n'y a pas d'urgence climatique*, les objections sont reproduites en italique. Les réponses suivent point par point.

CF : Une hausse de température de 0,2°C par décennie depuis 1970 est une urgence.

Réponse : La Figure 1.4 montre une autre hausse de 0,2°C par décennie de 1910 à 1945. Personne à cette époque n'y voyait une quelconque urgence climatique. En revanche, lorsque la Terre se refroidissait entre 1945 to 1975[1], des media[2] propageaient la peur de l'approche d'un âge glaciaire. Pourquoi alors le choix de « depuis 1970 » ? S'il avait été « depuis 1945 », CF

1. notrickszone.com/2021/02/04/robust-measurements-show-the-northern-hemispheres-atmosphere-cooled-0-6c-in-5-years-60-years-ago/
2. stevengoddard.wordpress.com/1970s-ice-age-scare/

aurait dû reconnaître que la hausse de température s'est limitée à 0,05°C par décennie.

CF: Si l'on cesse maintenant d'émettre du CO_2, il faudra 30 ans supplémentaires pour que la température s'équilibre avec le CO_2 atmosphérique.

Réponse: La Figure 3.6 montre que les années plus chaudes sont corrélées à davantage de CO_2 supplémentaire, avec un retard de son augmentation sur la température, vraisemblablement par suite de dégazage des océans plus chauds puisque sa solubilité diminue avec la température. **Prétendre que les seules émissions anthropiques de CO_2 déterminent le climat oublie le réservoir océanique considérable de ce gaz. En fonction de la variabilité naturelle de la température, arrêter d'émettre ne garantit donc aucune stabilisation du CO_2.** En revanche, une baisse de température de – 0,6°C sur l'échelle relative de gauche de la Figure 3.6 correspond à l'arrêt de l'augmentation du CO_2 atmosphérique sur l'échelle de droite. Si la température de la Terre diminue de quelques dixièmes de degré par des mécanismes naturels, l'augmentation du CO_2 dans l'atmosphère pourrait cesser, indépendamment des émissions anthropiques.

CF: Nous constatons déjà des effets négatifs importants, de l'élévation du niveau de la mer aux inondations, en passant par les réfugiés climatiques. Les effets ne feront que s'aggraver si nous n'augmentons pas les efforts pour arrêter d'émettre du CO_2 à partir des combustibles fossiles.

Réponses:

- L'élévation du niveau de la mer mesurée par 2 133 marégraphes n'excède pas 1,04 mm par an (Parker et Ollier 2015), soit 3 centimètres supplémentaires d'ici 2050, année déclarée objectif de neutralité carbone par l'Union Européenne et les Nations Unies. 3 centimètres reste inférieur à l'amplitude de la plus minuscule vague et très inférieur aux marées quotidienne, ridiculisant la prétendue urgence sur ce point.

- Les inondations sont liées aux pluies, elles-mêmes liées aux fluctuations des écarts de pression atmosphérique et donc au caractère chaotique du temps qu'il fait, sans garantie de prévision fiable au-delà de la semaine en cas de météo agitée. N'étant pas prévisibles, elles ne sont pas attribuables à un paramètre précis autre que le gradient de pression, lui-même intrinsèquement fluctuant et aléatoire. Il est inquiétant que des scientifiques relaient une couverture médiatique et son exploitation alarmiste sans le recul qui devrait être le leur.
- Prétendre que les conditions météorologiques extrêmes, sécheresses, inondations, orages, ouragans auxquels il est à la mode d'ajouter les feux de forêt, s'aggravent en raison du changement climatique, est trompeur et contesté par un vaste corpus de littérature scientifique pertinente (Alimonti *et al* 2022). **Il n'y a pas de tendance à la hausse des ouragans (Fig. 2.6). Le risque mondial de décès dû à des conditions météorologiques extrêmes est 100 fois moins important aujourd'hui qu'il ne l'était voici un siècle malgré l'augmentation de la population mondiale.** Les coûts mondiaux ont diminué de 26 % au cours des 28 dernières années (Lomborg 2020). Chaud ou froid, sécheresse ou inondations, tout ou son contraire, sont prétendus la faute de l'homme. Cette dimension humaine est nouvelle dans la mesure où le caractère « extraordinaire » de tout évènement météorologique extrême était déjà monté en épingle mais sans la faute de l'homme puisque dès 1871 comme le rapporte le *Brisbane Courier* du 10 janvier déjà cité, il se moquait de ses collègues quand il écrivait : « Chaque saison est à coup sûr « extraordinaire », presque chaque mois est l'un des plus secs ou des plus humides, ou des plus venteux, des plus froids ou des plus chauds, jamais observés. » N'est-il pas choquant que des scientifiques relaient de telles niaiseries

qui sont en réalité des banalités observées de tout temps. De grâce, qu'ils les laissent aux marchands de peur pour qui tout catastrophisme est vendeur.

- Ce ne sont pas les éoliennes ou les panneaux solaires ou de conduire un véhicule électrique qui empêcheront les inondations, les sécheresses, les cyclones et autres évènements météorologiques extrêmes de se produire, encore moins les feux de forêts. En dépit du matraquage médiatique malheureusement encouragé par des scientifiques, nos contemporains ne devraient pas s'y tromper.
- Quant aux réfugiés climatiques, on ne peut qu'encourager *CF* à lire l'argumentaire de Boas *et al* (2019) publié dans *Nature Climate Change* intitulé « Climate migration myths ». **Personne n'a trouvé trace des 50 millions de réfugiés climatiques prophétisés pour 2010 par les Nations Unies en 2005**[1]**.**

Bref, les arguments de *CF* sont simplistes et non étayés. Ils compilent des clichés au lieu de se baser sur des études évaluées par les pairs. La tendance des catastrophes liées à la météo est en fait à la baisse, d'environ 15 %. Le rapport « Impact du changement climatique : perception et réalité » de Goklany (2020), montre que le réchauffement climatique n'a pas été cause d'augmentation des catastrophes naturelles.

CLINTEL s'est également livré à une critique du *Résumé* du rapport AR6 qu'il a adressée au Président du GIEC et aux leaders mondiaux[2]. Un des points qui n'est pas abordé dans le Chapitre 4 concerne la fameuse courbe dite « en crosse de hockey », très décriée, qui réapparait comme première figure

1. www.spiegel.de/international/world/feared-migration-hasn-t-happened-un-embarrassed-by-forecast-on-climate-refugees-a-757713.html

2. clintel.org/clintel-letter-to-world-leaders-serious-misrepresentations-in-latest-ipcc-report

dans le *Résumé SPM*. Pour obtenir un « bâton » de la crosse bien droit, elle « gomme » tout simplement l'optimum médiéval[1] suivi du petit âge glaciaire lors du minimum de Maunder. *CLINTEL* souligne que les erreurs identifiées entrainent un *Résumé SPM* du rapport AR6 ne répondant pas aux normes d'intégrité scientifique et induisant en erreur les dirigeants mondiaux en ce qui concerne la politique climatique appropriée, ceci en faisant état à tort d'une « crise climatique » qui n'existe pas en réalité. Il risque d'être utilisé pour justifier des changements sociaux, économiques et humains radicaux par des mesures d'atténuation excessivement sévères, alors qu'une adaptation prudente serait beaucoup plus appropriée.

Sur le site *notrickzone.com,* Kenneth Richards s'est livré à un travail considérable et précieux de compilation de 2015 à 2021 de plus de 2 925 articles publiés dans des revues internationales à comité de lecture[2] montrant que :

- Les mécanismes naturels jouent bien plus qu'un rôle négligeable comme le prétend le GIEC, dans les changements climatiques, variations de température, régimes de précipitations,

1. www.researchgate.net/project/Mapping-the-Medieval-Climate-Anomaly
2. notrickszone.com/250-skeptic-papers-from-2015/
notrickszone.com/2017/01/02/crumbling-consensus-500-scientific-papers-published-in-2016-support-a-skeptical-position-on-climate-alarm/
notrickszone.com/2018/01/04/485-scientific-papers-published-in-2017-support-a-skeptical-position-on-climate-alarm/
notrickszone.com/2019/01/03/consensus-500-scientific-papers-published-in-2018-support-a-skeptical-position-on-climate-alarm/
notrickszone.com/2020/01/30/over-440-scientific-papers-published-in-2019-support-a-skeptical-position-on-climate-alarm/
notrickszone.com/2021/01/29/over-400-scientific-papers-published-in-2020-support-a-skeptical-position-on-climate-alarm/
notrickszone.com/skeptic-papers-2021-1
notrickszone.com/skeptic-papers-2021-2

événements météorologiques et l'augmentation des concentrations de CO_2 sont moindres que l'on veut nous le faire croire.

- Les vagues de chaleur, niveau de la mer, glaciers, banquises, observés de nos jours ne sont ni sans précédent ni remarquables et n'excèdent pas non plus la plage de variabilité naturelle.
- Les modèles climatiques informatiques ne sont ni fiables ni précis, les fourchettes d'incertitude et d'erreur n'ont pas été réduites depuis quarante ans. Les projections du climat futur ne sont pas étayées par des observations mais relèvent de la spéculation.
- Les politiques actuelles d'atténuation des émissions, en particulier liées au plaidoyer en faveur des énergies renouvelables, sont souvent inefficaces et même nocives pour l'environnement, alors qu'un CO_2 élevé et un climat un peu plus chaud offrent des avantages insoupçonnés à la biosphère, à savoir une planète plus verte, des rendements agricoles améliorés et une mortalité plus faible.

Ajoutés à la liste mise à jour en 2014 par *populartechnology.net*[1], la compilation atteint 4 275 travaux publiés dans des revues internationales à comité de lecture. Ceux qui ont trait à la sensibilité climatique sont listés dans le Tableau 1.1. Les résultats s'inscrivent en faux contre le prétendu consensus de 97 % dans une étude déjà réfutée par Legates *et al* (2015) et par Tol (2016), critiquant l'approche méthodologique. Celui allégué de 99,9 % en regard de ces 4 275 travaux recensés prête encore plus à sourire[2]. En revanche, les media qui seraient tentés

1. www.populartechnology.net/2009/10/peer-reviewed-papers-supporting.html

2. wattsupwiththat.com/2021/10/19/the-irrelevancy-of-lynas-99-9-percent-certainty-climate-change-consensus

notrickszone.com/2021/10/26/cooked-up-consensus-lynas-et-al-should-rather-be-classified-as-propaganda-bad-science-truly-brazen/

par l'investigation ont la chance d'avoir à leur disposition ce formidable corpus qui minimise voire réfute tout alarmisme. On ne peut que les encourager à y puiser pour proposer une information prenant ses distances vis-à-vis des poncifs de la pensée unique.

Neutralité carbone : excessivement coûteuse et difficilement réalisable

Atteindre la neutralité carbone en cessant les émissions signifierait réduire drastiquement toute liberté dans toutes les sphères d'activité, manger, se déplacer, travailler, voyager, transporter. Elle impacterait l'économie, l'industrie, le bâtiment, le chauffage des bâtiments publics ou des logements particuliers. Il n'y aurait plus de voitures, de transports routiers, de tracteurs ou d'engins de chantier fonctionnant au diesel ou à l'essence. La neutralité carbone interdirait, du moins compliquerait la plupart des fabrications d'acier et d'autres métaux. Pour éviter les coupures de courant, l'électricité serait rationnée. Le chauffage des logements serait réglementé à la baisse, posant en particulier problème pour les personnes les plus âgées et les enfants en bas âge. Les cimenteries n'auraient d'autre choix que de fermer. Les navires seraient à propulsion nucléaire ou reviendraient à la voile comme les galions, les goélettes ou les clippers des temps anciens. Un monde zéro carbone proscrirait bus diesel ou hybrides, avions de ligne et hélicoptères de sauvetage. L'agriculture, l'exploitation forestière, la pêche et le tourisme seraient fortement impactés. Dans les régions qui subissent les rigueurs de l'hiver, des millions de maisons deviendraient invendables sauf à dépenser une fortune en pompes à chaleur et en isolation, si tant est que cette dernière soit faite correctement, ce qui techniquement n'a rien d'évident. Fonder une famille ou prodiguer des soins médicaux aux personnes âgées deviendrait beaucoup plus compliqué. La précarité énergétique se réduirait à la pauvreté pure et simple.

Bien que l'objectif de neutralité carbone nous soit répété sur tous les tons, il n'y a en fait aucun plan digne de ce nom pour l'atteindre. Les conclusions de l'analyse de Willis Eschenbach[1] rejoignent celles du professeur Roger Pielke Jr[2], ou celles de Brouwer et Bergkamp (2021). **Si la neutralité carbone devait être atteinte à marche forcée d'ici 2050 tout en évitant précarité énergétique, coupures d'électricité, confinements généralisés, arrêt d'activités économiques essentielles, il faudrait remplacer 193 10^{15} wattheures d'énergie chaque année par une énergie non produite par des combustibles fossiles qui assurent aujourd'hui plus de 80 % de l'énergie utilisée.** Indépendamment du coût qui serait phénoménal, estimé entre 275 000 et 433 000 milliards de dollars pour les seuls États-Unis[3], soit 20 fois le PIB de ce pays, la question de la faisabilité technologique est posée.

Il est tout d'abord important de souligner que les confinements et la chute d'activité économique mondiale liés à la pandémie en 2020-2021 n'ont même pas induit une signature visible dans l'augmentation du CO_2 dans l'atmosphère mesurée par la NOAA à l'observatoire du Mauna Loa (Fig. 3.1). Cette augmentation ininterrompue donne une idée tangible du

1. www.thegwpf.com/the-impossible-net-zero-fantasy/

2. www.forbes.com/sites/rogerpielke/2019/09/30/net-zero-carbon-dioxide-emissions-by-2050-requires-a-new-nuclear-power-plant-every-day

3. wattsupwiththat.com/2022/02/04/climate-change-weekly-424-biden-climate-energy-policies-costs-high-and-rising

wattsupwiththat.com/2022/01/12/the-cost-of-net-zero-electrification-of-the-u-s-a-blog-post formidable défi à relever pour tenter de la freiner, d'autant qu'elle continue à être bénéfique à la végétation en général et aux plantes nutritives en particulier, contribuant ainsi à lutter contre la faim dans le monde. Le Quéré *et al* (2021) n'ont pourtant pas d'états d'âme à prôner des confinements en cascade façon COVID-19 pendant au moins une décennie. Et pourquoi ? Pour que la France ne risque pas d'être accusée d'avoir réchauffé la planète d'un millième de degré d'ici 2050 ?

Pour ne pas en arriver à des mesures totalitaires drastiques et néanmoins réduire les consommations de combustibles fossiles de 193 10^{15} wattheures par an, il faudrait construire et installer 22 térawatts de nouvelle capacité de production d'énergie chaque année. C'est de l'ordre de 100 fois plus que ce qui a été installé ces deux dernières années, ce qui donne une idée de l'invraisemblable chantier de pillage des ressources minérales qui se dessinerait. D'ici 2050, cela supposerait de construire, installer, tester et mettre en service environ deux gigawatts supplémentaires *chaque jour*. Dans le cadre des connaissances technologiques actuelles, les deux gigawatts supplémentaires devraient être essentiellement électriques, à savoir produits par

- de nouvelles centrales nucléaires,
- de nouveaux barrages hydroélectriques si tant est qu'il existe encore suffisamment de sites favorables à leur installation,
- des panneaux solaires
- de nouvelles éoliennes compte-tenu toutefois que les meilleurs emplacements pour les installer sont déjà utilisés.

Les réacteurs nucléaires existants produisent environ un gigawatt. Les éoliennes produisent environ 2 mégawatts. L'énergie intermittente des éoliennes doit être mixée à de l'énergie contrôlable comme les centrales nucléaires pour produire de l'énergie en l'absence de vent ou s'il n'y en a pas suffisamment, comme observé environ 2/3 du temps dans les meilleurs endroits ou même 3/4 ou 4/5 du temps dans les endroits moins favorables. Cela obligerait à tripler, quadrupler ou quintupler le nombre de leurs implantations. Les panneaux solaires ne produisent pas la nuit. Ils ne produiront de l'énergie au-delà de celle qu'il a fallu dépenser pour les fabriquer que seulement plusieurs années après leur mise en service et seulement s'ils n'ont pas subi une panne irrémédiable dans la période initiale de fonctionnement, par exemple par suite de leur exposition aux intempéries. Pour produire 2 gigawatts électriques supplémentaires par jour en s'inscrivant dans la croisade visant la neutralité carbone d'ici 2050, il faudrait par exemple construire soit 3 000 éoliennes de 2 mégawatts, soit 250 kilomètres carrés de panneaux solaires, s'ajoutant à un réacteur nucléaire de 1 gigawatt, et tout cela *tous les jours d'ici 2050* ! La demande de minéraux rares nécessaires à leur construction (Chapitre 6) deviendrait critique. Atteindre la neutralité carbone d'ici 2050 a été estimé pour l'Australie, pays de seulement 25 millions d'habitants[1]. Elle impliquerait par exemple :

- Supprimer les centrales qui fonctionnent aux combustibles fossiles, les véhicules à moteur thermique et les équipements qui collectivement consomment chaque année 1 085 TWh et les remplacer par des équipements zéro-émission.
- Installer 119 000 éoliennes sur une surface de 60 000 kilomètres carrés. Leur construction et leur installation nécessitera 36 millions de tonnes d'acier et 145 millions de tonnes de béton.
- Installer 6 millions de panneaux solaires sur les toits.
- Construire 22 000 fermes solaires.

1. wattsupwiththat.com/2021/07/10/logistics-and-costs-for-australia-to-achieve-net-zero-carbon-dioxide-emissions-by-2050/

- Pour les 516 térawattheures d'équipements trop difficilement remplaçables, planter 17 milliards d'arbres chaque année pour un coût de 238 milliards de dollars sur une superficie de 201 millions d'hectares, l'équivalent de 50 % des surfaces agricoles australiennes.
- Construire 6 centrales nucléaires pour un coût de 92 milliards
- Emette 670 millions de tonnes de CO_2 pour la fabrication et la construction des infrastructures nouvelles.
- Dépenser au total 1 130 milliards de dollars.

Pour résumer l'exercice, il s'agirait d'un vaste chamboulement industriel et économique. Il faudrait dépenser énormément pour au final disposer d'une énergie moins fiable qu'auparavant sans la garantie de pouvoir le faire dans les délais impartis et surtout, selon le prétexte invoqué, sans changer quoi que ce soit de significatif à la température de la Terre. Les émissions australiennes sont inférieures à celles de l'Allemagne par exemple. Comment faut-il désigner un tel type de projet en langage courant : formidable escroquerie ou suicide collectif ? **Le coût pour atteindre la neutralité carbone au Royaume-Uni a été estimé à 3 000 milliards de livres, soit 3 600 milliards d'euros[1]. Ce coût rapporté à un foyer de quatre personnes serait de 215 000 euros. Les Britanniques seront à coup sûr ravis de dépenser une telle somme pour éviter que leur pays ne réchauffe la Terre d'un millième de degré d'ici 2050. Le devis et l'impact serait similaire pour la France.**

Gwythian Prins est professeur émérite à la *London School of Economics*. Il écrit[2] : « Toutes les transitions précédentes ont

1. www.thegwpf.org/content/uploads/2020/02/ThreeTrillion-1.pdf notalotofpeopleknowthat.wordpress.com/2022/03/06/michael-kelly-exposes-the-implications-of-net-zero

2. www.netzerowatch.com/content/uploads/2021/10/Prins-Net-Zero-National-Security.pdf

été d'une moindre qualité vers une meilleure qualité, de haute vers faible entropie, de sources d'énergie désordonnées vers ordonnées. La neutralité carbone est un « bien de Veblen »[1] consommé à des fins de consommation ostentatoire, nuisant à la compétitivité internationale du monde libre, car l'énergie n'est pas une variable facultative mais une partie intégrante de la santé de toute économie ». Le professeur Prins explique : « Au cours des deux dernières décennies, l'Occident s'est engagé à fond dans deux projets surprenants. Le premier est de « mieux reconstruire » et – qualificatif crucial – « plus vert ». Le second est d'atteindre la neutralité carbone via une transition énergétique. Ces deux projets doivent être mis en œuvre via des objectifs et des calendriers dictés du sommet vers la base, et auront des implications dans tous les coins et recoins de l'économie : rien ne sera laissé intact. Pourtant, ils relèvent davantage de l'utopie que de l'expérience, car ni l'un ni l'autre ne seront couronnés de succès. Et leur échec aura de graves conséquences, à commencer par l'érosion de la confiance dans le gouvernement, à un moment où elle est déjà très entamée. Ils ne fonctionneront pas parce que les investissements dits « verts » ne peuvent se traduire par une croissance spontanée dans un marché libre, car ils ne fournissent pas les biens ou les services dont les gens ont réellement besoin. Cela se ferait donc à coups de subventions, toutes financées sans le consentement des contribuables ou des consommateurs [...] Il est maintenant bien établi que tenter cette transition aura pour effet de transformer un réseau électrique stable et pilotable en un réseau instable, le rendant fragile. Cela rend l'électricité moins abondante et progressivement beaucoup plus chère pour les consommateurs, exactement au moment où on leur dit d'électrifier leurs maisons et leurs véhicules.

1. Bien de Veblen : bien ostentatoire acquis par snobisme.

Ces deux ambitions politiques se trouvent donc en contradiction flagrante. »

Défendre l'indéfendable ne relève pas de la meilleure stratégie. La feuille de route prévoyant l'élimination du carbone fossile d'ici 2050 ignore les réalités physiques et technologiques[1]. En tant qu'idée politique vertueuse, il faut reconnaître que la perspective de neutralité carbone a pu bénéficier d'un soutien initial de l'opinion publique. Mais à mesure que les coûts et les réalités technologiques apparaitront plus précis, on peut s'attendre à un basculement. La montée en flèche des coûts astronomiques de la neutralité carbone touchera plus durement les plus démunis. On en a déjà eu un avant-goût en France avec les motivations du mouvement initial des « gilets jaunes ». L'énormité des exigences des politiques et de la finance climatique dépassera un seuil de souffrance économiquement et socialement supportable. Les objectifs sont irréalisables, les chiffres invraisemblables et ce n'est qu'une question de temps pour que l'opinion publique bascule dans la prise de conscience d'une telle évidence.

Les projets d'extension du marché européen du carbone aux transports et aux bâtiments seraient politiquement suicidaires et risqueraient de déclencher un embrasement similaire au mouvement des gilets jaunes de 2018 en France, a mis en garde le député français qui, au Parlement européen, préside la commission de l'environnement[2]. « La Commission semble faire le choix de taxer les ménages les plus pauvres », a déclaré le secrétaire d'Etat polonais au climat et à l'environnement. De nombreux gouvernements craignent désormais la colère de leurs citoyens face aux objectifs, prétendument climatiques, en tous cas ambitieux de l'Union Européenne. Ils ne veulent pas

---

1. www.thegwpf.org/content/uploads/2021/10/Kalghatgi-Net-Zero-Challenges.pdf

2. www.euractiv.com/section/climate-environment/news/planned-eu-carbon-market-reform-is-politically-suicidal-warns-french-mep

d'un fardeau financier supplémentaire pour les automobilistes, les propriétaires de maisons individuelles et les entreprises[1].

Lord Nigel Lawson a été Chancelier de l'échiquier, l'équivalent britannique de notre ministre des Finances. Il écrivait dans *The Spectator* avec pour titre *Net zero is a disastrous solution to a nonexistent problem*[2] (La neutralité carbone est une solution désastreuse à un problème inexistant) : « La folie humaine n'est que trop commune. Mais dans une longue vie, je n'ai jamais rien rencontré d'aussi inquiétant que la peur climatique actuelle. Les objectifs de la COP26 sont ambitieux et onéreux. Une question importante semble éludée dans le débat. Sommes-nous vraiment confrontés à une menace existentielle ? Ou bien la « crise » du changement climatique pourrait-elle en fait être une hystérie quasi-religieuse, basée sur l'ignorance ? Il est vrai que depuis la révolution industrielle, lorsque nous avons commencé à utiliser les combustibles fossiles, d'abord le charbon, puis le pétrole et le gaz comme sources d'énergie, cela a conduit à une augmentation constante, bien que progressive, de la quantité de dioxyde de carbone dans l'atmosphère. Les ignorants (pas seulement la BBC) appellent cela la pollution. En réalité, c'est tout le contraire : loin d'être une pollution, le dioxyde de carbone est la matière première de la vie. C'est la nourriture des plantes, et sans les plantes il y aurait peu de vie animale et pas de vie humaine. Le principal effet de l'augmentation du dioxyde de carbone dans l'atmosphère est de stimuler la croissance des plantes, de les fertiliser. Des études approfondies ont montré que la planète devient effectivement plus verte grâce à l'augmentation du CO_2. Et pourtant, on nous dit qu'il faut empêcher toute nouvelle augmentation de CO_2

1. www.thegwpf.com/green-deal-fear-of-yellow-vests-rebellion-spreads-across-europe

2. www.spectator.co.uk/article/net-zero-is-a-disastrous-solution-to-a-nonexistent-problem

pour devenir « vert ». Un effet secondaire de l'augmentation du CO_2 dans l'atmosphère terrestre est de réchauffer légèrement la planète. Ce n'est pas une mauvaise chose : beaucoup plus de personnes meurent chaque année de maladies liées au froid que de maladies liées à la chaleur. Et le réchauffement est vraiment très ténu. […] L'hystérie climatique n'est en aucun cas une folie anodine. La raison pour laquelle le monde utilise des combustibles fossiles est qu'ils sont de loin la source d'énergie fiable à grande échelle la moins chère. […] Le coût économique de l'abandon des combustibles fossiles, atteindre la neutralité carbone, est énorme : même le Trésor admet que cela coûtera au Royaume-Uni des dizaines de milliards de livres par an. C'est pourquoi la Chine, qui est de loin le plus grand émetteur de CO_2 au monde, tout en se déclarant favorable à l'objectif de neutralité carbone, continue de construire de nouvelles centrales électriques au charbon à la pelle (et pas seulement en Chine : elle en construit aussi dans une grande partie des pays en développement). La décarbonation, en somme, serait une calamité économique sans précédent […] J'ai suggéré dès le début que la peur climatique actuelle est une hystérie quasi religieuse. L'humanité semble avoir un besoin psychologique d'un système de croyance. Traditionnellement en Occident, cela a été le christianisme ; mais avec la place décroissante du christianisme dans le monde moderne, le catastrophisme climatique a émergé pour prendre sa place. Et il va sans dire que c'est particulièrement commode pour nos dirigeants politiques, qui seront partis avant que l'ampleur des dégâts économiques causés par les mesures qu'ils prônent ne devienne apparente. En attendant, quelles que soient les erreurs qu'ils commettent, ils peuvent se faire passer pour les sauveurs de la planète. Mais quelle que soit la cause de la folie du changement climatique, l'effet est clair. Alors que le réchauffement climatique n'est pas un problème, les politiques destinées à le prévenir relèvent du désastre ».

Lors des différentes COP depuis la vingt-et-unième et l'Accord de Paris, les pays sont instamment priés de présenter leurs NDC (*Nationally Determined Contributions)* et sont bien sûr incités à les augmenter[1]. Il s'agit de ce que chaque pays propose de faire pour en principe limiter le réchauffement, en réalité pour diminuer les émissions de CO_2 et/ou planter une végétation qui permette de l'absorber. D'ici 2050, extrapolée sur la base de 2019, la contribution au réchauffement de chaque pays se mesure en millièmes de degré, un seul millième pour la France ou le Royaume-Uni, entre un et quatre centièmes pour les pays les plus émetteurs (Tableau 1.2). Une colonne est manquante, celle qui indiquerait le coût des NDC en regard de la colonne augmentation du CO_2 et de la colonne réchauffement d'ici 2050. Il est vraisemblable que les contribuables des différents pays seraient désireux de les découvrir pour peut-être commencer à réaliser « tout ça pour ça ? ! ». On ne semble pas prendre vraiment le chemin de ce chiffrage, du moins au Royaume-Uni dont le gouvernement a préféré renoncer à l'exercice[2].

Des juridictions condamnent des pays pour n'avoir pas atteint les objectifs de l'accord de Paris

Invité d'Yves Calvi sur RTL suite à la publication en 2013 de mon premier livre sur le sujet, *L'Innocence du carbone*[3], j'avais lancé comme boutade quelque chose comme : « que je sache, les

1. www.contrepoints.org/2020/09/30/381164-la-grande-illusion-des-objectifs-climatiques

2. www.netzerowatch.com/government-abandons-official-net-zero-cost-estimate climatechangedispatch.com/bojo-has-no-idea-how-much-net-zero-will-cost-parliament-report-shows

3. https://www.albin-michel.fr/linnocence-du-carbone-9782226209160

lois de la physique ne sont pas votées à l'Assemblée Nationale, au Sénat et avalisées par le Conseil Constitutionnel». On est maintenant en droit de se poser la question lorsque l'on voit l'Assemblée Nationale voter en 2021 en vue d'une inscription dans l'article premier de la constitution qui ne s'est pas faite faute d'accord du Sénat sur la formulation, en substance que «la République garantit la lutte contre le dérèglement climatique». La République prétend-elle «abroger» les lois chaotiques qui président aux évolutions des pressions atmosphériques et de leurs écarts ? Au-delà, des juridictions sont-elles compétentes sur le chiffrage des fluctuations chaotiques pour juger du degré de «dérèglement» du temps qu'il fait ?

Le 24 mars 2021, la cour constitutionnelle fédérale d'Allemagne de Karlsruhe a édicté un règlement sur la «protection du climat». En fait, ce n'est pas le climat mais bien évidemment l'amalgame avec la neutralité carbone qui a été érigée en article constitutionnel[1]. La Cour suprême néerlandaise a confirmé un jugement ordonnant au gouvernement de réduire les émissions de combustibles fossiles. Au moins cela présente l'avantage d'être plus clair que l'habituel amalgame climatique. L'Etat fédéral de Belgique et les trois régions du pays (Flandre, Wallonie et Bruxelles) ont été reconnus coupables le 17 juin 2021, pour «faute» en raison de leur politique climatique insuffisante sans toutefois aucune condamnation à réparation et aucune injonction à prendre une quelconque mesure.

Un tribunal a jugé que l'État français n'avait pas pris les mesures suffisantes pour lutter contre le changement climatique dans une affaire dont les plaignants étaient quatre organisations

---

1. notrickszone.com/2021/06/19/euro-courts-infringing-on-freedom-of-science-climate-science-decided-by-courts-instead-of-by-proof

non gouvernementales[1]. Que la *Fondation Nicolas Hulot* ait été l'une des quatre ONG peut prêter à sourire, car Nicolas Hulot a été Ministre d'Etat chargé de la transition écologique et solidaire. N'aurait-il rien fait durant son mandat dans le sens de complaire à sa propre fondation ? Dans son jugement, le tribunal administratif a reconnu des carences liées au changement climatique et a tenu l'État français pour responsable de ne pas avoir pleinement atteint ses objectifs de l'accord de Paris. Les fameuses NDC s'imposent dans l'affaire. Autrement dit, 30 milliards d'euros destinés à des politiques énergétiques plus vertes dans les ambitions du gouvernement français d'alors n'ont pas été jugés suffisants aux yeux des quatre ONG et du tribunal. La France est responsable de 0,9 % des émissions mondiales. 0,9 % × 89 000 milliards de dollars recommandés par la Banque mondiale pour le financement climatique d'ici 2030 s'élève à 800 milliards de dollars, soit 715 milliards d'euros. Avec 30 milliards d'euros prévus, la France apparaît effectivement nettement en dessous. N'est-ce pas simplement parce que les objectifs seraient irréalistes ?

Les tribunaux pourraient avoir beaucoup de travail dans un avenir proche car aucun pays n'atteint ses objectifs NDC comme le montre la figure 4 du rapport publié par *BloombergNEF*[2]. La France apparaît pourtant comme la plus avancée dans ses engagements avec le Royaume-Uni parmi les pays du G20. En regard d'une « culpabilité » de la France qui pourrait atteindre l'horrible, l'épouvantable contribution au « dérèglement climatique » d'un millième de degré d'ici 2050, qu'est-ce qui pourrait raisonnablement justifier une dépense de 715 milliards d'euros dans

1. abcnews.go.com/Business/wireStory/court-rules-france-failed-respect-climate-change-goal-75653967

2. assets.bbhub.io/professional/sites/24/BNEF-G20-Zero-Carbon-Policy-Scoreboard-EXEC-SUM.pdf

le contexte d'une dette souveraine de près de 3 000 milliards. La dette est une bombe à retardement. Faut-il vraiment en augmenter la puissance destructrice ? Pour un millième de degré, deux si vous voulez, d'ici le milieu du siècle ? Même Machiavel n'aurait sans doute pas osé.

La Suisse a voté contre une loi carbone

Le Temps, quotidien de Genève à dimension nationale écrivait le 13 juin 2021 : « 51 % des électeurs rejettent le texte sur les mesures climatiques. La surprise est nationale ». La « surprise » tient au fait que tous les grands médias subventionnés et tous les partis politiques à l'exception d'un seul, étaient favorables à cette loi. Le projet visait à concrétiser les engagements pris par la Suisse dans le cadre de l'Accord de Paris. Pourtant, la Suisse n'est responsable que d'un millième des émissions mondiales qui pourrait réchauffer la Terre d'un dix-millième de degré d'ici 2050… La loi prévoyait diverses mesures visant les véhicules, le trafic aérien et les émissions industrielles. Dans le tout premier vote jamais organisé dans le monde sur cette question, une majorité a sanctionné l'alarmisme climatique. Le peuple suisse a rejeté une loi fédérale qui avait été concoctée entre le gouvernement et le Parlement suisse pour arrêter d'émettre du CO_2 sur le prétexte climatique. C'est le droit et le privilège du citoyen suisse, souverain, de pouvoir refuser ou confirmer des lois controversées. Le refus semble la conséquence d'une opposition aux taxes et aux surcoûts qu'elles entraînent, à l'instar du mouvement initial des gilets jaunes en France. Les opposants à l'écologie punitive n'ont pas été convaincus par des carburants plus chers, un appauvrissement de la classe moyenne, le matraquage industriel. Le coût pour les ménages ajoutés aux perspectives d'interdictions concernant notamment le chauffage au fioul et au gaz ont évidemment aussi pesé dans la balance.

Les régions rurales ont fait basculer le projet du côté du « non ». Sur les 23 cantons, 18,5 ont voté « non » (Figure 5.3).

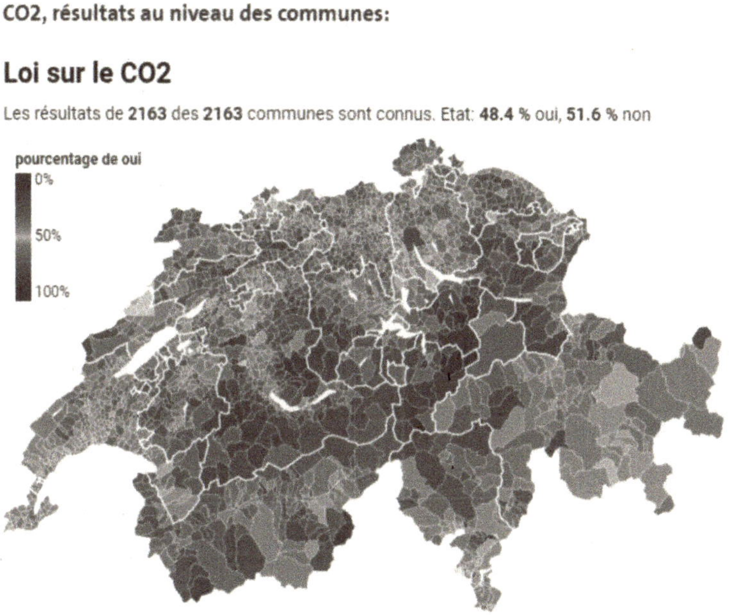

Fig. 5.3 – Carte des résultats de la votation suisse du 13 juin 2021, contre le projet de loi « carbone ». Les cantons essentiellement ruraux étaient contre la loi, les villes en sa faveur.

Décidemment, « l'écologie des villes » n'est pas « l'écologie des champs ». Cet échec n'est pas seulement important en soi, mais symptomatique des difficultés auxquelles seront confrontées les politiques prétendument « vertes » en général. Alors qu'il est sympathique, cool et tendance pour les gens de se prétendre « vert », il en va autrement d'en accepter le prix exorbitant lorsque le devis est scruté. Pour une « culpabilité » d'un dix-millième de degré d'ici 2050... Important, 60 à 70 % des 18-34 ans ont voté non.

En 2013, l'Assemblée nationale française avait voté en faveur de l'Accord de Paris à l'unanimité moins deux abstentions. Barack Obama n'avait pas pris le risque de faire voter l'Accord par le Congrès. Il avait simplement signé un *executive order*, décision que Donald Trump avait pu aisément inverser par la suite.

Anne-Laure Blin est députée LR du Maine-et-Loire. Elle dénonce « la doxa populaire qui dit qu'il faut acter le réchauffement climatique ». Ces propos ont suscité des réactions de qui on imagine sans peine. Elle répond[1] : « Depuis le début de mon mandat, j'ai toujours eu à cœur de promouvoir une écologie de réalisme et de bon sens pour guider l'action collective afin de protéger notre environnement et de garantir l'avenir de nos enfants. Je revendique sur ce sujet comme sur d'autres le droit au débat et à la discussion sans devoir toujours obéir au diktat de la pensée unique. En particulier sur ce sujet, l'instrumentalisation par certains écologistes politiques du réchauffement climatique pour aller toujours plus loin dans les contraintes normatives et financières des Français et des entreprises françaises. J'assume parfaitement de défendre nos producteurs de fruits et légumes français, face aux incohérences et à l'écologie punitive [...] En définitive, malgré les tentatives de déstabilisation, je continuerai de m'engager dans la voie du débat respectueux revendiquant la possibilité d'exprimer haut et fort la voix des Français qui perçoivent à l'évidence

1. www.annelaureblin.fr/a-l-assemblee/article/face-aux-dogmatismes-la-seule-ecologie-qui-vaille-est-celle-qui-est-realiste-et

que l'écologie est devenue pour certains un moyen politique de véhiculer une idéologie nauséabonde et antihumaniste. »

L'avion ne devrait plus faire partie des rêves d'enfants ?

En décidant de ne plus accorder de subventions aux aéroclubs de sa ville au motif que « l'argent public ne doit plus financer les sports fondés sur la consommation de ressources épuisables », la maire de Poitiers a déclenché une polémique. Elle ajoutait : « L'aérien c'est triste, ne doit plus faire partie des rêves des enfants aujourd'hui ». Antoine de Saint-Exupéry et son Petit Prince auraient pu lui répondre « fais de ta vie un rêve, et d'un rêve, une réalité ». Sa position rejoint celle du mouvement « flight shame », la honte de voler, dans l'Europe du Nord qui n'est pourtant pas, en termes de réchauffement climatique, la région du monde la plus caniculaire et la plus aride…

Jean-Loup Chrétien est général de brigade retraité, ancien pilote de chasse, ancien pilote d'essai, ancien pilote de ligne, ancien spationaute au CNES puis à la NASA. Il est le premier spationaute non seulement français mais aussi européen. Il a répondu à la maire de Poitiers dans une lettre ouverte[1] : « Madame, vous êtes devenue une héroïne. Celle des suppôts d'une nouvelle pensée destructrice, probablement nourrie par des ressentiments, des regrets, une amertume empreinte de jalousie. Mais vous oubliez, madame, ou peut-être ne l'avez-vous jamais appris, que la route de la 3e Dimension a été ouverte par des pionniers, des héros, des défricheurs, qui au prix d'énormes sacrifices ont permis à l'humanité de continuer à marcher vers son destin. Un destin qui peut-être amènera notre descendance

1. www.letelegramme.fr/france/tribune-la-lettre-ouverte-de-jean-loup-chretien-a-la-maire-de-poitiers-06-04-2021-12731022.php (translated by the author)

vers une étape transcendante, le Graal de nos rêves. Le gène de l'exploration est inscrit dans notre patrimoine génétique, sans doute pour survivre jusqu'à notre arrivée vers ce grand point de transcendance, après avoir puisé l'énergie de toutes les inspirations que les rêves de jeunes scientifiques, chercheurs, ingénieurs nous aurons livrées pour gravir pas à pas cette haute montagne qui nous conduit au sommet du progrès. Sur ce chemin aride et dangereux nous avons trouvé ces énergies fossiles, sans doute là pour aider notre longue marche. Pas à pas encore, nous progressons vers des énergies nouvelles, nous découvrons des méthodes d'enrichissement de notre intelligence collective. Bref la science, pas l'écologie[1], continue à nous éloigner des grottes ou nos ancêtres ont tant souffert pour nous donner les moyens de progresser vers leur sortie. Cela fait 300 000 ans que l'humanité progresse doucement, madame. Et vous voulez balayer d'un coup les défauts d'inventions produites en moins de 200 ans ? Vous rêvez trop, madame. » Jean-Loup Chrétien a ajouté : « L'écologie, Madame, est un chapitre de l'enseignement des classes de CM2. Elle est, hélas, devenue l'arme des cancres du fond de la classe qui se réveillent, aujourd'hui, et en ont fait leur refuge politique, à défaut de réussir ailleurs. Vous m'étonnez beaucoup en prenant, par votre discours, parti pour cette nouvelle forme d'intelligence négative qui voudrait nous ramener vers nos grottes. Vous avez seulement oublié les noms de Guynemer, Mermoz, Saint-Exupéry, Gagarine et tant d'autres. La route qu'ils ont ouverte ne s'arrêtera jamais. Et nous sommes là pour « faire face » ! (Devise de Georges Guynemer. Mais vous l'ignorez sans doute…) ».

1. Rappelons la distinction essentielle entre « écologie » qui est la science de l'environnement et son appropriation par la politique désignée par « écologisme »

Le rêve d'une maison avec jardin est-il un non-sens écologique?

La ministre chargée du logement a déclaré le 15 octobre 2021 : « Le modèle du pavillon avec jardin n'est pas soutenable et nous mène à une impasse [...] Les maisons individuelles, ce rêve construit pour les Français dans les années 1970 est un modèle d'urbanisation qui dépend de la voiture pour les relier [...] C'est un non-sens écologique, économique et social »[1]. Ces propos ont créé une vive polémique car c'est aller à l'encontre des aspirations des Français que de dénoncer l'habitat individuel comme la source de tous les maux. Habiter une maison individuelle est le rêve des trois quarts des Français, selon une étude menée par le Ministère lui-même. La pandémie COVID-19 n'a fait qu'amplifier les envies de jardin et de maison même si pour beaucoup, cela reste du domaine du rêve faute de disposer du pouvoir d'achat nécessaire car les prix s'envolent. Les parents semblent considérer qu'il vaut mieux laisser les enfants jouer dans le jardin et y découvrir la nature plutôt que de les confiner dans des appartements.

Toutefois, de nombreuses réglementations sont prévues pour décourager rêveurs et propriétaires : l'obligation d'isoler pour limiter les fuites thermiques et l'interdiction progressive du chauffage utilisant les énergies fossiles. Tout cela pour éviter un réchauffement de la planète d'une fraction d'un millième de degré. A noter que, selon sa déclaration de patrimoine, la ministre chargée du logement elle-même est propriétaire d'une maison individuelle de 150 mètres carrés dans le

1. immobilier.lefigaro.fr/article/la-ministre-du-logement-et-les-hlm-faites-ce-que-je-dis-pas-ce-que-je-fais_9ced3fe0-a275-11eb-a967-166f456e3217

Val-de-Marne. Bel exemple de « faites ce que je dis, pas ce que je fais »...

Miser sur la culture scientifique avec l'objectif d'une *renaiscience*

Rêver serait-il en passe d'être interdit en France ? Osons espérer qu'au pays de Descartes, l'intelligence et le réalisme sauront supplanter une idéologie mortifère qui sera d'autant plus préjudiciable aux plus démunis de nos concitoyens. Pile je gagne, face tu perds, le jeu du changement climatique apparait honteusement truqué. Inspiré de Winston Churchill pendant la Bataille d'Angleterre, « Never in the field of human conflict was so much owed by so many to so few », jamais autant de nos contemporains n'ont été trompés par si peu. Lorsque la manipulation apparaitra aux yeux de tous, espérons que l'optimisme renaîtra chez la fraction des jeunes que l'on a trompés. L'éco-anxiété est un venin pour des jeunes qui ne veulent plus manger de viande, qui ne veulent pas avoir d'enfants. A force d'entendre ce discours lénifiant, débilitant, culpabilisant, anti-progrès, mortifère, certains se demandent si la vie vaut vraiment la peine d'être vécue. Il est difficile de s'épanouir dans une telle ambiance névrotique.

Vous n'aimez pas vos petits-enfants ? C'est le genre d'admonestation en forme de condamnation adressée aux climato-réalistes. Bien au contraire, il importe d'avoir la sagesse de leur assurer ainsi qu'à tous les enfants de leur âge un avenir enviable, l'éducation la meilleure et garantir leur sécurité. Ce n'est pas en handicapant leur vie dès le départ en amplifiant la charge d'une dette déjà abyssale qu'on les y aidera, surtout si les taux d'intérêt devaient repartir à la hausse.

Les taxes carbone prétendent être justifiée par la science. Mais, au contraire d'autres disciplines anciennes comme la physique, la climatologie, discipline jeune, reste balbutiante. Elle pèche par un manque de prédictibilité criant et avoué. J'ai été invité à donner une quarantaine de conférences sur le sujet, souvent dans des universités, y compris à l'étranger. Plus récemment, COVID oblige, j'ai plusieurs fois échangé par vidéo avec des étudiants à leur demande. Deux jeunes qui ont fait les Beaux-Arts de Paris sont venus m'interviewer pendant neuf heures sur deux jours. Après avoir décrypté la confusion usuelle entre météo et climat, l'échange est devenu plus large et plus profond. La peur de l'avenir et l'éco-anxiété de ces jeunes était prégnante. Toutes les générations ont éprouvé une crainte de l'avenir. Au vingtième siècle, elle s'est trouvée particulièrement fondée par les deux guerres mondiales. Progressivement, ces jeunes m'ont donné l'impression qu'ils se posaient la question de savoir s'ils n'étaient pas victimes d'une manipulation. Comment réagiraient leurs contemporains éco-anxieux s'ils réalisaient que la manipulation est confirmée ?[1] C'est encore plus vrai pour les seniors qui avec l'expérience d'avoir côtoyé trois générations, chacune avec ses propres problèmes, ont développé leur esprit critique.

L'espoir se nourrit de la restauration de la culture scientifique. Quand ne serons-nous d'ailleurs plus obligés d'ajouter l'adjectif « scientifique » derrière le mot « culture », comme s'il n'était pas évident qu'elle en fasse intrinsèquement partie ? De tous temps, des gens ont eu peur de l'orage et se cachaient la tête sous l'édredon. Foin de « cancel culture », il est essentiel

1. www.smh.com.au/business/companies/gina-rinehart-warns-of-propaganda-in-climate-denial-video-to-students-20211006-p58xry.html

que la culture scientifique irradie à nouveau par exemple pour que reste clair que de très loin la principale source d'énergie sur Terre est le soleil. Tout aussi importantes sont les propriétés de l'eau et la place indispensable et irremplaçable du carbone dans la chaîne de la Vie. Si on en venait à la réduire, avec elle serait réduite la nourriture. La réduire affecterait en priorité les pays les plus pauvres. Les famines se multiplieraient. Avec l'accroissement de la population mondiale, non pas moins de nourriture, mais davantage y compris de la viande (Houel and Guimbard 2018) est nécessaire. Seule la culture scientifique est à même de contrer une rhétorique qui pour être à la mode relève d'une paresse intellectuelle affligeante car elle est aussi toxique qu'absurde.

A l'Université de Yale, Stanley Milgram a conduit une célèbre expérience dont l'objectif était d'évaluer l'influence que peut exercer un scientifique et de montrer jusqu'à quel point l'être humain est enclin à obéir à une « autorité scientifique ». Contre rémunération, un volontaire est recruté pour participer à une expérience qui lui est présentée comme la mesure du rôle de la punition sur la mémoire. Un comédien joue le rôle de l'individu qui doit mémoriser une liste d'associations de mots. S'il se trompe, il reçoit de la part du volontaire recruté une décharge électrique, bien sûr factice, pouvant aller jusqu'à 450 volts, tandis qu'un autre comédien en blouse blanche joue le rôle du « scientifique » et supervise l'expérience. Le comédien jouant le rôle de l'élève simule la douleur. à mesure que le voltage de la décharge est censé augmenter, il feint de gémir, puis se plaint qu'il souffre, il hurle, il supplie d'être libéré, et ainsi jusqu'à ce qu'il ne réponde plus. Le comédien jouant le rôle du « scientifique » du haut de son autorité pousse néanmoins à continuer l'expérience. Elle a été réalisée avec 636 personnes. Le pourcentage d'obéissance au « scientifique » a atteint 65 %, chiffre terrifiant, 35 % des personnes s'étant révoltées et ayant spontanément cessé l'envoi de ce qu'elles croyaient être des décharges électriques.

L'expérience illustre le danger de se laisser influencer si l'on n'a pas d'éléments pour percevoir la véracité d'un concept, émanerait-il de scientifiques. La culture scientifique permet d'en analyser et d'en décrypter la véracité.

CHAPITRE 6

Urgence d'une transition vers le tout électrique ?

Nous savons qu'ils mentent, ils savent
qu'ils mentent, ils savent même que nous savons
qu'ils mentent, nous savons aussi qu'ils savent que
nous savons qu'ils mentent, ils savent bien sûr que nous
savons certainement qu'ils savent que nous savons
qu'ils mentent, mais ils continuent à mentir
(Pierre Gosselin)[1]

Résumé - L'objectif de neutralité carbone d'ici 2050 supposerait que tous les pays, en particulier les principaux émetteurs, passent essentiellement au tout électrique depuis la production d'énergie jusqu'à son utilisation. Y sont-ils prêts ? Apparemment pas pour un certain nombre qui sont responsables des trois quarts des émissions. **Si le quart restant s'obstinait, ce serait de seulement 0,015°C à 0,020°C qu'ils éviteraient à la Terre de se réchauffer d'ici 2050 et pour un coût inimaginable non seulement financier mais surtout en termes de dommages considérables causés à l'environnement par suite d'un pillage intense de ressources minérales.** Les nouvelles énergies qualifiées de « propres », biomasse, véhicules électriques, propulsion par hydrogène, énergies intermittentes (éolien et solaire) sont examinées et trouvées suspectes de ne pas être aussi propres que prétendu. Une transition énergétique prématurée se paierait excessivement cher en termes de liberté et de prospérité.

1. notrickszone.com/2021/04/17/the-dawn-of-the-e-vehicle-battery-environmental-disaster-discarded-even-sooner-than-expected

Le pourcentage d'énergie issue des combustibles fossiles est resté similaire en 2019 comparé à ce qu'il était il y a 10 ans[1], ce qui « justifie » aux yeux de certaines ONG de porter plainte auprès des tribunaux pour une action « climatique » insuffisante des États de l'Europe de l'Ouest. Il en va tout autrement dans le reste du monde puisque pas moins de 432 projets en Chine, en Russie, en Inde et en Australie sont responsables de 77 % des nouvelles activités minières[2]. La Chine, l'Inde, l'Indonésie, le Japon[3] et le Vietnam prévoient de construire plus de 600 centrales au charbon pour produire de l'électricité[4]. La Chine connaît une grave pénurie d'énergie qui ralentit son économie. En réponse, le pays a ouvert les vannes en faveur des mines de charbon et des centrales électriques qu'il alimente. Le rapport *Coal 2021* de *l'Agence internationale de l'énergie (AIE)* confirme : la Chine est le plus gros consommateur, producteur et importateur de charbon pour atteindre la moitié de la consommation mondiale (Figure 6.1).

« Parce que les sources d'énergie renouvelables telles que l'énergie éolienne et solaire sont intermittentes et aléatoires, nous devons compter sur une source d'énergie stable », a déclaré le secrétaire général adjoint chinois de la Commission nationale du développement et de la réforme. « Nous n'avons pas d'autre choix. Pendant un certain temps, nous devrons utiliser l'énergie issue du charbon comme variable d'ajustement ». Alors que la Chine avait publié des projections pour atteindre son pic

1. www.reuters.com/business/environment/global-fossil-fuel-use-similar-decade-ago-energy-mix-report-says-2021-06-14

2. energy.economictimes.indiatimes.com/news/coal/india-australia-china-russia-pushing-massive-coal-expansion/83248723

3. wattsupwiththat.com/2021/12/09/japan-building-22-new-coal-power-plants

4. www.thegwpf.com/net-zero-flops-as-asias-top-nations-plan-to-build-more-than-600-new-coal-power-plants

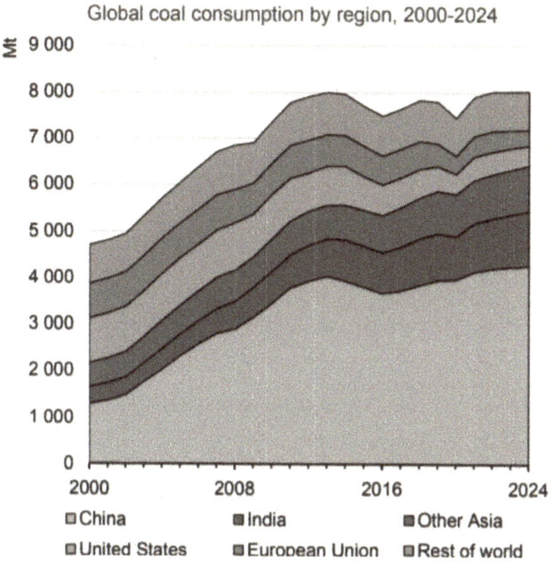

Fig. 6.1 – Consommation de charbon des principaux utilisateurs, dont la Chine pour la moitié du total, suivie de l'Inde et du reste de l'Asie. (Source : rapport *Coal 2021* de *l'Agence internationale de l'énergie (AIE).*

d'émissions de carbone d'ici 2030, la crise énergétique a conduit ses dirigeants à revoir le calendrier de ses ambitions[1].

Les courbes se sont croisées : désormais la Chine peuplée de 1,4 milliard d'habitants émet davantage de dioxyde de carbone que tous les pays de l'OCDE (1,3 milliard d'habitants). Ce dépassement n'était pas inattendu. Depuis les années 1990, les émissions annuelles de l'OCDE oscillent autour de 15 milliards de tonnes de CO_2 avec une légère baisse depuis 2010, alors que dans le même temps la Chine a triplé les siennes. Elle est aux prises avec des pénuries d'électricité croissantes, incitant

1. www.theguardian.com/environment/2021/oct/12/china-coal-fired-plants-uk-cop26-climate-summit-global-phase-out

de nombreuses usines, y compris des fournisseurs d'Apple ou de Tesla, à freiner ou à suspendre leurs activités[1]. La volonté de Pékin de réduire les émissions se heurte à la flambée des prix du gaz ainsi qu'à la demande croissante d'électricité. Le plus grand marché automobile mondial est devenu chinois, ne semblant pas regretter la bicyclette omniprésente seulement deux décennies auparavant.

L'Inde est le deuxième producteur, consommateur et importateur de charbon (Fig. 6.1)[2]. Pour autant, l'impact climatique de chacune de ces deux nations énergivores restera imperceptible d'ici le milieu du siècle (Tableau 1.2). Plus globalement, l'Asie snobe l'appel de l'Agence internationale de l'énergie à stopper les nouveaux investissements fossiles[3]. Les nations africaines prévoient 1 250 nouvelles centrales électriques au charbon et au gaz[4].

Avec une valorisation de 1 760 milliards de dollars, la *Saudi Arabian Oil Company, Aramco*, a rejoint fin 2019 le club fermé des capitalisations de type GAFAM (Google, Apple, Facebook, Amazon, Microsoft) qui se situent entre 1000 et 3000 milliards de dollars. *Aramco* est la plus grande compagnie pétrolière au monde, représentant environ 10 % de la production mondiale. C'est aussi le groupe le plus profitable de la planète.

Ces exemples ne s'inscrivent pas franchement dans le paradigme déclaré de l'urgence d'une transition énergétique.

---

1. nypost.com/2021/09/27/china-rocked-by-power-crunch-as-apple-tesla-suppliers-suspend-work

2. www.iea.org/reports/coal-2021

3. www.reuters.com/business/energy/asia-snubs-ieas-call-stop-new-fossil-fuel-investments-2021-05-19

4. www.thegwpf.com/african-nations-planning-1250-new-coal-and-gas-power-plants-study-reveals

Nombre de pays, dont ceux parmi les plus pauvres du monde, veulent se développer. Ils ne peuvent y parvenir sans passer par une croissance économique et un développement industriel émetteurs de CO_2. Réduire les inégalités suppose d'oublier les énergies chères et de favoriser les énergies fossiles du moins pour celles qui restent meilleur marché. Diminuer l'empreinte carbone ne saurait pour eux être la priorité.

L'Afrique du Sud (émissions de 479 $MtCO_2$ en 2019), la Brésil (466 Mt), le Mexique (439 Mt), La Thaïlande (288 Mt), la Malaisie (250 Mt), le Vietnam (248 Mt), l'Argentine (179 Mt), les Philippines (144 Mt), le Chili (84 Mt), sans atteindre le niveau des principaux émetteurs peuvent s'en approcher si on les rapporte à leur population. Ces pays sont décidés à se développer et pour cela il leur faut de l'énergie, principalement d'origine fossile.

Plus des trois quarts des émissions mondiales durant ce siècle proviendront probablement d'Asie, d'Afrique et d'Amérique latine. Ils continueront vraisemblablement à brûler des énergies fossiles et n'apparaissent pas principalement concernés par la prétendue urgence d'une transition énergétique[1]. S'attendre à ce que ces pays cessent à court terme d'utiliser de l'énergie bon marché semble voué à l'échec. Ceci en dépit du fait que ces nations ont presque toutes signé l'Accord de Paris COP21. En fait, elles ont signé à condition que les pays développés honorent leur promesse de mobiliser 100 milliards de dollars chaque année à leur profit, ce qui reste loin d'être finalisé[2]. Les pays BASIC, bloc de quatre pays nouvellement industrialisés,

1. wattsupwiththat.com/2021/04/18/africans-reject-demands-to-end-fossil-fuel-use

2. www.cfact.org/2021/09/07/countdown-to-cop26-on-the-road-to-failure/

le Brésil, l'Afrique du Sud, l'Inde et la Chine, ont en effet exprimé lors d'une session conjointe leur profonde préoccupation face à l'insuffisance et l'inadéquation (en particulier lorsqu'il s'agit de prêts) du soutien jusqu'à présent fourni par les pays développés[1]. Si les énergies renouvelables étaient véritablement l'option la plus intéressante, personne ne demanderait d'aide pour les développer[2].

La propagande climatique a fait des ravages dans les esprits et dans les pays aveuglés par cette propagande qui pourtant va nuire gravement à leurs économies. Les pays riches promeuvent des politiques prétendument climatiques qui coûtent des dizaines de milliers de milliards de dollars, de l'argent qu'ils n'ont pas, alors que d'autres secteurs en auraient désespérément besoin. Pour atteindre la neutralité carbone, le président Biden a promis de dépenser 13 % des recettes fédérales. L'Union européenne promet de dépenser 25 % de son budget. Désigné par « Fit for 55 », la Commission européenne veut réduire d'ici 2030 les émissions d'au moins 55 % par rapport aux niveaux de 1990 via différentes mesures comme l'interdiction des ventes de nouvelles voitures à moteur thermique d'ici 2035. Toutefois, même l'Allemagne n'est pas d'accord[3].

La croisade du monde occidental consistant à dépenser des dizaines de milliers de milliards d'euros pour des réductions d'émissions prématurées est tout sauf viable. Les rêves verts des politiciens occidentaux deviendront un cauchemar pour le

1. www.thegwpf.com/basic-nations-demand-annual-100-billion-fund-from-developed-world-to-fight-climate-change

2. wattsupwiththat.com/2021/06/22/un-furious-world-leaders-just-failed-to-deliver-72-billion-year-climate-deal

3. mythesmanciesetmathematiques.wordpress.com/2022/03/08/coup-de-frein-au-vehicule-electrique

grand public dans les pays tentés de les mettre en œuvre[1]. Les tensions sur le prix de l'énergie en général et du gaz naturel en particulier durant l'hiver 2021-2022 ne sont qu'un avant-goût des effets collatéraux d'une politique qui mécontentera l'opinion[2] tandis qu'elle sera parfaitement inefficace puisque toute diminution dans des pays responsables de seulement *un quart* des émissions sera largement contrebalancée par ceux qui en émettent *les trois quarts* aujourd'hui et continueront pendant un temps certain.

Les pays responsables des trois quarts des émissions avancent légitimement qu'ils ont moins participé à la fraction anthropique de CO_2 atmosphérique, notamment par habitant, que les pays occidentaux. A la COP26 de Glasgow, les pays en voie de développement ont donc refusé de réduire leurs émissions, car ils savent ne pas avoir d'alternative s'ils veulent développer leurs économies et améliorer la vie de leurs populations. L'Inde a été suivie par nombre de pays en récusant la formulation « élimination progressive » (« phase out ») en ce qui concerne le charbon, pour lui préférer la sémantique « phase down ». Étant donné qu'il n'y a aucune obligation et qu'aucun délai n'a été mentionné en matière de réduction progressive (« phase down »), ils peuvent interpréter l'accord comme ils veulent et ils pourront continuer à brûler tout le charbon qu'ils voudront, aussi longtemps qu'ils le voudront[3].

« L'Afrique a besoin d'infrastructures énergétiques fiables, pas de l'hypocrisie du monde riche », plaide Ramachandran

1. climatechangedispatch.com/bidens-green-obsession-is-already-a-costly-disaster

2. notrickszone.com/2021/09/29/and-its-not-even-winter-europes-energy-supply-debacle-already-here-painful-prices-shortages-blackouts

climatechangedispatch.com/climate-policy-meets-bitter-cold-reality-in-europe

3. wattsupwiththat.com/2021/11/14/cop26-ends-in-humiliating-failure

(2021) dans *Nature*. « L'interdiction d'une énergie bon marché et fiable dans les pays pauvres maintient les habitants dans la pauvreté. En mettant fin au financement des projets d'infrastructures énergétiques qui dépendent du gaz naturel, l'Union européenne et les États-Unis empêchent près de 600 millions d'Africains d'accéder enfin aux technologies agricoles modernes, à la réfrigération, aux transports, aux hôpitaux, au logement, aux écoles… »

Les sources d'énergie intermittente promues par les pays occidentaux nécessitent un approvisionnement énergétique de secours lorsque le soleil ne brille pas ou quand le vent ne souffle pas[1]. Elles ne peuvent fonctionner efficacement comme sources d'énergie autonomes. L'Europe a donc de plus en plus besoin du gaz naturel pour pallier les périodes anticycloniques sans vent ou soufflant insuffisamment. « L'énergie éolienne est très volatile » et l'Europe a besoin « d'une source stable, le nucléaire, et pendant la transition, bien sûr, le gaz naturel ». Cette déclaration du 22 octobre 2021, qui fait la promotion d'un gaz à effet de serre, est-elle le fait d'un climato-réaliste ? Pas du tout, la déclaration émane de la Présidente de la Commission européenne elle-même.

En effet, assez hypocritement vis-à-vis de la demande émanant de l'Afrique, et non sans réserves de certains[2], la Commission européenne a ouvert la voie à une labellisation du gaz naturel comme source d'énergie « verte ». L'exercice est surveillé de près en tant que première tentative majeure de créer un système d'étiquetage qui aidera à orienter des milliards

1. wattsupwiththat.com/2021/10/12/climate-change-cause-extreme-calm

2. www.lemonde.fr/planete/article/2022/02/02/malgre-les-protestations-la-commission-europeenne-accorde-un-label-vert-au-nucleaire-et-au-gaz_6112017_3244.html

d'euros d'investissements vers des produits financiers « verts ». En fait, Bruxelles a été forcé de réviser ses propositions après que des gouvernements de l'Union Européenne ont rejeté son premier texte qui excluait le gaz et l'énergie nucléaire. En d'autres termes, la législation européenne en reconnaissant « vert » une énergie fossile apparait en parfaite contradiction avec le principe même de la transition énergétique prônée… du moins pour son propre bénéfice, mais pas pour celui de l'Afrique… Autre conséquence : le prix du gaz s'envole – augmentation antérieure à l'invasion de l'Ukraine, précisons-le – relançant le coût de la vie, l'inflation, vraisemblablement à terme les taux d'intérêts et avec eux la charge de la dette.

Avec une production de 12 millions de barils de pétrole par jour en 2021, les États-Unis restent premier producteur mondial devant la Russie et l'Arabie Saoudite[1]. Après la baisse momentanée due aux confinements, à la moindre activité économique et à la chute du transport aérien pendant la pandémie COVID-19, la Figure 6.2 montre l'envolée récente des exportations de gaz naturel liquéfié vers le monde entier et en particulier l'Asie, plus récemment vers l'Europe, qui ont repris de plus belle.

Décidemment, Union Européenne et États-Unis rivalisent dans l'application de l'adage « faites ce que je dis, pas ce que je fais »…

Si les pays responsables d'un quart des émissions s'obstinaient à décarboner prématurément – la suite du Chapitre examinera comment – quel serait l'impact climatique d'ici

1. wattsupwiththat.com/2022/01/24/weekly-climate-and-energy-news-roundup-488/

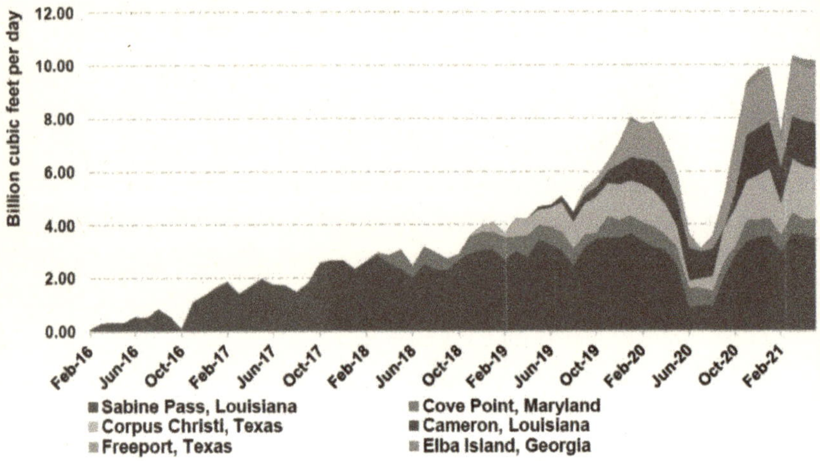

Fig. 6.2 – Record récent d'exportations de gaz naturel liquéfié en provenance des États-Unis principalement à destination de l'Asie. Source : www.energy.gov/fe/articles/lng-monthly-2021

2050, année déclarée de l'objectif? Au rythme d'émissions mondiales actuelles, le Tableau 1.2 évalue d'ici le milieu du siècle un réchauffement de 0,14°C. L'impact serait ainsi d'un quart de ce chiffre si la décarbonation des pays occidentaux engagée était immédiate mais elle serait évidemment progressive. Simulons cette progressivité de façon aussi simple que possible. Une diminution de 10 % tous les trois ans conduisant à 100 % sur 30 ans, revient à appliquer un facteur 0,5. Ce serait donc de l'ordre de (0,14°C/4) × 0,5 = 0,0175°C que les adeptes de la neutralité carbone d'ici 2050 éviteraient à la Terre de se réchauffer. *L'impact de la France pour sa part serait d'un demi-millième de degré…*

On a le droit de multiplier ce chiffre par deux si l'on préfère retenir les estimations du GIEC. Pour reprendre l'alarmisme du titre d'un article saluant la sortie du rapport du Groupe II du GIEC[1], le qualificatif de « vertigineux » est-il pertinent s'agissant de millièmes de degré ? La plaisanterie aurait un goût saumâtre car pour atteindre la neutralité carbone d'un quart des pays émetteurs d'ici 2050, le coût en serait inimaginable non seulement en termes financiers mais aussi en termes de dommages à l'environnement comme le paragraphe intitulé « Vous avez dit propre ? » s'attachera à le préciser.

Crédits carbone et malus automobile

A l'instar de ce qui est déjà appliqué en France avec le malus sur les véhicules les plus consommateurs de carburant, malus qui se durcit au fil des ans, plus de dix États américains exigent que les constructeurs automobiles vendent un certain pourcentage de véhicules électriques d'ici 2025. S'ils ne le peuvent pas, les constructeurs automobiles doivent acheter l'équivalent de crédits carbone à un autre constructeur automobile qui répond à ces exigences, comme Tesla, qui vend exclusivement des voitures électriques. C'est une activité lucrative pour Tesla[2].

Le système d'échange de crédits carbone de l'Union Européenne est le plus ancien et le plus grand marché du carbone au monde. Il se définit lui-même comme la pierre angulaire de la politique européenne de lutte contre le changement climatique et son outil clé pour réduire les émissions. Un plafond est fixé sur la quantité totale autorisée à être émise. Le plafond est réduit au fil du temps de sorte que les émissions sont

1. www.lemonde.fr/planete/article/2022/02/28/climat-le-giec-previent-des-vertigineuses-consequences-d-un-monde-toujours-plus-chaud_6115555_3244.html

2. www.ctvnews.ca/business/tesla-s-dirty-little-secret-its-net-profit-doesn-t-come-from-selling-cars-1.5289810

condamnées à diminuer. Les entreprises reçoivent ou achètent des quotas d'émission, qu'elles peuvent échanger entre elles selon leurs besoins. Chaque année, une entreprise doit justifier de suffisamment de crédits pour compenser ses émissions, faute de quoi sont infligées de lourdes amendes. Si une entreprise réduit ses émissions, elle peut conserver les quotas inutilisés pour couvrir ses besoins futurs ou bien les revendre à une autre entreprise qui a besoin de crédits. Le cours du carbone résulte de la loi de l'offre et de la demande. Comme le plafond est régulièrement réduit, le cours du carbone monte rapidement. De fait, son prix est passé de 3,6 euros en 2013 à 90 euros début 2022[1]. Belle envolée illustrant les opportunités spéculatives.

Début 2021, le Parlement européen a approuvé le principe de la création d'une taxe carbone aux frontières prévue pour protéger les entreprises de l'Union Européenne contre les importations moins chères en provenance de pays aux politiques climatiques moins exigeantes. L'administration américaine a fait savoir son inquiétude face à un tel protectionnisme, dénonçant son impact potentiellement dévastateur sur le commerce mondial. La Chine dénonce également la taxe aux frontières[2]. Les pays BASIC, Brésil, Afrique du Sud, Inde et Chine, se sont opposés à cette décision, déclarant qu'une telle barrière commerciale serait non seulement discriminatoire mais également contraire aux principes d'équité. Sachant trop bien que la Chine, l'Inde et une grande partie des pays en voie de développement riposteraient en taxant les produits européens, l'Union européenne peut-elle vraiment se permettre d'instaurer une taxe carbone aux frontières ?

1. ember-climate.org/data/carbon-price-viewer
2. www.politico.eu/article/chinas-xi-seeks-macron-merkel-climate-change-co2-cop26-emisions

Comme le montre l'exemple de Tesla, les voitures électriques se développent marginalement pour de vraies raisons énergétiques, puisque leur marché était quasi inexistant jusqu'à présent, mais essentiellement en surfant sur les réglementations héritées des objectifs de l'Accord de Paris. Il ne s'agit pas à proprement parler d'une politique énergétique tirée par le marché comme le fiasco parisien d'*autolib* l'a illustré, mais d'une politique iatrogène, avec le problème majeur que le prétexte climatique au moins dans son scénario le plus catastrophique est infondé comme le montre le Tableau 1.2 et technologiquement inatteignable d'ici le milieu du siècle comme le montre le Chapitre 5. Pire, tant qu'il resterait limité à un quart des émetteurs, il n'aura d'impact ni significatif, ni même mesurable sur la température de la Terre.

Une raison valable pour une transition énergétique serait une alerte sur la fin des ressources fossiles. Les réserves connues sont de l'ordre de 1 120 000 millions de tonnes équivalent pétrole (mtep)[1]. En 2019, le monde a consommé 11 700 mtep. A ce rythme de consommation, les réserves paraissent suffisantes pour un siècle. Il n'y a donc pas d'urgence énergétique.

« Sur la base de l'histoire des transitions énergétiques passées, de l'ampleur sans précédent du changement en cours, des limites des voies alternatives et des besoins énergétiques énormes et immédiats de milliards de personnes dans les pays en voie de développement, le verdict est sans appel. Concevoir des feuilles de route hypothétiques décrivant l'élimination complète du carbone fossile de l'approvisionnement énergétique mondial d'ici 2050 n'est autre qu'un rêve qui ignore les réalités physiques

1. www.bp.com/content/dam/bp/business-sites/en/global/corporate/pdfs/energy-economics/statistical-review/bp-stats-review-2021-full-report.pdf

fondamentales [...] De telles affirmations sont tout simplement trop extrêmes pour être défendables. La décarbonation complète de l'approvisionnement énergétique mondial sera une entreprise extrêmement difficile d'une ampleur et d'une complexité sans précédent qui ne pourra être atteinte en quelques décennies même dans le cas d'un engagement volontariste et extraordinairement coûteux » (Smil 2019).

S'il est une urgence, c'est celle de continuer à développer la recherche et l'innovation. Car quelles seraient les alternatives avec les connaissances actuelles ? La décroissance ? Le malthusianisme ? L'efficacité énergétique ? Le nucléaire de quatrième génération ? La fusion thermonucléaire contrôlée ? L'hydrogène ?

Les illusions de la décroissance

La précarité énergétique est préjudiciable à la santé publique (Pan *et al* 2021). A l'inverse, l'espérance de vie croit avec l'accès à l'électricité (Fig. 6.3).

La croissance économique est liée à l'abondance de la main-d'œuvre et à la croissance de la productivité, la production par heure travaillée. Il est théoriquement possible de tabler sur une croissance économique illimitée sur une planète finie grâce à l'augmentation de la productivité. Une idée pernicieuse mais néanmoins en vogue est que les sociétés devraient volontairement arrêter leur croissance économique. Puisque la croissance est corrélée à un chômage faible, le chômage étant synonyme de pauvreté, est-ce vraiment la meilleure idée du siècle ? Le chômage risque de provoquer ou d'accélérer la dépression, la toxicomanie, l'abus d'alcool, la violence domestique. Une deuxième idée fausse est que la croissance nécessite

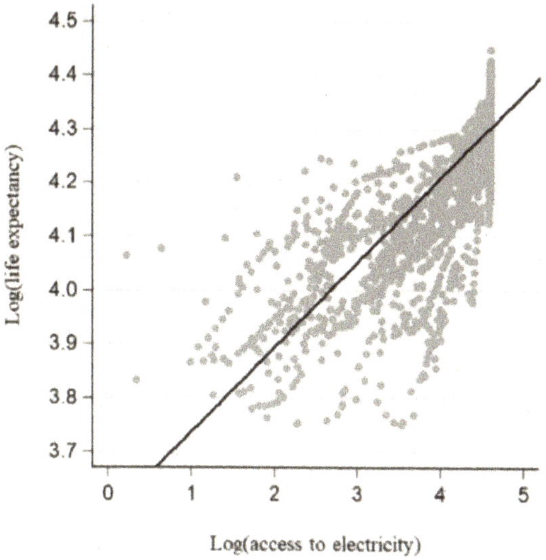

Fig. 6.3 – Augmentation de l'espérance de vie avec l'accès à l'électricité (Pan *et al* 2021).

de recourir à toujours plus de ressources. En fait, une croissance économique saine consiste à faire plus avec moins, en développant l'efficacité. Au cours des dernières décennies, l'extraction de nombreuses ressources naturelles est restée constante voire a diminué. A l'inverse, la transition énergétique vers le tout électrique serait un consommateur gargantuesque de ressources naturelles.

La demande se déplace des biens vers les services, y compris de plus en plus souvent en ligne. L'innovation permet une utilisation plus efficace des ressources. Les efforts en faveur de la santé, la lutte contre les inégalités, la place accordée aux loisirs sont également des moteurs de croissance.

Il existe une autre raison importante de poursuivre la croissance économique : les pays en développement en ont besoin.

Ils manquent souvent d'eau courante, d'électricité, du moins d'électricité non soumise à de fréquentes coupures intempestives, de logements décents, de soins, de transports efficaces et de quantité d'autres choses que les habitants des pays développés tiennent pour acquis. Leur permettre d'atteindre un bien-être minimal peut contribuer à limiter la démographie.

Selon des économistes[1], pour parvenir à la neutralité carbone d'ici 2050, une solution est de réduire le PIB, autrement dit d'instaurer la décroissance, donc de frapper le niveau de vie. Effectivement, la Figure 6.4 confirme la corrélation entre PIB par habitant et émissions de CO_2 par habitant.

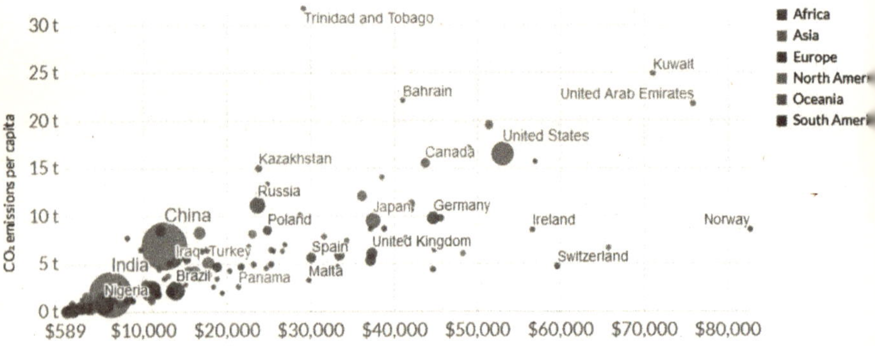

Fig. 6.4 – Corrélation entre PIB par habitant et émissions de CO_2 par habitant (reproduit de *ourworldindata.org*).

Une diminution contrainte et forcée de l'empreinte carbone, et donc d'un niveau de vie encore trop faible, continuera vraisemblablement à être rejetée par les pays en voie de développement, qui veulent au contraire l'améliorer. Serait-elle pour

1. www.lepoint.fr/invites-du-point/patrick-artus/artus-transition-energetique-une-baisse-du-niveau-de-vie-ineluctable-22-01-2022-2461535_1448.php

autant accueillie avec bienveillance dans les pays plus aisés ? Rien n'est moins sûr, car en présence d'inégalités flagrantes, les plus démunis continueront à vouloir améliorer un sort trop peu enviable.

Si certains pays décidaient d'accélérer la lutte contre l'empreinte carbone, on peut douter que cela soit profitable à tous les autres. Et surtout, la transition énergétique est en contradiction flagrante avec toute velléité de décroissance car elle nécessiterait des investissements à la puissance dix.

Jobs verts ? – Dans quelle mesure la croissance économique « verte » favorise-t-elle l'emploi « vert » ? Intéressons-nous aux réponses du *Bureau américain des statistiques du travail* (BLS). L'industrie de l'entretien des fosses septiques et des toilettes publiques compte 33 fois plus d'emplois « verts » que les emplois dans l'électricité solaire. Le BLS a admis qu'il ne pouvait identifier que 854 700 emplois « verts » dans un pays de 330 millions d'habitants, soit 0,26 %, y compris en comptant les concierges. Les sidérurgistes ont-ils les emplois industriels les plus « verts » ? Oui, si l'on intègre qu'une partie de l'acier est utilisée dans la fabrication des éoliennes... Viennent ensuite les chauffeurs de bus, les éboueurs et les employés des magasins de friperie. L'industrie nucléaire représente plus de 80 % des 44 000 emplois « verts » des services publics d'électricité. Il y avait cinq fois plus d'emplois « verts » chez les avocats des groupes écologistes que dans les énergies intermittentes[1]. « No comment » comme disent nos amis anglo-saxons...

1. wattsupwiththat.com/2021/02/22/the-myth-and-phony-math-of-green-jobs/

Malthusianisme ?

La population mondiale augmente d'environ 10 % par décennie, soit près de l'équivalent de la population de l'Union européenne. Une diminution de la population mondiale entraînerait vraisemblablement une diminution des besoins en énergie. Certains militants n'hésitent pas à promouvoir une politique d'un enfant en moins voire de ne pas avoir d'enfant du tout considéré comme le moyen le plus efficace pour diminuer sa propre empreinte carbone. Limité à quelques pays occidentaux, l'impact resterait dérisoire.

La politique chinoise de l'enfant unique faisait partie d'un programme visant à contrôler l'augmentation de la population. Introduit en 1979, il a fixé une limite au nombre de naissances pour chaque couple. Mais en 2016, le gouvernement a aboli la politique de l'enfant unique. La Chine s'est rendu compte qu'elle avait trop d'hommes, trop de personnes âgées et trop peu de jeunes, ce qui a entraîné une grave crise démographique. Si les naissances ne reprennent pas, la main-d'œuvre serait considérablement réduite alors que la population est vieillissante (*Wikipedia*).

Grâce aux progrès de la contraception, l'humanité peut contrôler les naissances. Elle le fait plus ou moins, mais elle le fait, et partout dans le monde. Le pic de la population mondiale pourrait ainsi être atteint au cours de la seconde moitié de ce siècle.

Efficacité énergétique

Quelques exemples d'efficacité énergétique illustrent comment ont été réduites les consommations de combustibles fossiles sans perte d'efficacité et même avec des améliorations majeures dans de nombreux cas.

- Le smartphone de 2022 a la puissance de calcul et de capacité de stockage qu'un gros ordinateur de la fin des années soixante-dix mais avec une baisse considérable de sa consommation électrique propre. Ce développement fulgurant accompagné d'une appréciable réduction du prix par capacité de traitement de données est un extraordinaire exemple d'efficacité énergétique. Et la saga continue…
- La fibre optique a permis de multiplier l'efficacité de l'échange d'information sans surcoût énergétique
- Une voiture d'aujourd'hui à même poids et même puissance consomme nettement moins de carburant que son homologue des années 1950.
- Une pompe à chaleur divise par 3 à 5 l'énergie électrique nécessaire pour un même effet.
- La cogénération est l'utilisation dans le voisinage de la chaleur qui serait autrement perdue, donc gaspillée, produite par une centrale électrique ou autre infrastructure industrielle.
- Les diodes électroluminescentes, LED, réduisent la quantité d'énergie nécessaire pour atteindre le même éclairement comparé aux ampoules à incandescence traditionnelles. Toutefois, le bénéfice dépend de la latitude et de la saison car les ampoules à incandescence jouent un rôle de cogénération lorsque la température extérieure est plus fraiche qu'à l'intérieur du logement ou de l'établissement.

Plus généralement, les émissions mondiales de combustibles fossiles par unité de PIB ont diminué de 44 % entre 1965 et 2019, chiffre d'autant plus remarquable qu'intéressant car la tendance se prolonge à la baisse.

Vous avez dit « propre » ?

Géothermie – La température du centre de la Terre atteint plusieurs milliers de degrés. Elle est due à deux effets : la radioactivité naturelle source de la chaleur et surtout la trop faible conductivité thermique du magma difficilement capable de transmettre la chaleur jusqu'à la croute terrestre. La température augmente donc avec la profondeur, de l'ordre de 30°C par kilomètre dans les régions non volcaniques. La puissance limitée à 0,1 W/m^2 qui réussit à atteindre le sol est toutefois trop diffuse pour être récupérable. La géothermie est essentiellement exploitée dans les zones volcaniques où la croûte terrestre qui fait ailleurs office de couverture thermiquement isolante est percée et libère le magma. Le chauffage géothermique est utilisé dans des dizaines de pays, dans certains endroits comme Chaudes-Aigues (« eaux chaudes » en vieux français) depuis l'antiquité romaine. Parmi les pays générant plus de 15 % de leur électricité à partir de sources géothermiques figurent l'Islande, le Kenya, les Philippines ou la Nouvelle-Zélande. La plus grande capacité installée se trouve aux États-Unis mais elle ne représente que 0,3 % de la capacité électrique totale du pays. La géothermie produit moins de 1 % de la demande énergétique mondiale. L'une des raisons potentielles pour lesquelles cette fraction reste faible pourrait être la difficulté et le coût de la maintenance des installations. Les centrales électriques géothermiques ont une empreinte carbone estimée à 45 kg de CO_2 par MWh d'électricité produite. C'est évidemment moins que les centrales à charbon.

Hydroélectricité – Plus de la moitié de l'énergie renouvelable actuelle est produite par l'hydroélectricité. Elle est certes renouvelable mais loin d'être « verte » car les implantations sont préjudiciables à l'écosystème qui les entoure. L'hydroélectricité perturbe la faune et la végétation. Les barrages perturbent les cours d'eau naturels.

Le pompage/turbinage est une méthode pour stocker l'énergie. Tant que le lac de barrage n'est pas plein, on laisse l'eau s'y accumuler. On peut même y ajouter de l'eau pompée en aval. Pendant les périodes de forte demande d'électricité, l'eau stockée est libérée. Bien que l'opération de pompage ait un coût énergétique, le système reste intéressant en permettant de produire davantage d'électricité au moment où son prix est plus élevé. Le stockage est également intéressant dans les périodes où la production intermittente dépasse la demande. Cependant, si le lac de barrage est déjà à sa contenance maximale, le procédé devient inopérant. Par ailleurs, l'hydroélectricité ne fournit qu'environ 6 % de l'énergie mondiale, si bien que le potentiel de ce type de stockage ne peut rester qu'à la marge.

En 1975, la région du barrage de Banqiao a été gravement touchée par les pluies du typhon Niña. Le barrage de Banqiao et 61 autres barrages de la province se sont rompus. 85 600 personnes sont mortes directement des inondations et 145 000 autres lors des épidémies et de la famine qui ont suivi. 5 960 000 bâtiments ont été détruits et 11 millions de personnes sinistrées. La rupture des barrages de la région de Banqiao a été la plus grave de l'Histoire.

Biomasse – Selon l'Organisation mondiale de la santé (OMS)[1], environ trois milliards de personnes cuisinent dans des habitations mal ventilées avec des feux alimentés par de la

1. www.who.int/en/news-room/fact-sheets/detail/household-air-pollution-and-health

biomasse, bois, déjections animales et déchets agricoles. De ce fait, chaque année, près de quatre millions de personnes meurent prématurément de maladies attribuables à la pollution de l'air intérieur par les fumées de biomasse. Elles sont cause de maladies telles qu'accidents vasculaires cérébraux, cardiopathies ischémiques, maladies pulmonaires obstructives chroniques et cancer du poumon. Près de la moitié des décès dus aux pneumonies chez les enfants de moins de 5 ans sont causés par des particules, de la suie, inhalées à cause de la pollution de l'air à l'intérieur de l'habitation. Brûler de la biomasse en extérieur est tout aussi polluant, mais le vent disperse la pollution. L'impact est donc moindre que lorsqu'elle est concentrée à l'intérieur de l'habitation.

Les émissions de CO_2 par quantité d'énergie produite à partir de granulés de bois sont doubles de celles du gaz naturel. Les granulés de bois proviennent principalement des États-Unis, du Canada et de l'Europe de l'Est où les arbres ont été coupés, réduits en pâte, pressés en granulés, séchés et expédiés en Europe où ils sont utilisés comme combustible dans des centrales électriques qui fonctionnaient antérieurement au charbon. Les zones exploitées peuvent être reboisées et recommencer à séquestrer du dioxyde de carbone, mais il faut attendre quelques années voire décennies après la plantation, ce qui entraine un déficit. La récolte du bois, le traitement et le séchage des granulés, puis son expédition à des milliers de kilomètres augmente encore l'empreinte carbone des granulés de bois.

Les superficies de cultures consacrées aux biocarburants, comme le maïs ou le soja, le sont au détriment de la production d'aliments pour les êtres humains ou le bétail. En revanche, la production de microalgues pour faire un carburant nécessite une surface beaucoup moins importante en raison de leur productivité plus élevée que toutes les autres cultures oléagineuses

(Milano *et al* 2016). Grâce à la lumière du soleil, un système à base d'algues recycle le CO_2 émis par une centrale électrique ou par une cimenterie pour produire un carburant. La recherche vise à réduire le coût de production jusqu'à devenir concurrentiel avec les combustibles fossiles dont le prix semble appelé à augmenter.

Capture du CO_2 – La plupart des projets de capture et de séquestration du carbone lancés au cours des trois dernières décennies se sont soldés par des échecs (Wang *et al* 2021). Chevron, par exemple, a annoncé avoir finalement réussi à séquestrer dans son usine Gorgon LNG cinq millions de tonnes de dioxyde de carbone grâce à son installation de capture et de stockage. Chevron a dépensé plus de 3 milliards de dollars pour construire l'installation, mais le résultat s'avère loin de l'objectif initial. Le captage et le stockage du carbone reste à l'heure actuelle un échec coûteux.

Par ailleurs, la minéralisation du CO_2 sous forme de carbonate de calcium, principal constituant du calcaire, est connue et pratiquée depuis l'Antiquité. La calcination du calcaire produit de l'oxyde de calcium, qui est lui-même suffisamment réactif pour absorber le CO_2 atmosphérique en formant du carbonate de calcium. Différents projets de séquestration en sont des variantes. Le principal problème est une question d'échelle. Il faudrait minéraliser 300 milliards de tonnes de CO_2 atmosphérique, soit un dixième du stock, pour commencer à avoir un impact mesurable sur le climat. Les deux plus grands sites industriels œuvrant en ce sens, l'un aux États-Unis, l'autre au Canada, ne stockent annuellement qu'un millionième de l'objectif. Serait-il vraiment bénéfique pour l'environnement d'installer des dizaines de milliers voire des centaines de milliers de stations de stockage suffisamment dimensionnées compte tenu de leurs nuisances inévitables, indépendamment du coût qui serait vraisemblablement prohibitif?

Une recherche en laboratoire transforme le CO_2 en carbone solide à partir d'un alliage liquide à base d'indium et de gallium (Zuraiqi *et al* 2022). Mais vu le cours de l'indium à 270 000 dollars la tonne et celui du gallium à 407 000 dollars, on peut oublier.

En revanche, n'oublions pas le bénéfice d'un tiers des émissions pour la croissance de la végétation et des plantes nutritives. Pourquoi s'en priver tant que le réchauffement d'ici 2050 reste cantonné dans les millièmes de degré. Même sur le plus long terme, les dixièmes de degré ne relèveraient nullement de la catastrophe.

Véhicules électriques et batteries lithium-ion – Le moteur diesel a longuement été encouragé par les pouvoirs publics avec un carburant un peu moins taxé parce que sa consommation est quelque 20 % inférieure à celle d'un moteur à essence. Diminuer les importations de carburant est toujours bon à prendre pour la balance commerciale. Un changement de politique brutale s'en est suivi lorsque le diesel a été accusé de pollution par les particules fines. Le problème est soluble en augmentant l'efficacité des filtres. Le freinage et le frottement des pneus sur la route émettent également des particules, et même davantage avec un véhicule électrique, plus lourd à cause du poids de sa batterie. Le métro a beau être électrique, les concentrations les plus élevées de particules fines de la capitale y sont rencontrées sur ses quais souterrains. En 2020, la fraction de véhicules électriques restait de l'ordre du pour cent. Les réglementations autoritaires qui visent la fin des véhicules à moteur thermique favorisent évidemment un développement rapide.

Selon l'Agence internationale de l'énergie (AIE), une voiture électrique nécessite deux fois plus de cuivre qu'une voiture conventionnelle. Le véhicule électrique nécessite des kilogrammes de lithium (15 kg pour une Tesla par exemple), de nickel (16 kg), de cobalt (10 kg), de graphite et de terres rares. Le nickel est par exemple extrait si le minerai en contient au moins 1,3 %, ce qui donne une idée du tonnage à traiter et de l'impact sur l'environnement. Fabriquer une voiture électrique nécessite deux fois plus d'énergie qu'une voiture conventionnelle. **Les batteries sont les coupables. Avec les technologies existantes, pour chaque kilowattheure (kWh), il en coûte 125 kg d'émissions de CO_2. La fabrication d'une batterie de 22 kWh a donc émis près de 3 tonnes de CO_2 avant même que le véhicule ait roulé. Le CO_2 émis au départ ne deviendra moindre que celui d'un véhicule à moteur thermique que si le véhicule parcourt 50 000 à 100 000 km, ce qui risque de ne pas être le cas s'il s'agit d'un second véhicule destiné à un usage essentiellement urbain. Un kilogramme de batterie permet de parcourir un kilomètre. Le même poids de carburant permet d'en parcourir 15 à 20 fois plus.**

L'origine « propre » ou non de l'électricité pour recharger la batterie dépend des pays. Si l'électricité a été produite à partir de fioul, de gaz ou de charbon, même partiellement, le véhicule électrique consomme indirectement de l'énergie fossile, d'autant plus du fait de son poids supérieur, le tout s'ajoutant à l'énergie plus élevée dépensée à la fabrication. Posséder une voiture électrique dans de telles conditions n'a pas grand sens en termes d'énergie décarbonée. Seulement si l'électricité est uniquement d'origine nucléaire, hydraulique, solaire, éolienne, les électrons peuvent être labellisés « verts »[1].

1. www.farmersweekly.co.za/agri-technology/motoring/electric-car-not-squeaky-clean

En conséquence, 171 scientifiques ont envoyé une lettre à la présidente de l'Union européenne soulignant que le CO_2 émis par les véhicules électriques en 2030 serait deux fois plus élevé qu'estimé initialement. Le chimiste japonais lauréat du prix Nobel et chercheur sur les batteries au lithium a alerté sur le recyclage les batteries qui relevait d'un problème environnemental urgent. Le recyclage après environ huit ans d'utilisation, voire moins, est inévitable, compliqué, énergivore et coûteux.

Selon Lomborg[1] s'appuyant sur les estimations de l'Agence Internationale de l'énergie, elle-même reprenant les ambitions de développement du parc de véhicules électriques annoncées par différents pays lors de la COP26, les émissions de CO_2 seraient réduites de 235 millions de tonnes d'ici 2030, dont 103 millions resteraient dans l'atmosphère. **Même en reprenant les chiffres du GIEC, les véhicules électriques éviteraient ainsi un réchauffement de (103/1 000 000) × 0,45°C = 0,000046°C. A ce rythme, on n'atteindrait même pas le millième de degré de réchauffement évité d'ici la fin du siècle. Tout ça pour ça…**

Les températures glaciales sont problématiques pour les véhicules électriques, surtout la nuit car la batterie doit alimenter le chauffage et l'éclairage, et l'efficacité de la batterie diminue avec la température de sorte que l'autonomie du véhicule chute rapidement. Lors de la vague de froid de l'hiver 2021, les bus électriques à Berlin ont dû être momentanément remplacés par des véhicules diesel.

---

1. www.dailymail.co.uk/news/article-10483317/Are-electric-cars-new-diesel-scandal-Expert-looks-future-road-travel.html

Hardman et Tal (2021) se sont interrogés sur les raisons pour lesquelles 20 % des propriétaires de voitures électriques en Californie, les revendaient pour revenir au moteur thermique. Ce sont des problèmes liés à la durée de la recharge qui expliquent leur revirement. Par ailleurs, les propriétaires se plaignent d'une augmentation des prix rapide dans des stations de recharge en Allemagne[1].

En termes de risques, la batterie d'un véhicule électrique n'est pas aussi sûre qu'on le croyait initialement. Les incendies impliquant des véhicules électriques et hybrides ou des bus équipés de batteries lithium-ion sont heureusement rares car encore peu répandus jusqu'à présent. Cependant, en cas d'incendie, il se révèle dramatique[2]. A Stuttgart, un énorme incendie a détruit une grande partie des bus en cours de chargement dans un dépôt. Les efforts des pompiers ont été totalement vains. En effet, le lithium, à l'instar du sodium, réagit violemment avec l'eau. Si la batterie d'un véhicule électrique ou hybride prend feu, l'extinction devient une affaire de longue haleine, causant des dommages importants aux infrastructures dans un espace clos. Les fumées d'un feu de lithium sont hautement toxiques, susceptibles de causer la mort ou des lésions cérébrales. Les risques d'incendie posés par les voitures électriques sont connus, à tel point que la ville bavaroise de Kulmbach par exemple interdit les véhicules électriques et hybrides dans les parkings souterrains[3]. L'incendie de batteries lithium-ion est également soupçonné d'être cause de certaines catastrophes

1. notrickszone.com/2022/02/23/shocking-surprise-at-munich-e-car-charging-stations-electricity-prices-to-surge-81-total-madness

2. notrickszone.com/2021/06/11/electric-bus-inferno-in-hanover-germany-explosive-fire-causes-millions-in-damages

3. wattsupwiththat.com/2021/04/18/horror-autopilot-tesla-crash-kills-two-30000-gallons-of-water-before-firefighters-gave-up

ou d'en avoir amplifié la gravité[1]. Le risque a obligé plusieurs constructeurs automobiles à rappeler leurs véhicules électriques[2]. Des recherches récentes ont permis d'améliorer la sécurité des batteries (Hayashi et Tatsumisago 2021).

Hydrogène – L'hydrogène est un gaz trop léger pour être retenu dans l'atmosphère par la gravité terrestre. Il doit être fabriqué, puis refroidi à – 253°C (20 K) pour être stocké sous forme liquide dans des conteneurs cryogéniques, ou comprimé dans des réservoirs à température ambiante. Le revêtement intérieur du réservoir doit éviter les fuites car l'hydrogène est une très petite molécule qui, comme l'hélium, fuit facilement.

Réagissant avec l'oxygène liquide, l'hydrogène liquide est le carburant de choix pour l'astronautique et le lancement de satellites. Le rendement est en effet le plus élevé rapporté à la masse de carburant. Pour propulser un véhicule ou un train à température ambiante, on utilise une pile à combustible où réagissent hydrogène et oxygène de l'air pour produire de l'électricité avec de l'eau liquide comme sous-produit. En ce sens, les véhicules à hydrogène entrent dans la catégorie des véhicules électriques. Faire le plein d'un véhicule à hydrogène ne prend pas plus de temps que de faire un plein d'essence.

Si l'hydrogène peut ainsi être utilisé comme vecteur énergétique, il faut préalablement le dissocier de l'oxygène d'une

1. wattsupwiththat.com/2022/03/04/climate-change-weekly-427-with-new-energy-technologies-beware-of-spontaneous-combustion

joannenova.com.au/2022/02/its-just-a-ship-full-of-luxury-cars-on-fire-and-no-one-can-put-out-the-lithium-batteries

2. www.thegwpf.com/growing-fire-risk-of-battery-cars-forces-gm-to-recall-its-electric-vehicles

www.thecourier.co.uk/fp/politics/scottish-politics/2650638/anger-as-generators-moved-across-scotland-to-power-electric-vehicles-carrying-vips-to-cop26 molécule d'eau par exemple. La recombinaison au sein de la pile à combustible génère moins d'énergie qu'il n'a fallu en dépenser pour le dissocier au préalable. La méthode habituelle de production d'hydrogène est le vaporeformage du méthane. Le procédé émet du CO_2. Il ne s'intègre donc nullement dans une logique de neutralité carbone. S'y ajoute l'empreinte carbone de la fabrication du véhicule. Ce serait la seule qui reste en lice si l'hydrogène était produit par électrolyse de l'eau. Toutefois, produire de l'hydrogène à partir d'eau liquide nécessite beaucoup plus d'énergie par électrolyse que par vaporeformage. L'eau doit préalablement être distillée, procédé coûteux en énergie. L'hydrogène produit par électrolyse de l'eau n'a aucune justification thermodynamique, raison pour laquelle personne n'a cru bon jusqu'à présent de se lancer dans un tel gaspillage d'énergie.

Du fait de sa différence d'électronégativité avec celle de l'oxygène de l'atmosphère, l'hydrogène est un élément dangereux. Il est 10 fois plus inflammable que l'essence et 20 fois plus explosif. Rappelons-nous la catastrophe du dirigeable *Hindenburg* gonflé à l'hydrogène.

Renouvelables intermittents (éolien et solaire) – Laissons à Stéphane Bern le soin d'alerter sur les dommages causés aux paysages et au patrimoine par l'implantation d'éoliennes. Même *Greenpeace Suisse* s'y est opposé pour préserver la beauté des paysages. Leur installation à grande échelle en Allemagne a mis en évidence que l'intermittence nécessitait l'apport d'une source pilotable et ce particulièrement en hiver quand la consommation électrique est maximale et les intermittents inopérants faute de vent et de soleil. Ne faisant plus confiance au nucléaire après l'accident de Fukushima, l'Allemagne a remis en service des centrales au charbon et, pire en termes de pollution, des centrales à lignite. Elle a construit nombre de centrales à gaz. On a vu fin 2021 les tensions sur le marché de l'énergie que cette politique allemande influenceuse de la politique européenne, a généré avec l'envolée des prix du gaz. Dans le projet de taxonomie de la Commission Européenne, le gaz est par magie devenu « vert » à l'instar du nucléaire.

Une alternative serait le stockage de l'électricité. Les limites du pompage/turbinage ont été évoqués dans le paragraphe sur l'hydroélectricité. Fabriquer de l'hydrogène en grande quantité présenterait un certain danger et bute sur les mauvais rendements thermodynamiques évoqués plus avant. Reste le stockage par batterie. Il se pratique par endroits mais dans des proportions qui restent infinitésimales par rapport à ce que seraient les besoins. En 2021, l'Europe était capable de stocker l'électricité durant un temps limité à 90 secondes[1]. Le développer supposerait un pillage démesuré des minerais d'éléments critiques, lithium, nickel, manganèse, cobalt, graphite, terres rares, qui causeraient à l'environnement des dommages très supérieurs à la continuation de l'exploitation des combustibles fossiles. Il générerait des conflits géopolitiques pour leur possession, conflits qui risqueraient d'exacerber l'envol des prix.

La fabrication de panneaux solaires photovoltaïques nécessite du carbone et beaucoup d'énergie fossile pour transformer le quartz en silicium de qualité électronique. Des années de production d'électricité par le panneau sont nécessaires pour rembourser l'énergie dépensée pour sa fabrication.

La construction et l'installation d'éoliennes nécessitent des centaines de tonnes d'acier, de béton, de fibre de verre, de cuivre, de terres rares comme néodyme et dysprosium utilisés dans les aimants permanents du générateur. Chacun a une

1. climatechangedispatch.com/lomborg-the-green-agenda-is-all-pain-for-little-gain

empreinte carbone. En particulier, la fabrication de l'acier nécessite la combustion de charbon dans des hauts fourneaux. L'extraction des métaux et des terres rares est énergivore. La fabrication du ciment pour le béton de scellement du mât de l'éolienne émet beaucoup de dioxyde de carbone.

La superficie nécessaire pour installer des énergies intermittentes est 150 à 500 fois plus grande que celle nécessaire à leurs homologues à combustibles fossiles ou nucléaires. L'artificialisation de grandes surfaces est préjudiciable à la biodiversité.

Dans des conditions de froid extrême, la demande d'électricité peut être extraordinairement élevée. Elle a requis une puissance de 100 000 Mégawatts en France en février 2018 par exemple. Pendant les longues nuits d'hiver, les panneaux solaires ne produisent pas d'électricité. Ils ne produisent pas non plus pendant la journée si le ciel est très nuageux ou si les panneaux sont recouverts de neige. Quatre millions d'Américains dans l'État le plus riche des USA en ressources énergétiques ont été privés d'électricité et de chauffage pendant des jours au beau milieu d'un hiver glacial en février 2021 (Figure 2.5). Pour ceux qui n'en étaient pas privés, les prix ont grimpé en flèche. Les éoliennes ont gelé dans le blizzard (Gao *et al* 2021). Le réseau électrique s'est écroulé. L'énergie intermittente peut être excédentaire à certains moments mais l'épisode confirme qu'elle peut faire défaut au moment où l'on en a le plus besoin. Même si le pays est couvert de panneaux solaires et d'éoliennes, ils ne servent strictement à rien durant les nuits sans vent. L'opérateur du réseau doit alors opérer des coupures pour éviter le blackout pour tous. En l'occurrence, ils n'ont pu éviter un blackout généralisé. Les régulateurs prévenaient depuis des années que le réseau devenait plus fragile à mesure du remplacement du charbon et du nucléaire par des renouvelables intermittents. Par ailleurs, les installations de distribution du gaz sont électrifiées. Une fois l'électricité coupée, le gaz n'a pu venir au secours du réseau défaillant. Par temps extrêmement froid, même au Texas, la dure réalité s'est rappelée aux bons souvenirs des réglementations environnementales qui sont apparues comme le risque numéro un pour la fiabilité du réseau électrique.

Les pays comme l'Allemagne qui ont beaucoup investi dans l'éolien rencontrent maintenant un problème de maintenance coûteuse. Les conséquences de l'épisode glacial américain illustrent à quel point notre monde est devenu fragile vis-à-vis des besoins en électricité. La perspective même d'une nation fondant sa sécurité énergétique sur des sources aléatoires, trop dépendantes de la météo, devrait apparaitre inquiétante aux yeux de toute personne sensée. Un marché de l'électricité ainsi fragilisé n'offrirait pour perspective qu'envol des prix, pénuries et précarité énergétique. Conserver un mix énergétique au lieu d'une transition vers le tout électrique est plus raisonnable et surtout plus sûr.

Une transition vers le tout électrique nécessiterait des milliards de tonnes d'acier, d'aluminium, de cuivre, de lithium provenant principalement du Chili, de nickel provenant principalement d'Indonésie, de cobalt provenant principalement du dur labeur des enfants au Congo,[1] de terres rares provenant principalement de Chine, de béton alors que l'industrie du ciment est un émetteur massif de CO_2, de plastiques et autres matériaux. Tout cela nécessiterait d'extraire et de traiter des centaines de milliards de tonnes de minerais et de minéraux, avec les problèmes de sécurité, de pollution de l'air et de l'eau inévitables. Les éventuelles futures lois sur l'écocide les sanctionneraient-elles ?

1. unctad.org/system/files/official-document/ditccom2019d5_en.pdf

L'Agence Internationale de l'Energie compare les sources de production d'électricité. Le gaz naturel nécessite le moins de minéraux, 1 100 kg de cuivre et 48 kg de chrome par mégawatt. Multipliez par environ 10 pour l'éolien offshore. Ajoutez des tonnes de nickel, de manganèse, de chrome, de molybdène, de zinc et de terres rares. Si l'on ajoute les milliers de tonnes de béton et d'acier dont l'énergie éolienne a besoin pour ses fondations, à l'impact énergétique et environnemental des opérations minières, l'énergie prétendument propre n'apparait plus sous son meilleur jour. Selon les estimations de l'Agence Internationale de l'Energie, le scénario nécessiterait une augmentation de la production d'ici 2040 de 42 fois pour le lithium, 25 fois pour le graphite et 21 fois pour le cobalt par rapport à ce qui a été extrait en 2019. En fin d'une chaîne comprenant une production d'énergie intermittente associée à un stockage par batterie, s'il se confirmait que générer un simple watt nécessiterait des dizaines de kilogrammes de matériau, alors que les méthodes conventionnelles actuelles génèrent un kilowatt par kilogramme de matériau, ce serait une régression considérable en terme de pillage des ressources naturelles.

Ce qui suit est le résumé de l'article publié par Atasu *et al*[1]. « L'énergie solaire est un marché en pleine croissance, ce qui devrait être une bonne nouvelle pour l'environnement. Malheureusement, il y a un hic. Le taux de remplacement des panneaux solaires est plus rapide que prévu et compte tenu des coûts de recyclage très élevés actuels, il existe un réel danger que tous les panneaux usagés aillent directement à la décharge ainsi que les éoliennes tout aussi difficiles à recycler ». L'éolien, les panneaux solaires, par définition exposés aux intempéries, ainsi que les

1. hbr.org/2021/06/the-dark-side-of-solar-power

batteries ont des durées de vie relativement courtes comparées aux centrales actuelles et aux véhicules à moteur thermique qui ont atteint leur apogée à force d'améliorations techniques successives et que l'on peut utiliser vingt ans et davantage encore. Eolien, solaire et batteries sont difficiles voire impossibles, du moins coûteux, à recycler en l'état actuel des connaissances. N'oublions pas non plus « l'effet rebond » ou « paradoxe de Jevons » qui pourrait diviser par deux les économies d'énergies espérées.

Rappelons également qu'un pourcentage du pétrole et du gaz n'est pas brûlé mais transformé. Le paragraphe mériterait un livre complet. Les dérivés du pétrole sont à la base de produits pharmaceutiques, des cosmétiques, des peintures, des fibres synthétiques, des engrais, des plastiques notamment pour les téléphones portables, les ordinateurs, les pales d'éoliennes, les films protecteurs de panneaux solaires, les barrières plastiques contre la propagation du coronavirus et les milliers d'autres produits fabriqués à partir du pétrole que l'éolien et le solaire resteront incapables de fabriquer.[1]

Coût des renouvelables intermittents comparé au nucléaire – Le soleil et le vent n'envoient pas de facture. Ce n'est pas gratuit pour autant. La Figure 6.5 montre le prix du kilowattheure payé par le consommateur européen en fonction du pourcentage d'intermittence (éolien + solaire) de l'électricité achetée.

Manheimer (2021) conclut son analyse du solaire et de l'éolien par : « Alors, que dire des affirmations selon lesquelles

1. wattsupwiththat.com/2021/04/09/cities-countries-and-economies-were-built-with-derivatives-from-oil-not-by-electricity

www.cfact.org/2021/12/18/decarbonization-cannot-manufacture-the-products-demanded-by-civilization/

l'énergie solaire et éolienne sont disponibles à l'infini, fiables, peu coûteuses et respectueuses de l'environnement. Cet article prouve de manière concluante qu'au moins jusqu'à présent, rien de tout cela n'est vrai », surtout si l'on ajoute le prix du gaz…

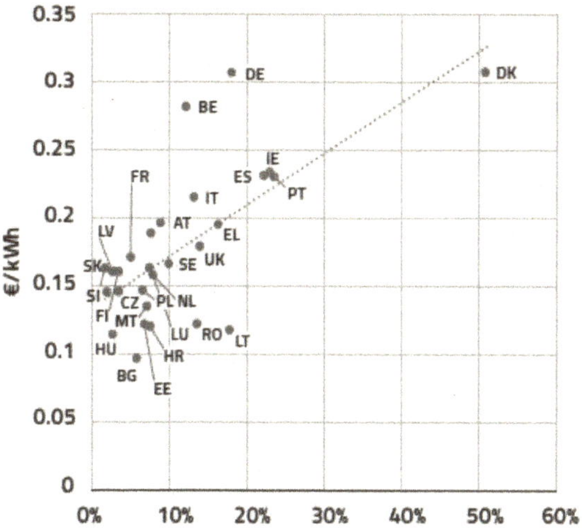

Fig. 6.5 – Prix payé par le consommateur européen en fonction du pourcentage d'intermittence (éolien + solaire) de l'électricité fournie (Brower et Bergkamp 2021, d'après le cours de Furfari 2019).
Pour être complet, il faut comparer la courbe croissante de la Figure 6.5 à la platitude de la Figure 6.6 où c'est cette fois le pourcentage d'énergie nucléaire qui est reporté en abscisse.

Les tempêtes révèlent la vulnérabilité du tout électrique – Les batteries, donc les véhicules électriques, et plus rarement les éoliennes n'apprécient pas un froid glacial. Par ailleurs, les media alarmistes nous répètent qu'il faut diminuer les émissions de CO_2 pour éviter les évènements météorologiques extrêmes. Ce présupposé ne résiste pas à l'examen car le temps qu'il fait est de nature intrinsèquement chaotique et l'influence humaine sur un mécanisme chaotique n'est pas pertinente par définition.

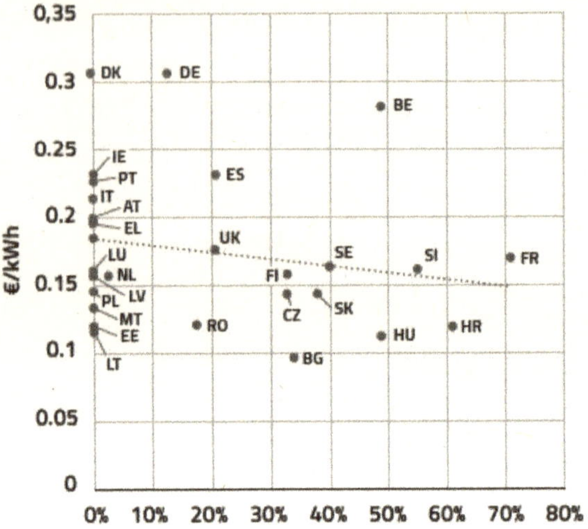

Fig. 6.6 – Prix payé par le consommateur européen en fonction du pourcentage de nucléaire dans l'électricité fournie (Brower et Bergkamp 2021, d'après de cours de Furfari 2019).
Le développement de l'énergie nucléaire est recommandé par le GIEC. Dans les conclusions de Brower et Bergkamp (2021), on lit : « La stratégie de neutralité climatique de l'UE à l'horizon 2050 implique un risque élevé d'échec [...] En termes d'exigences et de coûts, le nucléaire offre des avantages substantiels par rapport aux énergies renouvelables (éolien, solaire) ».

Mais oublions et allons jusqu'au bout de cette logique car une contradiction se fait jour. Les ouragans ont démontré que les véhicules électriques deviennent alors inutilisables. Les coupures de courant interdisent leur recharge. Les éoliennes doivent être arrêtées par vent trop fort. Sous les nuages et par fortes pluies, les panneaux solaires ne sont guère d'utilité. Des fermes solaires ont été soufflées par des ouragans. À l'inverse, les centrales nucléaires sont construites pour résister aux intempéries, tandis que les petites unités comme les panneaux solaires et les éoliennes sont exposées par définition. Si les équipes de secours à propulsion électrique avaient à recharger leurs véhicules alors que leur autonomie est limitée, elles seraient dans l'impossibilité de le faire sans électricité, éventuellement pendant plusieurs jours, sans parler des particuliers eux-mêmes immobilisés. Les véhicules à moteur thermique grâce à leur plus grande autonomie restent essentiels pour le sauvetage et l'intervention d'urgence.

Retour sur « l'ancien monde »

« L'optimum » médiéval a été une période un peu plus chaude que de nos jours.[1] Cette dénomination d'optimum a d'autres homologues dans l'Histoire, « Minoen », « Romain », pour les mêmes excellentes raisons. Les périodes plus froides sont décrites comme les « âges sombres ». A l'instar des précédents, le dernier « petit âge glaciaire » a été synonyme de famines. Avant l'ère industrielle, les sources d'énergie étaient le feu, les moulins à vent, les moulins à eau, la traction animale, les serfs et l'esclavage. L'arme de destruction massive était le feu. L'espérance de vie était plus courte qu'aujourd'hui à cause des travaux pénibles et du manque d'hygiène, de médicaments et de soins.

Les arts du feu ont peu à peu donné naissance à la civilisation moderne. Eclairage artificiel, céramique, métallurgie, mortiers de chaux puis de ciment, machine à vapeur, moteurs à combustion et à réaction, production d'électricité, toutes ces avancées aujourd'hui familières ont été intimement liées au feu, et donc à la production de gaz carbonique par la combustion du bois dans l'Antiquité puis celle du charbon, du gaz et du pétrole. Ce n'est probablement pas un hasard si le début de la révolution industrielle coïncide au milieu du dix-neuvième siècle avec l'abolition de l'esclavage, du moins au niveau des États.

1. www.researchgate.net/project/Mapping-the-Medieval-Climate-Anomaly

De nombreuses innovations sont intervenues : machine à vapeur, médicaments, en particulier les antiseptiques et les antibiotiques, les produits phytosanitaires – on ne voit pas pourquoi on soignerait uniquement les gens et les animaux mais pas les plantes qui en ont tout autant besoin – les engrais, le plastique, décrié mais des plus utile par exemple comme barrière à la propagation d'une pandémie, l'électricité puis l'électronique, l'informatique, la radio puis la télévision, le téléphone puis le smartphone, toutes les nouvelles technologies de l'information et de la communication, la bicyclette, la mobylette, la moto, l'automobile, l'avion, le nucléaire, etc.

Certaines de ces innovations ont pu bénéficier d'un petit coup de pouce étatique comme le nucléaire civil, retombée du nucléaire militaire en France, mais aucun système massif et durable de subventions complété d'interdictions autoritaires n'ont pris le pas sur le choix spontané des consommateurs et des entreprises. Avec l'instauration de la CEE (Communauté économique Charbon Acier), les pères fondateurs de l'Union Européenne avaient compris que l'avenir requerrait une énergie abondante et bon marché. N'est-il pas temps de revenir à ce principe en oubliant les énergies trop chères et inutilement décarbonées ?

Sans énergie abondante et bon marché, sans la méthode scientifique et les connaissances qu'elle a produites, l'homme n'aurait pas pu vaincre certaines maladies mortelles. En contrepoint a des milliers de morts prématurées hâtivement prophétisées, mais accompagnées de « probables » et de « possibles » dont certains médias restent friands, *scienceheroes.com* rappelle les 5,3 milliards de vies sauvées par une longue liste d'innovations scientifiques. « Possible » ne veut pas dire « probable » et encore moins « certain ». En vertu d'un principe de précaution trop souvent biaisé, tout changement serait-il à interdire comme potentiellement dangereux ? Certains semblent chercher à nous imposer un tel catéchisme. Il importe de continuer à fonder le raisonnement sur la science et la logique, non sur le sensationnalisme, la désinformation et la peur. **Il importe de rappeler les découvertes du vingtième siècle et le développement des technologies qu'elles ont permis. Il importe de les mettre en rapport avec le constat qu'il y a à peine plus d'un siècle, les maladies endémiques, la famine, des conditions de vie pénibles, une espérance de vie bien moindre, étaient la norme pour la majorité de nos ascendants. C'est grâce à eux que les pays aujourd'hui développés se sont extirpés de leur misère ancestrale. Dans cette continuité, des milliards d'êtres humains peuvent espérer accéder à une vie meilleure et plus longue.**

À l'inverse, des décennies de politiques s'autoqualifiant de « vertes » se sont montrées incapables ne serait-ce que de réduire les émissions mondiales de CO_2 (Figure 5.2). Et c'est tant mieux vu le bénéfice croissant pour la végétation et les plantes nutritives. Les ténors prétendent nous imposer d'en faire toujours davantage. Mais il est grand temps de réfléchir si en faire plus ne nous conduirait pas à une catastrophe économique avec une incidence dramatique sur le chômage, à la catastrophe financière en matière de dette publique si l'inflation repartait à la hausse, et à une régression majeure en terme de précarité énergétique, donc de pauvreté.

« Si le bien et le mal sont mesurés à l'aune du bien-être et du progrès », nous dit le philosophe Alex Epstein[1], « nous devons

1. www.forbes.com/sites/alexepstein/2016/02/18/at-ceraweek-fossil-fuel-leaders-should-make-a-moral-case-for-their-industry

conclure que l'exploitation des combustibles fossiles n'est pas un mal à réduire mais un bien supérieur à libérer. Pourquoi, alors, tant de personnes s'y opposent-elles ? [...] Nous n'avons pas besoin d'énergie verte, nous avons besoin d'une énergie *humanitaire* », propre à satisfaire les aspirations légitimes de l'Humanité dans son ensemble, sans se limiter à la fraction aisée minoritaire.

La vie sociale ne consiste pas à vivre seul, recroquevillé dans son coin avec au ventre la peur de tout et de n'importe quoi. La société suppose l'échange. L'économie est fondée sur l'échange. L'Humanité a besoin d'échanges. Les énergies fossiles ont considérablement favorisé les échanges.

Obsédé par ce qui ressemble à une sorte de haine de soi fondée sur un sentiment de culpabilité parfaitement déplacé, le monde occidental est tenté d'organiser sciemment sa précarité énergétique alors que c'est justement grâce à une énergie abondante et bon marché qu'il a pu se sortir du marasme au lendemain de la Seconde Guerre mondiale. Ce serait se tirer tout le magasin de l'arme non seulement dans le pied mais dans les deux pieds que de sacrifier la prospérité économique sur l'autel d'une transition énergétique prématurée qui risque de nous conduire à rien moins qu'une précarité généralisée.[1] Restreindre l'innovation du vingt-et-unième siècle en imposant des normes énergétiques excessives et scientifiquement infondées favorisera non seulement un hypocrite écoblanchiment mais obérera gravement son développement surtout s'il est mesuré à l'aune du formidable essor du siècle précédent.

---

1. judithcurry.com/2021/07/11/5-minutes
institut-thomas-more.org/wp-content/uploads/2021/10/ITM-Note51-202110.pdf

Les Nations Unies se sont montrées vertueuses lorsqu'il s'est agi d'œuvrer à prolonger l'espérance de vie en bonne santé, l'éducation et les droits de l'homme. En revanche, on ne pourra qualifier de vertueux de pousser à gaspiller 150 000 milliards de dollars pour prétendre réduire les émissions de CO_2 sans le moindre impact visible jusqu'à présent (Figure 5.2). Ne seraient-ils pas plus utiles pour lutter en particulier contre la pollution de l'air interne liée à la combustion de biomasse dans les habitations pauvres mal ventilés ? L'accès à l'électricité éventuellement d'origine fossile si elle est moins chère et/ou la cuisson avec du propane, certes gaz à effet de serre, éviterait 4 millions de morts chaque année et devrait à ce titre relever d'une priorité. *Poor people lives matter*[1].

Fission nucléaire et fusion thermonucléaire

Le 6 août 1945, un bombardier B29 américain lâcha une bombe nucléaire sur la ville d'Hiroshima, causant la mort de 140 000 personnes. Trois jours plus tard, une seconde frappa Nagasaki. Deux semaines plus tard, le Japon capitulait mettant fin à la Seconde Guerre Mondiale.

Le 11 mars 2011, un séisme de magnitude 9.0 inégalée auparavant frappa le Japon. Le séisme déclencha un puissant tsunami avec une vague ayant pu atteindre 40 mètres de hauteur qui s'est enfoncée 10 kilomètres à l'intérieur des terres. Le raz de marée a mis à mal le circuit électrique alimentant les pompes fournissant l'eau de refroidissement d'une centrale nucléaire. L'eau ne circulant plus s'est décomposée et a provoqué une accumulation d'hydrogène gazeux. Le gaz a explosé, soufflant

1. www.climato-realistes.fr/poor-people-lives-matter

successivement les toits de trois réacteurs. Le cœur de ces trois réacteurs a fondu. Les autorités ont ordonné l'évacuation de 160 000 personnes mais aucun décès direct dû aux rayonnements ionisants ne semble avoir été déploré.

L'accident de Tchernobyl en 1986 est la pire catastrophe nucléaire civile de l'Histoire. L'accident s'est produit lors d'un test de sécurité. Une combinaison de conditions instables et un système d'arrêt d'urgence trop lent et insuffisamment fiable ont provoqué une réaction en chaîne conduisant à la fusion du cœur du réacteur. L'eau des circuits de refroidissement a été décomposée en hydrogène qui a explosé. Comme il n'y avait pas d'enceinte de confinement, elle a entraîné la libération d'importantes quantités d'éléments radioactifs dans l'atmosphère. 134 membres du personnel de la station et des pompiers ont été hospitalisés pour un syndrome d'irradiation. Certains sont décédées dans les jours ou les mois qui ont suivi.

Ces événements dramatiques entretiennent logiquement la peur du nucléaire. Et ce n'est pas la menace des ogives nucléaires et les captures de centrales nucléaires civiles lors de l'invasion de l'Ukraine qui est de nature à rassurer. Pour l'instant, le nombre total de décès dus aux accidents de centrales nucléaires civiles reste cependant très inférieur à celui lié aux ruptures de barrages. En particulier, celle de Banqiao et l'effondrement de 61 autres barrages à la suite d'un typhon en Chine en 1975 a touché 10 millions de personnes et inondé 30 villes avec un nombre de morts estimé de 26 000 à 240 000. L'énergie renouvelable la plus exploitée peut aussi être mortelle. Mère Nature ne s'est pas montrée très aimante avec ses enfants ni à Fukushima ni à Banquio.

Produire de l'électricité dans une centrale peut se faire selon trois principaux procédés. Le premier est celui utilisé depuis le milieu du vingtième siècle. Le deuxième a été développé mais abandonné, peut-être provisoirement. Le troisième ne fonctionne qu'au stade de la recherche. C'est peut-être aussi le plus prometteur.

1. La technologie utilisée depuis le milieu du vingtième siècle consiste à casser en deux un noyau de ^{235}U, le plus courant, par bombardement d'un neutron. Le neutron a lui-même été libéré par la fission des noyaux voisins. Si la masse critique est suffisante, la réaction en chaîne est explosive dans une arme. Elle doit être contrôlée dans un réacteur nucléaire par des absorbeurs de neutrons, des barres de graphite. La quantité d'énergie produite par un combustible nucléaire représente des millions de fois celle produite par une masse similaire de combustible fossile, faisant de la fission nucléaire une source d'énergie extrêmement dense par rapport aux combustibles fossiles et plus encore comparé aux énergies renouvelables. Toutefois ^{235}U n'est pas abondant dans le minerai d'uranium. Le noyau le plus abondant, 99 %, est ^{238}U. Mais il n'est pas fissile. De grandes quantités de ^{238}U radioactif et à durée de vie longue se trouvent dans les déchets de la réaction. Le stockage de ces déchets radioactifs est un problème récurrent.
2. Toutefois ^{238}U peut être transmuté en ^{239}Pu, fissile, par bombardement avec des neutrons rapides. Tout l'uranium est utilisé, évitant la grande majorité des déchets. Avec ce procédé, le stock d'anciens déchets de ^{238}U pourrait être recyclé. Au lieu d'être un problème, il deviendrait une ressource précieuse, capable d'assurer la production d'électricité pendant deux à trois milliers d'années. Une autre voie serait de fertiliser le thorium ^{232}Th par des neutrons rapides pour produire ^{233}U, fissile. Le thorium est relativement abondant sur Terre. Des prototypes de réacteurs de quatrième génération, comme *Superphénix* en France, ont été connectés au réseau. Mais, utilisant comme liquide caloporteur du sodium liquide, le réacteur a connu

des problèmes et a été fermé pour des raisons toutefois plus politiques que techniques. Aucun nouveau projet n'a encore dépassé le stade de la conception.

3. Le troisième procédé n'implique pas la fission mais la fusion thermonucléaire contrôlée. Quatre noyaux d'hydrogène ^{1}H accélérés à une vitesse suffisante pour que leur énergie cinétique permettre de vaincre leur répulsion électrostatique mutuelle, entrent en collision et fusionnent pour former un noyau d'hélium ^{4}He. La réaction crée encore plus d'énergie par masse de combustible que la fission. Cette réaction se produit dans les étoiles comme le soleil. Elle est la source de son énergie. La fusion du deutérium et du tritium est technologiquement privilégiée car elle délivre encore plus d'énergie. Deux technologies sont en cours de développement pour accélérer les protons, le deutérium ou le tritium : (i) le confinement magnétique dans un tokamak ou (ii) le confinement inertiel par une batterie de lasers CO_2 de puissance de l'ordre du mégajoule. Le réacteur thermonucléaire expérimental international (ITER) est en cours de construction dans le sud de la France. ITER a été conçu pour créer un plasma de 500 mégawatts pendant une vingtaine de minutes. La machine vise à démontrer, pour la première fois dans un réacteur à fusion, le principe de produire dix fois plus d'énergie qu'il n'en a fallu pour chauffer le plasma. Aucune réaction en chaîne ne peut se produire dans la fusion puisqu'il suffit de couper l'alimentation électrique du plasma pour arrêter instantanément la réaction.

Radioactivité – L'exposition annuelle moyenne de nos contemporains aux rayonnements ionisants est de 3 millisieverts (mSv). Elle est essentiellement naturelle par inhalation d'air, ingestion de nourriture et d'eau, rayonnement terrestre du sol, rayonnement cosmique de l'espace qui augmente avec l'altitude par exemple en montagne. Dans certaines régions du monde, comme Ramsar en Iran, Guarapari en Inde, l'exposition est beaucoup plus importante en particulier là où des roches émettent du radon. Des niveaux de rayonnement record ont atteint 131 mSv par an. Des analyses statistiques n'ont trouvé aucune corrélation claire entre ces doses et la santé des habitants. En raison de faibles doses d'uranium et de tritium ^{3}H dans l'eau que l'on boit, de potassium ^{40}K dans nos os, de carbone ^{14}C dans notre organisme, chaque être humain émet environ 10 000 becquerels définis comme la désintégration radioactive d'un radionucléide par seconde. Les installations nucléaires doivent contrôler et vérifier que l'exposition aux rayonnements ionisants ne dépasse pas l'exposition naturelle. Elle impacte en fait le public au niveau de seulement 0,2 microsievert, dix mille fois moins que la radioactivité naturelle.[1]

Densités d'énergie comparées

Il est instructif de comparer les densités d'énergie produites par les différentes technologies de « l'ancien monde » et de celui visant à la neutralité carbone. Le nucléaire dans sa technologie actuelle affiche une densité d'énergie de très loin la plus élevée, de l'ordre de 88 millions de mégajoules par kilogramme (MJ/kg), soit 24 millions de kWh/kg. La fusion thermonucléaire contrôlée permettrait en théorie une densité d'énergie 7 à 8 fois supérieure.[2]

Avec 40 kWh/kg, l'hydrogène est 600 000 fois moins intéressant que le nucléaire du point de vue de la densité d'énergie. Il reste cependant bien placé car cette valeur est trois

1. www.politico.eu/wp-content/uploads/2021/03/26/JRC-report_March-2021-clean-Copy-printed.pdf

2. notalotofpeopleknowthat.wordpress.com/2022/03/06/michael-kelly-exposes-the-implications-of-net-zero

fois supérieure à celle de l'essence, offrant un avantage net à l'un et à l'autre pour le stockage d'énergie autre que nucléaire. Le bois présente une densité d'énergie dix fois inférieure à celle de l'essence. Une batterie au plomb affiche une densité d'énergie quelque 300 fois inférieure à celle de l'essence. Elle est évidemment supérieure avec une batterie lithium-ion, de l'ordre de 0,2 kWh/kg, mais reste encore très inférieure à l'essence, limitant l'autonomie d'un véhicule sauf à augmenter considérablement le poids de sa batterie. Pour une éolienne, la chute est drastique. Ce n'est plus en kWh/kg que la densité d'énergie est évaluée, mais en Wh/kg.

Continuer à s'enferrer ?

L'apocalypse climatique attendra, une fois de plus – Hausse des températures, fonte des glaces, montée du niveau des océans, inondations, tempêtes, sécheresses, orages, incendies de forêt, pardon de se répéter mais autant de fléaux dont l'homme est présumé responsable via sa propre empreinte carbone. L'apocalypse nous est promis si nous n'atteignions pas la neutralité carbone selon une urgence déjà 26 fois répétée annuellement comme celle de la dernière chance. Quelle aubaine pour les revenus des psychologues.

Wikipedia liste 174 prédictions de fin du monde déjà échues[1]. Sans remonter à Thomas Malthus, il est pourtant difficile d'imaginer pire que l'horreur des deux guerres mondiales et son cortège d'exactions, de cruauté et de sadisme de la part de certains belligérants. On ne peut qu'inviter les éco-anxieux à relire l'Histoire. A leur décharge, ce n'est autre que le

1. en.wikipedia.org/wiki/List_of_dates_predicted_for_apocalyptic_events

Programme Environnemental des Nations Unies lui-même qui alimente l'anxiété[1].

Rode et Fishbeck (2021) identifient 79 prédictions formulées depuis 1970 par des chercheurs et des activistes qui prédisent des cataclysmes climatiques. 48 de ces prédictions apocalyptiques se sont avérées fausse. Les 31 autres ne sont pas encore arrivées à échéance mais gageons qu'elles se révèleront du même tonneau. L'apocalypse climatique[2] pourrait être révélateur pour les psychologues de la dystopie entre autoritarisme, voire tentation totalitaire, et peur millénariste chez les ténors de l'écologisme politique.

Etat d'urgence, perte de liberté, frein à la démocratie – Le Secrétaire général des Nations Unies a invité les dirigeants du monde entier à déclarer un état d'urgence pour au moins les trois prochaines décennies. **Atteindre rapidement la neutralité carbone nécessite de transformer presque tous les aspects de la société, en rendant « politique » tout ce qui concerne la vie courante. En déclarant l'état d'urgence climatique, un dirigeant autoritaire aurait toute latitude pour « justifier scientifiquement » ses décisions et les faire appliquer de toute urgence.** La prétendue urgence climatique tourne à l'hallucination collective, écartant tout ce qui permet de fonder raisonnement, questionnement, doute et scepticisme. La métaphore est celle d'une bombe à retardement et nous n'aurions plus que trois décennies pour la désamorcer, la planète entière se

1. wattsupwiththat.files.wordpress.com/2011/04/un_50million_11kap9climat.png

www.aei.org/carpe-diem/50-years-of-failed-doomsday-eco-pocalyptic-predictions-the-so-called-experts-are-0-50

dailyfriend.co.za/2021/03/19/how-climate-alarmists-fuel-climate-denial

2. wattsupwiththat.com/2014/04/02/the-big-list-of-failed-climate-predictions

mobilisant pour éviter une menace existentielle. Mais à partir du moment où l'aveuglement qui en résulte prétend légitimer des « états d'exception », c'est une autre menace existentielle en termes de perte de liberté et de frein à la démocratie qui se fait jour.

Pour les ultra-milliardaires, l'urgence déclarée est l'occasion idéale d'exercer une influence majeure sur les affaires mondiales. Pour les dirigeants autoritaires, l'urgence est le terrain d'action rêvé pour l'absolutisme et atteindre des objectifs totalitaires planifiés de longue date, justifiant leur caractère impitoyable en affirmant que la science est de leur côté. Les militants prétendent que le défi de la décarbonisation de l'économie mondiale est si urgent que rien d'autre n'a d'importance en comparaison. La déclaration elle-même est un exercice du pouvoir, s'appuyant sur l'autorité de la science pour déclarer un choix politique comme impartial, objectif et nécessaire[1]. Rappelons-nous toutefois l'expérience de Milgram.

Peurs et risques – Lorsque le risque n'est pas clair, lorsque les informations sur le niveau de risque restent incertaines, incomplètes, compliquées à évaluer, la tendance peut être à prendre des décisions autodestructrices qui créent et perpétuent une panique irrationnelle et une aversion excessive au risque[2].

Selon David Zaruk[3], « L'Europe souffre d'une épidémie qui affaiblit sa population, entraînant un malaise économique et détruisant sa culture d'innovation et son esprit d'entreprise. C'est ce qu'on appelle la « *précautionaria* », bien souvent mal

1. wealthofideas.substack.com/p/manufacturing-consent
2. www.aier.org/article/the-political-economy-of-mass-panic
3. risk-monger.com/2021/09/24/precautionaria-an-affluent-disease-spread-by-fear-and-ignorance

diagnostiquée. Elle a été la source d'un large éventail d'automutilations, de décisions irrationnelles et d'anxiété bien inutile. Aussi appelée aversion au risque, les personnes atteintes de *précautionaria* s'exposent à l'exploitation par des acteurs sans scrupules et des marchands de peur. Les personnes souffrant de *précautionaria* perçoivent souvent le monde à travers des scénarios apocalyptiques paranoïaques, expriment des réactions largement motivées par la peur face à des incertitudes irrationnelles et soutiennent que la meilleure mesure corrective (pour une situation sûre et sécurisée) est d'arrêter toutes les actions connexes (quelles qu'en soient les conséquences). Elles expriment une méfiance pathologique envers l'Humanité, la technologie et les solutions innovantes. Ces victimes aspirent souvent à des époques plus simples idéalisées dans le passé qui, combinés à une incapacité à percevoir correctement la réalité, conduisent au rejet volontaire de nombreuses grandes réalisations. Jusqu'à présent, la plupart des gens n'ont pas perçu la gravité de la *précautionaria*, une maladie qui se nourrit de la peur, de l'ignorance et de la désinformation ».

L'aversion au risque est devenue une arme de destruction massive de nos sociétés. Le principe de précaution est en fait un principe de suspicion. La peur du risque devient un risque lui-même. La peur se combat en l'affrontant. On n'aide pas nos contemporains contre les problèmes auxquels la société doit faire face en laissant croire que la vie est dénuée de risque. L'optimisme semble avoir disparu pour laisser place à un pessimisme ambiant, permanent, et au catastrophisme. C'est le résultat d'une perte de confiance en soi. La perte de nos valeurs fondatrices ancrées sur la rationalité est le vrai danger. Le rejet de l'humanisme et des valeurs des Lumières, de notre capacité à innover qui a permis une prospérité croissante, est une des causes de nos problèmes actuels.

Sur le plan énergétique, deux peurs semblent s'affronter. Le défi peut se résumer, au nom de la crainte du « dérèglement » climatique, à un soutien au nucléaire qui fournit une électricité contrôlable que l'éolien et le solaire intermittents ne peuvent fournir du moins en l'absence de gigantesques capacités de stockage d'électricité, et ce malgré la crainte des radiations et des accidents. Aujourd'hui, environ 440 centrales nucléaires fournissent 10 % de l'électricité mondiale. Les chiffres, cependant, varient considérablement selon les pays. La France, par exemple, tire les trois quarts de son électricité de la fracture des noyaux lourds, tandis que les États-Unis ne dépendent du nucléaire que pour environ 20 %. L'électricité représente environ un quart de l'énergie totale consommée. Même si le pourcentage a tendance à augmenter, il reste peu probable qu'il atteigne 100 % d'un claquement de doigt.

Une climatologie encore balbutiante n'appelle pas d'urgence politique – Benoît Rittaud est mathématicien et Président de l'Association des climato-réalistes. Il écrit[1] : « À quelques nuances près, la fuite en avant de certains scientifiques et militants sur la question s'apparente au phénomène que le psychosociologue Leon Festinger a appelé la dissonance cognitive : lorsque les faits observables contredisent une croyance, le prophète de malheur ne se remet pas en question mais développe au contraire un discours de plus en plus extrême et prosélyte. Les slogans deviennent des coquilles vides, assorties d'injures et de menaces contre les mécréants, en l'espèce désignés comme « trumpistes », « criminels » ou « négationnistes ». En affichant sa foi, chaque adepte renforce celle des autres. Tant pis si le discours perd toute attache avec le réel, l'essentiel étant la survie de la croyance ». Quant aux insultes, comme disait

1. Rittaud, B., *Le Spectacle du Monde*, n° 619, 10-15, 2019.

Guizot : « Les injures suivent la loi de la pesanteur. Elles n'ont de poids que si elles tombent de haut. » Il ajoutait : « Quant aux injures, aux calomnies, aux colères extérieures, on peut les multiplier, les entasser tant qu'on voudra, on ne les élèvera jamais au-dessus de mon dédain ».

Comme tout le monde, je croyais ce que disait le GIEC, récipiendaire du Prix Nobel de la paix en 2007 « pour ses efforts visant à accumuler et à diffuser de meilleures connaissances sur le changement climatique d'origine humaine et à jeter les bases des mesures nécessaires pour lutter contre ce changement ». Il n'y avait pas de raison d'en douter, du moins jusqu'à avoir eu la curiosité d'examiner le spectre infrarouge du CO_2 atmosphérique (Figure 1.6) et son absence surprenante dans le rapport AR4 qui m'avait mis la puce à l'oreille. Pour en avoir le cœur net, j'ai proposé ma candidature comme *expert reviewer* du rapport AR5. Dans la version préliminaire (*First Order Draft*) du rapport, le spectre infrarouge était toujours absent et j'ai recommandé son ajout. Dans la seconde version (*Second Order Draft*), il n'y figurait toujours pas et pas davantage dans le rapport final. Même chose dans les deux versions successives du rapport AR6 et le rapport final. Pourquoi cette dissimulation d'une donnée essentielle qui permet une évaluation quantitative immédiate de son rôle thermique (Annexe du Chapitre 1) ?

J'avais également recommandé d'ajouter une figure superposant l'évolution de la température et l'accroissement mensuel ou annuel du CO_2. Non seulement le GIEC n'a pas ajouté une telle figure (qui aurait été un équivalent de la Figure 3.6) mais dans la version finale du rapport AR5, il a moyenné sur 5 ans une des deux grandeurs pour gommer leur similitude. Je laisse au lecteur le soin de qualifier de tels agissements. Et le GIEC a continué à présenter des barres d'incertitudes considérables, de

1,5°C à 4,5°C pour la sensibilité climatique à l'équilibre, qui n'ont guère varié depuis le rapport Charney de 1979 au fil de ses six rapports. Dans son dernier livre[1], le Professeur Steven Koonin, modélisateur lui-même, confirme que la dernière génération de modèles climatiques donne des résultats encore plus incertains que les précédents. Non seulement la climatologie reste balbutiante, mais pour sa fraction qui ne se reconnait pas dans le Tableau 1.1 et qui a préféré verser dans la politique, l'attitude relève d'une arrogance dont les fondements mériteraient pour le moins d'être validés par le climat réel. Ce n'est pas le cas (Figure 1.3).

Directeur du *Earth System Science Center* à l'Université d'Alabama à Huntsville, le Professeur John Christy est un climatologue pionnier de la recherche sur les bases de données climatiques et les mesures satellitaires. Il a été à ce titre primé par la NASA. Il confirme[2] : « Notre compréhension du changement climatique est assez pauvre. En tout cas, cette compréhension n'est certainement pas assez solide, assez mature, pour soutenir des politiques de régulation ou de contrôle. Que certains experts persistent à refuser de voir cette fragilité est simplement stupéfiant, même si on peut comprendre, eu égard à la complexité du sujet, qu'il soit plus facile pour eux de l'ignorer et de s'en remettre à des déclarations simplistes ». Il ajoute : « Si un ingénieur construit un avion en affirmant qu'il peut voler 600 miles mais qu'au bout de 200 miles l'avion s'écrase, il ne dira pas : Hé, je ne me suis trompé que d'un facteur trois ! Personne ne dit ça. Un facteur trois est énorme dans un bilan énergétique ! C'est pourtant ce qu'on a avec les modèles climatiques ».

1. Koonin, S.E., *Unsettled: What Climate Science Tells Us, What it Doesn't, and Why It Matters*, Ed. BenBella Books, 2021.
2. Christy, J., *Le Spectacle du Monde*, n° 619, 26-28, 2019.

Le spectre infrarouge du CO_2 (Fig. 1.6) abaisse en dessous de 1°C la sensibilité climatique. Au rythme d'augmentation annuelle de l'ordre de 2 ppm de CO_2[1], sa contribution à la température de la Terre d'ici 2050 se situerait ainsi entre 0,1°C et 0,2°C. Autrement dit, le prétendu problème qualifié de gravissime n'est qu'une illusion construite de toutes pièces. On le fabrique et on l'entretient artificiellement en envoyant 30 000 personnes en discuter à Glasgow et ailleurs. Il serait temps d'une prise de conscience de nos 7,7 milliards de contemporains dont on retranchera ces 30 000 personnes qui semblent apprécier l'exercice au point de vouloir le prolonger.

Le Professeur Nils-Axel Mörner[2] écrivait : « Le catastrophisme du réchauffement climatique anthropique ne m'effraie pas le moins du monde. Ce qui me fait peur en revanche, c'est cette obligation d'obéissance, de croyance et de taxation [...] Sans aucun doute, l'inquisition a repris, et nous tous – et nous sommes des milliers et des milliers de scientifiques et de gens qui raisonnent tout à fait sainement – qui remettons en cause les déclarations du GIEC, nous sommes confrontés à des représailles. Le salut réside dans la science elle-même : la recherche de nouvelles solutions et la remise en cause des idées prétendument établies. N'écoutez pas les faux prophètes (Jér. 9:10), n'abandonnez jamais la liberté d'opinion et recherchez toujours de nouvelles corrélations. C'est le véritable esprit de la science créative ».

Dures réalités – Une inflation de termes apocalyptiques comme « urgence », « crise », « code rouge », « menace existentielle », pave le narratif afférant au prétendu « dérèglement climatique ». Aux portes de l'Union Européenne, avec ses immenses

1. Seulement 1,2 ppm de mars 2021 à mars 2022.
2. core.ac.uk/download/pdf/228084291.pdf

cortèges de réfugiés, ses exactions, d'importantes pertes en vies humaines, une survie au jour le jour plus que problématique pour ceux qui restent, une dévastation de logements, d'infrastructures et l'émergence d'une crise économique et financière mondiale aux dimensions encore inconnues, l'invasion russe de l'Ukraine montre dans toute son horreur à quoi ressemble pour de vrai une urgence, une crise et une menace existentielle. Bardé de ses ogives nucléaires, de missiles, d'avions, de chars, de troupes, le Président Poutine a déclaré son intention de remodeler à sa botte l'ordre post-guerre froide en Europe. Dans le cadre d'une transition vers le tout-électrique, peut-on raisonnablement imaginer que l'OTAN se préparerait à contrecarrer ses ambitions avec des chars électriques et des avions électriques ? Durant un conflit, on sait stocker le carburant avec plusieurs mois de réserves mais stocker l'électricité durant une aussi longue période reste impensable en l'état actuel des connaissances. Installerait-on une batterie de DCA ou de missiles sol-air au pied de chacune des milliers d'éoliennes, particulièrement exposées ? **Gageons que l'Allemagne qui a précipitamment décidé d'investir 100 milliards dans sa défense oubliera ses principes « vertueux » et n'hésitera pas un instant à s'armer avec des moyens grands consommateurs de carburants. Elle a investi des centaines de milliards dans les énergies intermittentes mais est devenue de ce fait excessivement dépendante au gaz russe, contribuant à en faire monter le prix avec un impact préoccupant sur l'ensemble de l'Union Européenne.** Confrontées à des coûts énergétiques élevés et croissants, de nombreuses entreprises allemandes, mais aussi françaises, voient leur existence menacée par la hausse des prix de l'énergie. Faut-il vraiment que la Commission européenne les menace davantage encore par son mécanisme de hausse inexorable du prix du carbone ? Qui plus est sans impact significatif sur le climat (Tableau 1.2).

En mars 2022, l'Europe versait *chaque jour* près de 700 millions d'euros à la Russie pour le prix de son gaz. Le traitement par l'Union Européenne de la prétendue urgence climatique, impliquant l'achat de gaz russe écoblanchi pour pallier les déficiences d'Eole, a financé l'invasion de l'Ukraine dans le cadre d'une stratégie planifiée de longue date, du moins indirectement[1]. La dure réalité fait mal.

Le site du *Global Warming Policy Forum* britannique, *Netzerowatch*[2], met en garde soulignant que la tragédie ukrainienne exige que le Royaume-Uni revitalise l'exploration pétrolière et gazière en mer du Nord et lance l'exploration du gaz de schiste[3] pour augmenter son indépendance énergétique et donc sa sécurité nationale.

Une Chine de plus en plus militarisée regarde l'Occident se désindustrialiser en rejetant des sources d'énergie fiables et bon marché – du moins jusqu'aux conséquences funestes de la politique de l'Union Européenne – dont parallèlement la Russie regorge. La Chine a jeté son dévolu entre autres sur le carbonate de lithium, indispensable aux batteries lithium-ion. Elle l'extrait au Tibet et tente d'en contrôler l'exploitation ailleurs dans le monde. Le prix du lithium a bondi de 437 % durant la seule année 2021.

---

1. atlantico.fr/article/decryptage/l-europe-dependante-du-gaz-russe-voila-pourquoi-il-est-plus-que-temps-de-faire-la-transparence-sur-le-financement-de-mouvements-ecologistes-par-la-russie-economie-environnement-allemagne-gaz-russe-gazoduc-nord-stream-2-guerre-en-ukraine-drieu-godefridi

www.contrepoints.org/2022/03/19/423600-l-europe-ecologiste-finance-poutine

atlantico.fr/article/decryptage/l-allemagne-ce-traitre-energetique-centrales-energie-russie-gaz-russe-petrole-hiver-guerre-en-ukraine-vladimir-poutine-samuel-furfari-loik-le-floch-prigent

2. www.netzerowatch.com/stop-funding-putins-war-boris

3. www.netzerowatch.com/former-head-of-mi6-calls-for-immediate-lifting-of-fracking-moratorium

www.netzerowatch.com/content/uploads/2022/03/Taking-Back-Control-Energy-Plan-.pdf

Si une transition énergétique devait s'imposer, ne devrait-elle pas privilégier une meilleure sécurité, pas l'affaiblir, et surtout ne pas risquer de conduire vers une précarité qui serait préjudiciable à (presque) tous et surtout aux plus démunis ? Et tout cela pour que le Royaume-Uni ou la France ne prenne pas le risque d'être traîné devant les tribunaux par les Organisations non gouvernementales pour soupçon de réchauffer la Planète d'un millième de degré d'ici 2050 ? Empêtrée dans trop de contradictions flagrantes, parions que la pyramide inversée ne pourra rester encore longtemps en équilibre sur sa pointe…

Résumons-nous. Souhaitons-nous œuvrer en bonne intelligence avec Dame Nature en faveur d'un verdissement de la Terre bon pour la biodiversité et favoriser la croissance de la végétation au bénéfice en particulier des plantes nutritives ? Ceci dans le contexte d'une augmentation de la population mondiale de 10 % par décennie ? Cet objectif « vert » au vrai sens du terme, est foncièrement contradictoire avec la limitation des émissions de CO_2 ou sa capture. Le motif invoqué pour sa diabolisation est « l'effet de serre », un terme impropre appliqué à l'atmosphère. **Au rythme d'émissions actuelles, le réchauffement évalué en reprenant les chiffres du rapport AR6 du GIEC, ne dépasserait pas d'ici 2050, année déclarée objectif de neutralité carbone, 0,06°C pour la fraction imputable au principal émetteur, la Chine, qui pourtant consomme la moitié du charbon mondial.** La France ne pourrait être tenue pour responsable que de 30 fois moins, 0,002°C d'ici 2050. Le GIEC surévalue ce réchauffement infinitésimal comme l'illustrent et le précisent plus de quatre mille publications dans des revues internationales à comité de lecture, s'inscrivant en faux contre le prétendu consensus. Expliquer les écarts aux moyennes de saison par une hausse de température trop faible pour être seulement détectable est dénué de sens. La météo dépend en réalité des gradients de pression atmosphérique, phénomène chaotique par définition. Ses fluctuations se sont toujours produites. Elles sont inévitables et continueront à se produire. Ce ne sont pas l'isolation des habitations ou les malus sur les véhicules automobiles qui changeront quoi que ce soit de mesurable à la température de la Terre et encore moins aux fluctuations des écarts de pression atmosphérique. Implanter des milliers d'éoliennes préjudiciables à la biodiversité comme toute autre artificialisation des sols, n'empêchera ni les inondations, ni les canicules, ni les feux de forêts.

La « grande remise à zéro économique » prônée continuerait à profiter financièrement à certains – on y vérifie là sa logique – mais pour quantité d'autres elle serait aussi coûteuse que douloureuse, cause de précarité énergétique et de pauvreté aggravée. Une transition énergétique prématurée principalement axée sur le « tout électrique » s'accompagnerait d'un pillage exacerbé des ressources minérales de la planète, source potentielle de conflits géopolitiques, et vu son ampleur, serait bien pire en termes de dommages causés à l'environnement que la poursuite de l'exploitation des forages existants. Le faux prétexte climatique est émaillé de contradictions flagrantes. Les trois quarts des émissions resteront le fait de pays qui privilégient leur développement et à ce titre continuent à avoir besoin des énergies fossiles comme ils l'ont fait savoir lors de la COP26. **Dans ces conditions, une marche forcée limitée à l'Union Européenne et à l'Amérique du Nord vers la neutralité carbone d'ici 2050, non seulement serait pratiquement irréalisable techniquement, mais aurait un impact sur la température de la Terre *limité à 1,5 à 2 centièmes de degré, dont seulement un demi-millième de degré relevant de la décarbonation de la France*, si elle devait se poursuivre. N'y aurait-il pas d'autres « urgences » autrement plus impérieuses ?**

Remerciements

Dans des conférences scientifiques internationales, j'ai bénéficié d'échanges fructueux avec certains des nombreux collègues cités dans cet essai :

geoethic.com/london-conference-2016 – La conférence était organisée par le Professeur Nix-Axel Mörner, auteur de plus de 650 articles publiés dans des revues internationales à comité de lecture, en particulier sur la hausse modeste du niveau des océans. Niklas nous a quitté fin 2020.

10e Conférence Internationale sur le Climat et l'énergie organisée par l'Institut Européen pour le climat et l'énergie (EIKE) à Berlin (2016)

www.eike-klima-energie.eu/11thconference à Düsseldorf (2017)

Basic Science of a Changing Climate, Université de Porto (2018) (www.portoconference2018.org)

Des sites internet animés par des collègues et des personnalités enthousiastes font partager leurs connaissances actualisées. Parmi une longue liste, c'est un plaisir de remercier tout particulièrement :

pensee-unique.fr et son créateur Jacques Duran, décédé, ancien Directeur de recherche au CNRS, ancien vice-président en charge de la recherche à l'Université Pierre et Marie Curie, ancien Directeur des Etudes de l'Ecole Supérieure de Physique et Chimie de Paris (ESPCI) auprès de Pierre-Gilles de Gennes

Le Professeur Ole Humlum – *www.climate4you.com*

Judith Curry, ancienne présidente de l'Ecole des sciences atmosphériques et de la Terre au Georgia Institute of Technology – *judithcurry.com*

Le Professeur Guus Berkhout qui avec Marcel Crok anime *clintel.org*

Dr Benny Peiser – *www.thegwpf.com* rebaptisé en 2021 *www.netzerowatch.com*

Pierre Gosselin et Kenneth Richards – *notrickszone.com*

Anthony Watts – *wattsupwiththat.com*

Michelle Stirling, *Communication Manager* de Friends of Science – *friendsofscience.org*

Association des climato-réalistes – *www.climato-realistes.fr*

Je remercie les équipes de la NOAA, du Hadley Center, UAH et RSS à l'origine des séries de données publiées en ligne et reprises dans ces analyses. Mon épouse, Directeur de Recherche retraitée du CNRS, Pascal Richet, Géophysicien à l'Institut de Physique du Globe de Paris, le docteur François Despert et Benoît Rittaud, directeur de la collection *Grandeur Nature*, ont relu et émis des critiques constructives sur une précédente version du manuscrit. Je leur en sais gré.

Déclaration d'absence de conflit d'intérêt. Je n'ai pas eu de relation professionnelle ou personnelle avec les entreprises qui fournissent les combustibles fossiles. En revanche, j'ai travaillé sans rémunération autre que mon traitement de Professeur des Universités avec des entreprises engagées dans le développement de l'efficacité énergétique comme le relate un ouvrage écrit à six mains (De Almeida-Didry *et al* 2020).

Références

Abbot, J., Marohasy, J., 2017. The application of machine learning for evaluating anthropogenic versus natural climate change. *Geo. Res. J.* **14**, 36-46.

Ai, S., et al, 2021. Years of life lost and life expectancy attributable to ambient temperature : a time series study in 93 Chinese cities. *Environment Res. Lett.* **16**, 064015.

Akasofu, S.I., 2010. On the recovery from the Little Ice Age. *Natural Science* **2**, 1211.

Akasofu, S.I., 2013. On the present halting of global warming. *Climate* **1**, 4.

Akasofu, S.I., Tanaka, H.L., 2021. On the importance of the natural components in climate change study : Temperature rise in the study of climate change. Phys & Astronomy Int. J. 5, 73-76.

Aldrin, M., Holden, M., Guttorp, P., Skeie, R.B., Myhre, G., Berntsen, T.K., 2012. Bayesian estimation of climate sensitivity based on a simple climate model fitted to observations of hemispheric temperatures and global ocean heat content. *Environmetrics* **23**, 253-271.

Alimonti, G., Mariani, L., Prodi, F., Ricci, R.A., 2022. A critical assessment of extreme events trends in times of global warming. *Eur. Phys. J. Plus* doi.org/10.1140/epjp/s13360-021-02243-9

Alekseev, G., *et al*, 2016. On assessment of the relationship between changes of sea ice extent and climate in the Arctic. *Int. J. Climatology* **36**, 3407-3412.

Allmendinger, T., 2016. The thermal behavior of gases under the influence of infrared radiation. *Int. J. Phys. Sci.* **11**, 183-206.

Allmendinger, T., 2017. A novel investigation about the thermal behavior of gases under the influence of IR-radition : a further argument against the greenhouse thesis. *J. Earth Science & Climatic Change* **8**, 1000393.

Allmendinger, T., 2018. The thermal radiation of the atmosphere and its role in the so-called greenhouse effect. *Atmospheric and Climate Sciences* **8**, 212-234.

AR5, 2013. Climate Change 2013: The Physical Science Basis. Contribution of Working Group I to the Fifth Assessment Report of the Intergovernmental Panel on Climate Change [Stocker, T.F. *et al* (eds.)]. Cambridge University Press, Cambridge, United Kingdom and New York, NY, USA.

AR6, 2021. Climate Change 2021: The Physical Science Basis. Contribution of Working Group I to the Sixth Assessment Report of the Intergovernmental Panel on Climate Change [Masson-Delmotte, V., *et al* (eds.)]. Cambridge University Press. In Press.

Armour, K. C. Energy budget constraints on climate sensitivity in light of inconstant climate feedbacks. *Nat. Clim. Change* **7**, 331-335 (2017).

Arrak, A., 2011. Arctic warming is not greenhouse warming. *Energy & Environment* doi.org/10.1260/0958-305X.22.8.1069

Artemieva, I.M., 2022. Antarctica ice sheet basal melting enhanced by high mantle heat. *Earth Sci. Rev.* 226, 103954.

Avakyan, S.V., 2013. The role of solar activity in global warming. *Herald of the Russian Academy of Sciences* 83, 275-285.

Balling, R.C., 1994. Interpreting the global temperature record. *Economic Affairs* **14**, 18-21.

Bar-On, Y.M., Phillips, R., Milo, R., 2018. The biomass distribution on Earth. *PNAS* doi.org/10.1073/pnas.1711842115

Barrett, J., Bellamy, D., Hug, H., 2006. On the sensitivity of the atmosphere to the doubling of the carbon dioxide concentration and on water vapor feedback. *Energy & Environment* **17**, 603.

Bellamy, D., Barrett, J., 2007. Climate stability: an inconvenient proof. *Civil Engineering* **160**, 66-72.

Bastin, J.F., *et al*, 2020. The extent of forest in dryland biomes. *Science* **356**, 635-638.

Bates, J.R., 2016. Estimating climate sensitivity using two-zone energy balance model. *Earth and Space Science* **3**, 207-225.

Beenstock, M., Reingewertz, Y., Paldor, N., 2012. Polynomial cointegration tests of anthropogenic impact on global warming. *Earth Syst. Dynam.* **3**, 173-188.

Bellassen, V., Viovy, N., Luyssaert, S., Le Marie, G., Schelhaas, M.-J., Ciais, P. 2011. Reconstruction and attribution of the carbon sink of European forests between 1950 and 2000. *Global Change Biology* **17**, 3274.

Bengtsson, L. & Schwartz, S. E. Determination of a lower bound on Earth's climate sensitivity. *Tellus B* **65,** 21533 (2013)

Bengtsson, O., Hamilton, C.D., Lydersen, C., Andersen, M., Kovacs, K.M., 2021. Distribution and habitat characteristics of pinnipeds and polar bears in the Svalbard Archipelago, 2005-2018. *Polar Research* **40**, 5326.

Berg, A., McColl, K.A., 2021. No projected global drylands under greenhouse warming. *Nature Climate Change* **11**, 331-337.

Berry, E.X., 2019. Human CO_2 emissions have little effect on atmospheric CO_2. *Int. J. Atmospheric & Oceanic Sci.* **3**, 13-26.

Boas, I., *et al*, 2019. Climate migration myths. *Nature Climate Change* **9**, 901-903.

Broccard, N., 2021. Analysis of trends in disaster risk. *Int. J. Disaster Risk Reduction* **53**, 101989.

Booth, R.J., 2018. On the influence of solar cycle lengths and carbon dioxide on global temperatures. *J. Atm. & Solar-Terrestrial Phys.* **173**, 96-108.

Boretti, A., 2021. Why the low-lying islands of the Pacific and Indian Oceans are expanding? *Arabian J. Geosciences* **14**, 2727.

Brouwer, K.M., Bergkamp, L., 2021. roadtoclimateneutrality.eu/Energy_English_Summary.pdf

Brown, J.H., (2013). Why are there so many species in the tropics. *J. Biogeogr.* **41**, 8 – 22.

Bryson, R.A., Dittberner, G.J., 1976. A non-equilibrium model of hemispheric mean surface temperature. *J. Atmospheric Sci.* **33**, 2094-2106.

Buesseler, K.O., Boyd, P.W., Black, E.E., Siegel, D.A., 2020. Metrics that matter for assessing the ocean biological carbon pump. *PNAS* **18**, 9679-9687.

Burkart, K.G., *et al*, 2021. Estimating the cause-specific relative risks of non-optimal temperature on daily mortality : a two-part modelling approach applied to the Global Burden of Disease Study. *The Lancet* **398**, 685-697.

Byrne, R.H., Mecking, S., Feely, R.A., Liu, X.W., 2010. Direct observations of basin-wide acidification of the North Atlantic Pacific Ocean. *Geophys. Res. Lett.* **37**, L02601.

Caillon, N., Severinghaus, J.P., Jouzel, J., Barnola, J.-M., Kang, J., Lipenkov, V., 2003. Timing of atmospheric CO_2 and Antarctic temperature change across termination III. *Science* **299**, 1728-1731.

Camenisch, C. *et al* 2016. The early Spörer Minimum – a period of extraordinary climate and socio-economic changes in Western and Central Europe. *Clim. Past Discuss.* doi : 10.5194/cp-2016-7

Carvalo, L.M.V., Tsonis, A.A., Jones, C., Rocha, H.R., Polito, P.S., 2007. Anti-persistence in the global temperature anomaly field. *Nonlin. Processes Geophys.* **14**, 723.

Cess, R.D., Udelhofen, P.M., 2003. Climate change during 1985-1999 : cloud interactions determined from satellite measurements. *Geophys. Res. Lett.* doi.org/10.1029/2002GL016128

Chambers, D.P., Merryfield, M.A., Nerem, R.S., 2012. Is there a 60-year oscillation in global mean sea-level ? *Geophys. Res. Lett.* **39**, L18607.

Cheng, L., *et al* 2017. Recent increases in terrestrial carbon uptake at little cost to the water cycle. *Nature Comm.* DOI : 10.1038/s41467-017-00114-5

Chen, P., Zhao, S., 2021. 1/4 to 1/3 of observed warming trends in China from 1980 to 2015 are attributed to land use changes. *Climatic Change* **164**, 59.

Chilingar, G.V., Sorokhtin, O.G., Khilyuk, L., Gorfunkel, M.V., 2008. Greenhouse gases and greenhouse effect. *Environmental Geology* **58**, 1207-1213.

Chilingar, G., Sorokhtin, O., Khilyuk, L., Liu, M., 2014. Do Increasing Contents of Methane and Carbon Dioxide in the Atmosphere Cause Global Warming? *Atmospheric and Climate Sciences*, **4**, 819-827.

Choi, Y.S., Cho, H., Ho, C. H., *et al* 2014. Influence of non-feedback variations of radiation on the determination of climate feedback. *Theor Appl Climatol* **115,** 355-364.

Choudhury, B., Kukla, G., 1979. Impact of CO_2 on cooling of snow and water surfaces. *Nature* **280**, 668-671.

Christy, J.R., Herman, B., Pielke Sr, R., Klotzback, P., McNider, R.T., Hnilo, J.J., Spencer, R.W., Chase, T., Douglass, D., 2010. What do observational datasets say about modeled tropospheric temperature trends since 1979? *Remote Sensing* **2**, 2148.

Church, J.A., White, N.J., 2011. Sea-level rise from the late 19th to the early 21st century. *Surveys in Geophysics* **32**, 585.

Chylek, P. *et al.* 2007. Limits on climate sensitivity derived from recent satellite and surface observations. *J. Geophys. Res.* **112,** D24S04.

Clark, R., 2010. A null hypothesis for CO_2. *Energy Environ.* doi.org/10.1260/0958-305X.21.4.171

Clark, R., 2013. A dynamic, coupled thermal reservoir approach to atmospheric energy transfer. Part I: Concepts. *Energy & Environment* **24**, 319-340.

Clark, T.D., *et al*, 2020. Ocean acidification does not impair the behaviour of caral reef fishes. *Nature* **577**, 3706375.

Clay, D.E., Carlson, G.C., Clay, S.A., Stone, J., Reitsma, K.D., Gelderman, R.H., 2012. Publication of the International Plant Nutrition Institute: Better Crops **96**, 20-22 www.ipni.net/publication/bettercrops.nsf/0/7626A849E-98D2AB106257A090060E697/$FILE/Better Crops 2012-2 p.20.pdf

Coe, D., Fabinski, W., Wiegleb, G., 2021. The impact of CO_2, H_2O and other "Greenhouse gases" on equilibrium Earth temperature. *Int. J. Atmospheric & Oceanic Sci.* **5**, 29-40.

Connolly, R. *et al*, 2021. How much sun has influenced Northern hemisphere temperature trends? An ongoing debate. *Res. Astronomy & Astrophysics*, **21**, 131.

Corsi, R.L., Torres, V.M., Sanders, M., Kinney, K.A., 2002. Carbon dioxide levels and dynamics in Schools : Results of the TESIAS study. *Proc. Indoor Air 2002* 74-79.

Courtillot, V., Le Mouël, J.L., Kossobokov, V., Gibert, D., Lopes, F., 2013. Multi-Decadal Trends of Global Surface Temperature : A Broken Line with Alternating ~30 yr Linear Segments ? *Atmospheric and Climate Sciences* **3**, 364.

Courtillot, V., Lopes, F., Le Mouël, J.F., 2021. On the prediction of solar cycles. *Solar Phys.* **296**, 21.

Curry, J.A., Webster, P.J., 2011. Climate Science and the uncertainty monster. *Bull. Am. Meteorological Soc.* DOI : 10.1175/ BAMS-D-10-3139.1

D'Aleo, J., Easterbrook, D.J., 2010. Multidecadal tendencies in Enso and global temperatures related to multidecadal oscillations. *Energy & Environment* **21**, 436.

Davis, W.J., 2017. The relationship between atmospheric carbon dioxide concentration and global temperature for the last 425 million years. *Climate* **5**, 76.

Davis, W.J., Taylor, P.J., Davis B., 2018. The Antarctic centennial oscillation : a natural paleoclimate cycle in the southern hemisphere that influences global temperature. *Climate* **6**, 3.

De Almeida-Didry, S., Autret, C., Gervais, F., 2020. Promising trends in materials for ceramic capacitors. Ed. Lambert Academic Publishing.

Delgado-Bonal, A., Marshak, A., Yang, Y., Holdaway, D., 2020. Analyzing changes in the complexity of climate in the last four decades using MERRA-2 radiation data. *Nature Scientific Reports* doi.org/10.1038/s41598-020-57917-8

Donchyts, G. *et al*, 2016. Earth surface water change over the past 30 years. *Nature Climate Change* **6**, 810-813

Donohoe, A., Armour, K. C., Pendergrass, A. G. & Battisti, 2014. D. S. Shortwave and longwave radiative contributions to global warming under increasing CO2. *Proc. Natl. Acad. Sci. USA* **111,** 16700 – 16705.

Donohue, R.J., *et al* 2013. Impact of CO_2 fertilization on maximum foliage cover across the globe's warm, arid environments. *Geophys. Res. Lett.* **40,** 3031-3035.

Douglass, D.H., Pearson, B.D., Singer, S.F., 2004. Altitude dependence of atmospheric temperature trends : Climate models versus observation. *Geophys. Res. Lett.* **31**, L13208.

Douglass, D.H., Christy, J.R., Pearson, B.D., Singer, S.F., 2008. A comparison of tropical temperature trends with model predictions. *Int. J. Climatology* **28**, 1693.

Drotos, G., Becker, T., Mauritsen, T., Stevens, B. 2020. Global variability in radiative-convective equilibrium with a slab ocean under a wide range of CO_2 concentrations. *Tellus* A doi.org/10.1080/16000870.2019.1699387

Dübal, H.-R., Vahrenholt, F., 2021. Radiative energy flux variation from 2001-2020. *Atmosphere* **12**, 1297

Dyson, F.J., 1977. Can we control the carbon dioxide in the atmosphere ? *Energy* **2**, 287-291.

Easterbrook, D.J., 2016. Evidence-based Climate Science, Chapter 9, Ed. Elsevier. doi.org/10.1016/B978-0-12-804588-6.00009-4

Eisenman, I., Schneider, T., Battisti, D., Bitz, C.M., 2011. Consistent Changes in the Sea Ice Seasonal Cycle in Response to Global Warming. *J. Climate* **24**, 5325-5335.

Ellis, R., Palmer, M., 2016. Modulation of ice ages via precession and dust-albedo feedbacks. *Geoscience Frontiers* 7, 891-909.

Essenhigh, R.E., (2009). Potential dependence of global warming on the residence time (RT) in the atmosphere of anthropogenically sourced CO_2. *Energy Fuel* **23**, 2773-2784.

Essex, C., Tsonis, A.A., 2018. Model falsifiability and climate slow modes. *Physica* A **502**, 554-562.

Evans, D.M.W., 2016. Correcting problems with the conventional basic calculation of climate sensitivity. Evidence-based climate science, Ed. Elsevier doi.org/10.1016/B978-0-12-804588-6.00020-3

Fang, J-Y., Zhu, J-L., Wang, S-P., Yue, C., Shen, H-H., 2011. Global warming, human-induced carbon emissions, and their uncertainties. *Science China Earth Sciences* **54**, 1458.

Fleming, R.J., 2018. An updated review about carbon dioxide and climate change. *Environmental Earth Sciences* DOI : 10.1007/s12665-018-7438-y

Fleming, R.J., 2020. The Rise and Fall of the Carbon Dioxide Theory of Climate Change, Ed. Springer Nature, ISBN-13: 978-3030168797

Florides, G.A., Christodoulides, P., 2009. Global warming and carbon dioxide through sciences. *Environment International* **35**, 390-401.

Ford, M.R., Kench, P.S., 2015. Multi-decadal shoreline changes in response to sea level rise in the Marshall Islands. *Anthropocene* **11**, 14-24.

Formetta, G., Feyen, L., 2019. Empirical evidence of declining global vulnerability to climate-related hazards. *Global Environmental Change* **57**, 101920.

Forest, C.E., Stone, P.H., Sokolov, A.P., 2006. Estimated PDFs of climate system properties including natural and anthropogenic forcings. *Geophys. Res. Lett.* 10.1029/2005GL023977

Forster, P. M. D. F. & Gregory, J. M. The climate sensitivity and its components diagnosed from Earth radiation budget data. *J. Clim.* **19,** 39 – 52 (2006).

Forster, P. M. *et al.* Recommendations for diagnosing effective radiative forcing from climate models for CMIP6. *J. Geophys. Res. Atmos.* **121,** 460 – 475 (2016).

Frame, D.J., Booth, B.B.B., Kettleborough, J.A., Stainforth, D.A., Gregory, J.M., Collins, M. Allen, M.R., 2005. Constrained climate forecasts : the role of prior assumptions. *Geophys. Res. Lett.* DOI : 10.1029/2004GL022241

Frederikse, T., *et al*, 2020. The causes of sea-level rise since 1900. *Nature* **584**, 393-397.

Friedlingstein, P., *et al*, 2006. Climate – Carbon Cycle Feedback Analysis : Results from the C^{4}MIP Model Intercomparison, *J. Climate* **19**, 3337-3353

Fu, Q., Manabe, S., Johanson, C.M., 2011. On the warming in the tropical upper troposphere : Models versus observations. *Geophys. Res. Lett.* **38**, L15704.

Fung, I.Y., Harrison, D.E., Lacis, A.A., 1984. On the variability of the net longwave radiation at the ocean surface. *Rev. Geophys.* **22**, 177-193.

Gao, X. *et al*, 2019. Detected global agricultural greening from satellite data. *Agricultural & Forest Meteorology* **276**, 107652.

Gao, L., Tao, T., Liu, Y., Hu, H., 2021. A field study of ice accretion and its effects on the power production of utility-scale wind turbines. *Renewable Energy* **167**, 917-928.

Gates, W.L., Cook, K.H., Schlesinger, M.E., 1981. Preliminary analysis of experiments on the climatic effects of increased CO_2 with an atmospheric general circulation model and a climatological ocean. *J. Geophys. Res.* **86**, 6385-6393.

Gerhart, L.M., Ward, J.K., 2010. Plant responses to low [CO_2] in the past. *New Phytologist* **188**, 674-695.

Gerlich, G., Tscheuschner, R.D., 2009. Falsification of the atmospheric CO2 greenhouse effect within the frame of physics. *Int. J. Modern Phys.* B **3**, 275-364

Gerlich, G., Tscheuschner, R.D., 2010. Reply to "Comment on falsification of the atmospheric CO2 greenhouse effect within the frame of physics" by Halpern *et al*. *Int J. Modern Phys.* B **4**, 1333-1359.

Gervais, F., 1983. High-Temperature infrared reflectivity spectroscopy by scanning interferometry. Chapter 7 of "Infrared and Millimeter Waves", Vol. 8, Ed. K.J. Button, *Academic Press*, 279-339.

Gervais, F., 2014. Tiny warming of residual anthropogenic CO_2. *Int. J. Modern Phys.* B 28, 1450095.

Gervais, F., 2016. Anthropogenic CO_2 warming challenged by 60-year cycle. *Earth-Science Reviews* **155**, 129-135.

Gervais, F., 2021. Climate sensitivity and carbon footprint. *Science of Climate Change* **1**, 70-97. doi.org/10.53234/scc202111/29

Gissing, A., Timms, M., Browning, S., Crompton, R., McAnemey, J., 2021. Compound natural disasters in Australia: a historical analysis. *Env. Hazards* doi.org/10.1080/17477891.2021.1932405

Glatzle, A., 2014. Severe methodological deficiencies associated with claims of domestic livestock driving climate change. *J. Environmental Sci. & Engineer.* B **2**, 586-601.

Goklany, I., 2020. www.aon.com/global-weather-catastrophe-natural-disasters-costs-climate-change-2020-annual-report/index.html

Golaz, J.-C., Horowitz, L.W., Levy, H., 2013. Cloud tuning in a coupled climate model: Impact on 20th century warming. *Geophys. Res. Lett.* **40**, 2246

Gregory, J.M., Stouffer, R.J., Raper, S.C.B., Stott, P.A., Rayner, N.A., 2002. An observationally based estimate of the climate sensitivity. *J. Climate* **15**, 3117-3121.

Haine, T.W.N., 2016. Vagaries of Atlantic overturning. *Nature Geoscience* **9**, 479-480.

Hanna, E. *et al*, 2020. Greenland surface air temperature changes from 1981 to 2019 and implications for ice-sheet melt and mass-balance change. *Int. J. Climatology* DOI: 10.1002/joc. 6771

Harde, H., 2013. Radiation and heat transfer in the atmosphere: a comprehensive approach on a molecular basis. *Int. J. Atmospheric Sci.* doi.org/10.1155/2013/503727

Harde, H., 2014. Advanced two-layer climate model for the assessment of global warming by CO_2. *Open J. Atm. Climate Change* DOI: 10.15764/ACC.2014.03001

Harde, H., 2017a. Scrutinizing the carbon cycle and the CO_2 residence time in the atmosphere. *Global and Planetary Change* DOI: org/10.1016/j. gloplacha.2017.02.009

Harde, H., 2017b. Radiation transfer calculations and assessment of global warming by CO_2. *Int. J. Atmos. Sci.* doi.org/10.1155/ 2017/925103

Harde, H., 2019. What humans contribute to atmospheric CO_2: comparison of carbon cycle models with observations. *Earth Sciences* **8**, 139-159.

Harde, H., Salby, M., 2021. What controls the atmospheric CO_2 levels? *Science of Climate Change* **1**, 54-69.

Hardman, S., Tal, G., 2021. Understanding discontinuance among california's electric vehicle owners. Nature Energy doi.org/10.1038/ s41560-021-00814-9

Harvey, L. D. D. & Kaufmann, R. K., 2002. Simultaneously constraining climate sensitivity and aerosol radiative forcing. *J. Clim.* **15,** 2837 – 2861.

Hausfather, Z., 2018. www.carbonbrief.org/explainer-how-scientists-estimate-climate-sensitivity

Haustein, K., *et al*, 2019. A Limited Role for Unforced Internal Variability in Twentieth-Century Warming. *J. Climate* DOI : 10.1175/JCLI-D-18-0555.1

Haverd, V., *et al*, 2020. Higher than expected CO_2 fertilization inferred from leaf to global observations. *Global Change Biology* **26**, 2390-2402.

Hayashi, A., Tatsumisago, M., 2021. Sulfide-glass Electrolytes for All-solid-state Batteries. In *Encyclopedia of Glass Science, Technology, History, and Culture, Vol. II*, Ed. Pascal Richet. Wiley, Chapter 9.

Herrera, V.M.V., Soon, W., Legates, D.R., 2021. Does machine learning reconstruct missing sunspots and forecast a new solar minimum ? *Adv. Space Res.* **68**, 1485-1501.

Hertzberg, M., Schreuder, H., 2016. Role of atmospheric carbon dioxide in climate change. *Energy & Environment* DOI : 10.1177/0958305X16674637

Hertzberg, M., Siddons, A., Schreuder, H., 2017. Role of greenhouse gases in climate change. *Energy & Environment* doi.org/10.1177/0958305X17706177

Ho, C.H., Chan, T.-C., Xu, Z., Huang, C., Li, C., 2020. Individual- and community-level shifts in mortality patterns during the January 2016 East Asia cold wave associated with a super El Niño event : empirical evidence in Hong Kong. Sci. Total Environment 711, 135050.

Holdaway, A., Ford, M., Owen, S., 2021. Global-scale changes in the area of atoll islands during the 21st century. *Anthropocene* **33**, 100282.

Holmes, R.I., 2017. Molar Mass Version of the Ideal Gas Law Points to a Very Low Climate Sensitivity. *Earth Sciences* **6**, 157-163.

Holmes, R.I., 2019. On the apparent relationship between total solar irradiance and the atmospheric temperature at 1 bar on three terrestrial-type bodies. *Earth Sciences* **8**, 346-351.

Houel, C., Guimbard, H., 2018. Nutrition transition and the structure of global food demand. *American J. Agricultural Economics*, doi.org/10.1093/ajae/aay030

Hsu, P.-C., *et al*, 2021. East Antarctic cooling induced by decadal changes in Madden-Julian oscillation during austral summer. *Sci. Adv.* DOI : 10.1126/sciadv. abf9903

Hug, H., 2000. A critical review of the hypothesis that climate change is caused by carbon dioxide. *Energy & Environment* **11**, 631.

Humlum, O, 2022. www.climate4you.com

Humlum, O., Solheim, J.-H., Stordahl, K., 2011. Identifying natural contributions to late Holocene climate change. *Global and Planetary Change* **79**, 145.

Humlum, O., Stordahl, K., Solheim, J.E., 2013. The phase relation between atmospheric carbon dioxide and global temperature. *Global & Planetary Change* **100**, 51.

Idso, S.B., 1980. The climatological significance of a doubling of Earth's atmospheric carbon dioxide concentration. *Science* **207**, 1462-1463.

Idso, S.B., 1984. What if increases in atmospheric CO_2 have an inverse greenhouse effect ? I. Energy balance considerations related to surface albedo. *J. Climatology* doi.org/10.1002/joc.3370040405

Idso, C.D., 2013. www.co2science.org/education/reports/co2benefits/MonetaryBenefitsofRisingCO2onGlobalFoodProduction.pdf

Idso, S.B., 1998. CO2-induced climate change : a skeptic's view of potential climate change. *Clim Res.* **10**, 69-82.

Jaworowski, Z., 2007. CO_2: the greatest scientific scandal of our time. EIR Science March 16, 38-53.

Jelbring, H., 2003. The "greenhouse effect" as a function of atmospheric mass. *Energy & Environment* DOI : 10.1260/095830503765184655

Jevrejeva, S., Grinsted, A., Moore, J.C., Holgate, S.J., 2006. Nonlinear trends and multi-year cycles in sea-level records. *Geophys. Res.* **111**, C09012.

Jevrejeva, S., Moore, J.C., Grinsted, A., Matthews, A.P., Spada, G., 2014. Trends and acceleration in global and regional sea-levels since 1807. *Global and Planetary Change* **113**, 11.

Johansson, D. J. A., O'Neill, B. C., Tebaldi, C. & Häggström, O., 2015. Equilibrium climate sensitivity in light of observations over the warming hiatus. *Nat. Clim. Change* **5,** 449 – 453.

Kaptué, A.T., Prihodko, L., Hanan, N.P., 2015. On regreening and degradation in Sahelian watersheds. *PNAS* **112**, 12133-12138.

Kato, S. et al, 2018. Surface irradiance of edition 4.0 Clouds and Earth's Radiant Energy System (CERES) Energy Balanced and Filled (EBAF) data product. *J. Climate* **31**, 4501-4527.

Kaufmann, R. K. & Stern, D. I. Cointegration analysis of hemispheric temperature relations. *J. Geophys. Res.* **107,** D000174 (2002).

Kauppinen, J., Heinonen, J., Malmi, P., 2014. Influence of relative humidity and clouds on the global mean surface temperature. *Energy & Environment* doi.org/10.1260/0958-305X.25.2.389

Kennedy, I.R., Hodzic, M., 2019. Testing the hypothesis that variations in atmospheric water vapour are the main cause of fluctuations in global temperature. *Periodical of Engineering & Natural Sciences* 7, 870-880.

Khilyuk, L.F., Chilingar, G.V., 2006. On global forces of nature driving the Earth's climate. Are humans involved? *Environmental Geology* **50**, 899-910.

Khilyuk, L.F., Chilingar, G.V., 2003. Global warming: are we confusing cause and effect? *Energy sources* **25**, 357-370.

Kieft, B. *et al*, 2021. Phytoplankton exudates and lysates support distinct microbial consortia with specialized metabolic and ecophysiological traits. *PNAS* **118**, e2101178118.

Kim, B-Y., Lee, K-T., 2019. Using the Himawari-8 AHI multichannel to improve the calculation accuracy of outgoing longwave radiation at the top of the atmosphere. *Remote Sensing* **11**, 589.

Kimoto, K., 2015. Will coal save Japan and the world? *Energy & Environment* doi.org/10.1260/0958-305X.26.6-7.1055

Kissin, Y.V., 2015. A simple alternative model for the estimation of the carbon dioxide effect on the Earth's energy inbalance. *Energy & Environment* **26**, 1319-1333.

Klem, K.R., *et al*, 2020. *Nature Climate Change* doi.org/10.1038/s41558-020-0815-z

Klutze, N.A.B., *et al*, 2021. The Climatic Analysis of Summer Monsoon Extreme Precipitation Events over West Africa in CMIP6 Simulations. *Earth Systems & Environment* **5**, 25–41.

Klyashtorin, L.B., Lyubushin, A.A., 2003. On the coherence between dynamics of the world fuel consumption and global temperature anomaly. *Energy & Environment* **14**, 773.

Knudsen, M.F., Seidenkrantz, M.-S., Jacobsen, B.H., Kuijpers, A.,

2011. Tracking the Atlantic multidecadal oscillation through the last 8,000 years. *Nat. Commun.* doi : 10.1038/ncomms1186.

Knutti, R., Stocker, T.F., Joos, F., Plattner, G.K., 2002. Constraint on radiative forcing and future climate change from observations and climate model ensembles. *Nature* **416**, 719-723.

Knutti, R., Rugenstein, M., Hegerl, G., 2017. Beyond equilibrium climate sensitivity. *Nature Geoscience* **10,** 727-736.

Koutsoyiannis, D., 2021. Rethinking climate, climate change, and their relationship with water. *Water* **13**, 849.

Koutsoyiannis, D., Zbigniew, W.K., 2020. Atmopheric temperature and CO_2 : hen-or-egg causality ? *Sci* **2**, 83.

Kraft, N.J., *et al,* (2011). Disentangling the drivers of ß diversity along latitudinal and elevational gradients. *Science* **333**, 1755-1758.

Krainov, V., Smirnov, B.M., 2019. Greenhouse effect in atmospheres of Earth and Venus doi.org/10.1007/978-3-030-21955-0_7

Kramm, G., Dlugi, R., 2011. Scrutinizing the atmospheric greenhouse effect and its climatic impact. *Natural Science* **3**, 971.

Kramm, G., Dlugi, R., Mölder, N., 2017. Using Earth's moon as a testbed for quantifying the effect of the terrest atmosphere. *Natural Science* **9**, 78836.

Kramm, G., Berger, M., Dlugi, R., Mölders, N., 2020. Meridional Distributions of Historical Zonal Averages and Their Use to Quantify the Global and Spheroidal Mean Near-Surface Temperature of the Terrestrial Atmosphere. *Natural Sci.* **12**, 80-124.

Kuo, C., *et al.,* 1990. Coherence established between atmospheric carbon dioxide and global temperature. *Nature* **343**, 709-714.

Kummer, J. R. & Dessler, A. E., 2014. The impact of forcing efficacy on the equilibrium climate sensitivity. *Geophys. Res. Lett.* **41,** 3565-3568.

Lahsen, M., Ribot, J., 2021. Politics of attributing extreme events and disasters to climate change. *WIREs Clim. Change* doi.org/10.1002/wcc.750

Laloyaux, P., *et al,* 2018. Advances in Modeling Earth Systems **10**, 1172-1195.

Laubereau, A., Iglev, H., 2013. On the direct impact of the CO2 concenration rise to the global warning. *Europhysics Letters* **104**, 29001.

Le Quéré *et al*, 2013. The global carbon budget 1959 – 2011. *Earth Syst. Sci. Data* **5**,165-186.

Le Quéré, C., *et al*, 2021. Fossil CO_2 emissions in the post-COVID-18 era. *Nature Climate Change* **11**, 197-199.

Legates, D.R., Soon, W., Briggs, W.M., Monckton of Brenchley, C., 2015. Climate consensus and 'misinformation': a rejoinder to agnotology, scientific consensus, and the teaching and learning of climate science. *Sci. & Educ.* **24**, 299.

Levy, M., *et al*, 2013. Physical pathways for carbon transfers between the surface mixed layer and the ocean interior. *Global Biogeochem. Cycles* **27**, 1001-1012.

Lewis, N., 2013. An objective Bayesian, improved approach for applying optimal fingerprint techniques to estimate climate sensitivity. *J. Clim.* **26**, 7414-7429.

Lewis, N., 2016. Implications of recent multimodel attribution studies for climate sensitivity. *Climate Dynamics* **46,** 1387-1396.

Lewis, N., Curry, J.A., 2014. The implications for climate sensitivity of AR5 forcing and heat uptake estimates. *Climate Dynamics* doi: 10.1007/s00382-014-2342-y.

Lewis, N. & Curry, J. A., 2015. The implications for climate sensitivity of AR5 forcing and heat uptake estimates. *Climate Dynamics* **45,** 1009 – 1023.

Lewis, N., Curry, J.A., 2018. The impact of recent forcing and ocean heat uptake data on estimates of climate sensitivity. *J. Climate* **31**, 6051-6071.

Lightfoot, H.D., Mamer, O.A., 2014. Calculation of atmospheric radiative forcing (warming effect) of carbon dioxide at any concentration. *Energy & Environment* doi.org/10.1260/0958-305X.25.8.1439

Lightfoot, H.D., Mamer, O.A., 2017. Back radiation versus CO_2 as a cause of climate change. *Energy & Environment* doi.org/10.1177/0958305X17722790

Lightfoot, H.G., Mamer, O.A., 2018. Carbon dioxide: sometimes it is a cooling gas, sometimes a warming gas. *Forestry Res. & Engineering* **2**, 169-174.

Lin, B. *et al*, 2010. Estimation of climate sensitivity based on top-of-atmosphere radiation imbalance. *Atmos. Chem. Phys.* **10**, 1923-1930.

Lindzen, R.S., 1994. On the scientific basis for global warming scenarios. *Environmental Pollution* **83**, 125-134.

Lindzen, R.S., 2018. Global warming for the two cultures. Annual Lecture, Institution of Mechanical Engineers, London, 8 october 2018.2018 Annual Lecture

Lindzen, R.S., Choi, Y.S., 2009. On the determination of climate feedbacks from ERBE data. *Geophys. Res. Lett.* **36**, L16705

Lindzen, R.S., Choi, Y.S., 2011. On the observational determination of climate sensitivity and its implications. *Asia-Pacific J. Atmos Sci.* **47**, 377.

Lindzen, R.S., Christy, J.R., 2020. The global mean temperature record : how it works and why it is misleading. co2coalition.org/publications/the-global-mean-temperature-anomaly-record

Liu, Z., *et al*, 2021. Acceleration of western Arctic sea ice loss linked to the Pacific North American Pattern. *Nature Comm.* doi.org/10.1038/s41467-021-21830-z

Loeb, N. G., Su, W., Kato, S., 2016. Understanding climate feedbacks and sensitivity using observations of Earth's energy budget. *Curr. Clim. Change Rep.* **2,** 170-178.

Loeb, N.G., *et al*, 2018. Changes in Earth's energy budget during and after the « pause » in global warming. *Climate* **6**, 62.

Loehle, C., 2004. Climate change : detection and attribution of trends from long-term geologic data. *Ecological modelling* **171**, 433.

Loehle, C., 2014. A minimal model for estimating climate sensitivity. *Ecol. Modell.* **276,** 80-84.

Loehle, C., 2015. Global temperature trends adjusted for unforced variability. *Univers. J. Geosci.* **3,** 183-187.

Loehle, C., Scafetta, N., 2011. Climate change attribution using empirical decomposition of climatic data. *Open Atmospheric Science Journal* **5**, 74.

Loehle, C., Idso, C.,Wigley, T.B., 2016. Physiological and ecological factors influencing recent trends in United States forest health responses to climate change. *Forest Ecol. Management* **363**, 179-189.

Lomborg, B., 2016. Impact of climate proposals. *Global Policy* 7, 109-116.

Lomborg, B., 2020. Welfare in the 21st century : increasing development, reducing inequality, the impact of climate change, and the cost of climate policies. *Technological Forecasting & Social Change* 156, 119981.

Lopes, F., Courtillot, V., Le Mouël, J.L., Gibert, D., 2021. On the shoulder of Laplace. *Phys. Earth & Planetary Interiors* **316**, 106693.

Lorenz, E., 1963. Deterministic nonperiodic flow. *J. Atmospheric Sci.* **20**, 130-141.

Lovejoy, S., 2014. Return period of global climate fluctuations and the pause. *Geophys. Res. Lett.* doi.org/10.1002/2014GL060478

Lovejoy, S., 2017. How accurately do we know the temperature of the surface of the Earth ? *Climate Dynamics* **49**, 4089-4106.

Lu, X., Wang, L., McCabe, M.F., 2016. Elevated CO_2 as a driver of global dryland greening. *Scientific Reports* doi : 10.1038/srep20716

Lüdecke, H.-J., Hempelmann, A., Weiss, C.O., 2013. Multi-periodic climate dynamics : spectral analysis of long-term instrumental and proxy temperature records. *Clim. Past* **9**, 447.

Lüdecke, H.-J., Müller-Plath, G., Wallace, M.G., Lüning, S., 2021. Decadal and multidecadal natural variability of African rainfall. *J. Hydrology : Regional Studies* **34**, 100795.

Luijendijk, A., *et al*, 2018. The state of the world's beaches. *Nature Sci. Rep.* DOI : 10.1038/s41598-018-24630-6

Macias, D., Stips, A., Garcia-Gorriz, E., 2014. Application of the singular spectrum analysis technique to study the recent hiatus on the global surface temperature record. *PLoS ONE* **9**, e107222.

Manabe, S., Strickler, R.F., 1964. Thermal equilibrium of the atmosphere with a convective adjustment. *J. Atmos. Sci.* **21**, 361.

Manabe, S., Wetherald, R.T., 1967. Thermal equilibrium of the atmosphere with a given distribution of relative humidity. *J. Atmos. Sci.* **24**, 241-259.

Manheimer, W., 2016. Two heretical thoughts on fusion and climate. *Energy & Environment* DOI : 10.1177/0958305X166746

Manheimer, W., 2021. On the inability of wind and solar electric generation to power modern civilization. *J. Energy Res. & Reviews* **8**, 51-63.

Maue, R., 2011. Recent historically low global tropical cyclone activity. *Geophys. Res. Lett.* 38, L14803.

Mauritsen, T., Stevens, B., 2015. Missing iris effect as a possible cause of muted hydrological change and high climate sensitivity in models. *Nature Geoscience* DOI : 10.1038/NGEO2414

McCarthy, C.E., *et al*, 2017. Comparison of in vitro toxicological effects of biomass smoke from different sources of animal dung. *Toxicology in Vitro* **43**, 76-86.

McCarthy, G.D., Haigh, I.D., Hirschi, J.J.-M., Grist, J.P., Smeed, D.A., 2015. Ocean impact on decadal Atlantic climate variability revealed by sea-level observations. *Nature* DOI : 10.1038/nature14491

McIntyre, S., McKitrick, R., 2005. Hockey sticks, principal components and spurious significance. *Geophys. Res. Lett.* **32**, L03710.

McKitrick, R., 2021. Checking for model consistency in optimal fingerprinting : a comment. *Climate Dynamics* doi.org/10.1007/s00382-021-05913-7

McKitrick, R., Christy, J., 2020. Pervasive warming bias in CMIP6 tropospheric layers. *Earth and Space Science*, **7**, e2020EA001281.

Metcalfe, D.B., 2014. Climate science : a sink down under. *Nature* DOI : 10.1038/nature13341

Milano, J., *et al*, 2016. Microalgae biofuels as an alternative to fossil fuel for power generation. *Renewable and Sustainable Energy Reviews* **58**, 180-197.

Miskolczi, F., 2007. Greenhouse effect in semi-transparent planetary atmospheres. *Quarterly Journal of the Hungarian Meteorological Service* **111**, 1.

Miskolczi, F., 2010. Greenhouse effect and the IR radiative structure of the Earth's atmosphere. *Int. J. Environ. Res. Public Health* doi : 10.3390/ijerph70x000x

Miskolczi, F.M., 2014. The greenhouse effect and the infrared radiative structure of the Earth's atmosphere. *Dev. in Earth Science* **2**, 31-52.

Mitchell, D.M. *et al*, 2020. The vertical profile of recent tropical temperature trends : Persistent model biases in the context of internal variability. *Environ. Res. Lett.* **15** 1040b4

Monckton, C., Soon, W., Legates, D.R., Briggs, W.M., 2015. Why models run hot : results from an irreducibly simple climate model. *Sci. Bull.* **60,** 122-135.

Mörner, N.-A., 2015. The New Religion of Global Warming and its Misconceptions in Science. *J. Relig. Stud. Budd. Liv.* 1 : 001.

Mörner, N.A., 2016. Rates of sea level changes – A clarifying note. *Int. J. Geosciences* 7, 1318-1322

Murphy, D. M. *et al.* An observationally based energy balance for the Earth since 1950. *J. Geophys. Res.* **114,** D012105 (2009).

Myrhe, G., Highwood, E.J., Shine, K.P., Stordal, F., 1998. New estimates of radiative forcing due to well mixed greenhouse gases. *Geophys. Res. Lett.* **25**, 2715.

Myrvoll-Nielsen, E., *et al*, 2020. Statistical estimation of global surface temperature response to forcing under the assumption of temporal scaling. *Earth Syst. Dynam.* **11**, 329-345.

Nahle, N.S., 2011. Determination of the Mean Free Path Length of Quantum/Waves and Total Emissivity of the Carbon Dioxide Considering the Molecular Cross Section of the Carbon Dioxide. www-f9.ijs.si/~margan/CO2/Refs/Reviewed Total Emissivity of the Carbon Dioxide and Mean Free Path.pdf

Newell, R.E., Dopplick, T.G., 1979. Concerning the possible influence of anthropogenic CO2 on atmospheric temperature. *J. Appl. Meteorology* **18**, 822-825.

Ncrini, F.F., Fawcett, T., Parag, Y., Ekins, P., 2021. Personal carbon allowances revisited. *Nature Sustainability* doi.org/10.1038/s41893-021-00756-w

Nikolov, N., Zeller, K., 2017. New Insights on the Physical Nature of the Atmospheric Greenhouse Effect Deduced from an Empirical Planetary Temperature Model. *Environ. Pollut. Climate Change* **1**, 112.

Nijsse, F. J. M. M., Cox, P. M., and Williamson, M. S., 2020. Emergent constraints on transient climate response (TCR) and equilibrium climate sensitivity (ECS) from historical warming in CMIP5 and CMIP6 models, *Earth Syst. Dynam.* **11**, 737-750

Ogurtsov, M.G., Nagovitsyn, Y.A., Kocharov, G.E., Jungner, H., 2002. Long-period cycles of the sun's activity recorded in direct solar data and proxies. *Solar Phys.* **211**, 371.

Ogurtsov, M., Lindholm, M., Jalkanen, R., Veretenenko, S., 2015. Evidence for the Gleissberg solar cycle at the high-latitudes of the Northern Hemisphere. *Adv. Space Res.* **55**, 1285-1290.

Oliver, R.C., 1976. On the response of hemispheric mean temperature to stratospheric dust : an empirical approach. *J. Applied Meteorology* **15**, 933-950.

Ollila, A.V.E., 2013. The roles of greenhouse gases in global warming. *Energy & Environment* doi.org/10.1260/0958-305X.23.5.781

Ollila, A.V.E., 2014. The potency of carbon dioxide (CO_2) as a greenhouse gas. *Development in Earth Science* **2**, 20-30.

Ollila, A.V.E., 2016. Climate sensitivity parameter in the test of the Mount Pinatubo eruption. *Phys. Sci. Int. J.* **9,** 1-14.

Ollila, A.V.E., 2017a. Warming effect reanalysis of greenhouse gases and clouds. *Ph. Sc. Int. J.* **13**, 1-13.

Ollila, A., 2017b. Semi empirical model of global warming including cosmic forces, greenhouse gases, and volcanic eruptions. *Phys. Sci. Int. J.* **15**, 1-14.

Ollila, A., 2019. Challenging the greenhouse effect specification and the climate sensitivity of the IPCC. *Phys. Sci. Int. J.* **22**, 1-19.

Ollila, A., 2020. The pause end and major temperature impacts during super El Niños are due to shortwave radiation anomalies. *Phys. Sci. Int. J.* **24**, 55149.

Otto, A., *et al*, 2013. Energy budget constrains on climate response. *Nature Geosciences* **6**, 415-416.

Paltridge, G., Arking, A., Pook, M., 2009. Trends in middle- and upper-level tropospheric humidity from NCEP reanalysis data. *Theoretical & Applied Climatology* **98**, 351.

Pan, L., Biru, A., Lettu, S., 2021. Energy poverty and public health : global evidence. *Energy Economics* **101**, 105423.

Park, J., 2009. A re-evaluation of the coherence between global-average atmospheric CO_2 and temperatures at interannual time scales, *Geophys. Res. Lett.* 36, L22704.

Parker, A., Ollier, C.D., 2015. Discussion of Foster & Brown's Time and Tide: analysis of sea level time series. *Phys. Sci. Int. J.* **6**, 119-130.

Parker, A., Ollier, C.D., 2017. Short-Term Tide Gauge Records from One Location are Inadequate to Infer Global Sea-Level Acceleration. *Earth Syst Environ* **1,** 17.

Parker, A., Mörner, N.A., Matlack-Klein, P., 2018. Sea level acceleration caused by earthquake induced subsidence in the Samoa islands. *Ocean & Coastal Management* **161**, 11-19.

Parkinson, C.L., 2019. A 40-y record reveals gradual Antarctic sea ice increases followed by decreases at rates far exceeding the rates seen in the Arctic. *PNAS* doi: 10.1073/pnas.1906556116

Parrenin, F. *et al*, 2013. Synchronous change of atmospheric CO2 and Antarctic temperature during the last deglacial warming. *Science* **339**, 1060-1063.

Peel, M.C., Finlayson B.L., McMahon, T.A., 2007. Updated world map of the Köppen-Geiger climate classification. *Hydrol. Earth Syst. Sci.* **11**, 1633-1644.

Petit, J.R., *et al*, 1999. Climate and atmospheric history of the past 420,000 years from the Vostok ice core, Antarctica. *Nature* **399**, 429-436.

Pielke Sr., R.K., *et al*, 2009. Climate change: The need to consider human forcings besides greenhouse gases. *Eos* **90**, 413.

Pollack, H.N., *et al*, 1993. Heat flow from Earth's interior: analysis of the global data set. *Rev. Geophysics* **31**, 273.

Poorter, L., Bongers, F., Rozendaal, D.M.A., 2016. Biomass resilience of neotropical secondary forests. *Nature* **530**, 211-214.

Poyet, P., 2020. The Rational Climate e-Book: Cooler is Riskier. The Sorry State of Climate Science and Policies. e-ISBN 978-99957-1-929-6

Pretzsch, H., Biber, P., Schütze, G., Uhl, E., Rötzer, T., 2014. Forest stand growth dynamics in Central Europe accelerated since 1870. *Nature Comm.* DOI: 10.1038/ncomms5967

Quirk, T., 2009. Sources and sinks of carbon dioxide. *Energy & Environment* **20**, 103-119.

Ramachandran, V., 2021. Blanket bans on fossil-fuel funds will entrench poverty. *Nature* **592**, 489.

Ramanathan, V., 1981. The role of ocean-atmosphere interactions in the CO2 climate problem. *J. Atmospheric Sci.* **38**, 918-930.

Rasool S.I., Schneider S.H., 1971, Atmospheric carbon dioxide and aerosols : effects of large increases on global climate. *Science* **173**, 138.

Ray, R.D., Douglas, B.C., 2011. Experiments in reconstructing twentieth-century sea-levels. *Prog. Oceanogr.* **91**, 496.

Reynen, J., 2014. Finite element model for atmospheric IR absorption. principia-scientific.com/publications/Reynen-Finite.pdf

Richet, P., 2021. The temperature – CO_2 climate connection : an epistemological reappraisal of ice-core messages. *Hist. Geo Space Sci.* **12**, 97-110, pdf : www.proquest.com/docview/2532071425

Ring, M.J., Lindner, D., Cross, E.F., Schlesinger, M.E., 2012. Causes of the global warming observed since the 19th century. *Atmos. Clim. Sci.* **2**, 401-415.

Rivero-Calle, S., Gnanadesikan, A., Del Castillo, C.E., Balch, W., Guidema, S.D., 2015. Multidecadal increase in North Atlantic coccolithophores and the potential role of rising CO_2. *Science* DOI : 10.1126/science. aaa8026

Robertson, J.O., Chilingar, G.V., 2017. Effect of emission of CO_2 and CH_4 into the atmosphere. *Env. Aspects of Oil & Gas Production* doi.org/10.1002/9781119117421.ch4

Robock, A., 1979. "The little ice age" : northern hemisphere average observations and model calculations. *Science* **206**, 1402-1404.

Rode, D.C., Fischbeck, P.S., 2021. Apocalypse now ? Communicating extreme forecasts. *Int. J. Global Warming* **23**, 191-211.

Salby, M.L., 2012. *Physics of the Atmosphere and Climate,* 2nd Edition, Cambridge : Cambridge University Press.

Scafetta, N., 2009. Empirical analysis of the solar contribution to global mean air surface temperature change. *J. Atmospheric & Solar-Terrestrial Physics* **71**, 1916.

Scafetta, N., 2021a. Reconstruction of the Interannual to Millennial ScalePatterns of the Global Surface Temperature. *Atmosphere* **12**, 147.

Scafetta, N., 2021b. Detection of non-climatic biases in land surface temperature records by comparing climatic data and their model simulations. *Climate Dynamics* doi.org/10.1007/s00382-021-05626-x

Scafetta, N., 2021c. Testing the CMIP6 GCM Simulations versus Surface Temperature Records from 1980-1990 to 2011-2021: High ECS Is Not Supported. *Climate* **9**, 161.

Scafetta, N., Mirandola, A., Bianchini, A., 2017. Natural climate variability, part 2 : interpretation of the post 2000 temperature standstill. *Int. J. of Heat and Technology* **35**, S18-S26.

Scafetta, N., Milani, F., Bianchini, A., 2020. A 60-year cycle in the meteorite fall frequency suggests a possible interplanetary dust forcing of the Earth's climate driven by planetary oscillations. *Geophys. Res. Lett.* **47**, e2020GL089954.

Schildknecht, D., 2020. Saturation of the infrared absorption by carbon dioxide in the atmosphere. *Int. J. Modern Phys.* B doi.org/10.1142/S0217979220502938

Schlesinger, M.E., Ramankutty, N., 1994. An oscillation in the global climate system of period 65-70 years. *Nature* **367**, 723.

Schmithüsen, H., *et al*, 2015. How increasing CO_2 leads to an increased negative greenhouse effect in Antarctica. *Geophys. Res. Lett.* doi.org/10.1002/2015GL066749

Schulze-Makuch, D., Heller, R., Guinan, E., 2020. In search for a planet better than Earth : top contenders for a superhabitable world. Astrobiology DOI : 10.1089/ast.2019.2161

Schuurmans C.J.E. 1983. On the Detection of CO_2-Induced Climatic Change. In : Bach W., Crane A.J., Berger A.L., Longhetto A. (eds) Carbon Dioxide. Springer, Dordrecht. doi.org/10.1007/978-94-009-6998-8_12

Schwartz, S. E. 2007. Heat capacity, time constant, and sensitivity of Earth's climate system. *J. Geophys. Res.* **112,** D24S05.

Schwartz, S.E., 2012. Determination of Earth's transient and equilibrium climate sensitivities from observations over the twentieth century : strong dependence on assumed forcing. *Surveys in Geophysics* **33**, 745-777.

Segalstad T., 1998. *in* Global warming : the continuing debate ed. R. Bate, ESEF, Cambridge, U.K.

Seim, T.O., Olsen, B.T., 2020. The Influence of IR Absorption and Backscatter Radiation from CO_2 on Air Temperature during Heating in a Simulated Earth/Atmosphere Experiment. *Atmospheric and Climate Sciences* **10**, 168-185.

Sejas, S.A., Taylor, P.C., Cai, M., 2018. Unmasking the negative greenhouse effect over the Antarctic plateau. *npj Climate & Atmospheric Sci.* **1**, 17.

Sfica, L., Beck, C., Nita, A-I., Voiculescu, M., Birsan, M-V., Philipp, A., 2021. Cloud cover changes driven by atmospheric circulation in Europe during the last decades. *Int. J. Climatology* **41**, E2211-E2230.

Shaviv, N., 2015. How might climate be influenced by cosmic rays? *Princeton Institute of Advance Studies Letter*, Fall/Winter 2014-15.

Sheferd, A. and the IMBIE team, 2018. Mass balance of the Antarctic ice sheet from 1992 to 2017. *Nature* **558**, 219–222.

Sherwood, S.C. *et al*, 2020. An assessment of Earth's climate sensitivity using multiple lines of evidence. *Reviews of Geophysics* **58**, e2019RG000678.

Singer, S.F., 2013. Inconsistency of modeled and observed tropical temperature trends. *Energy & Environment* **24**, 405-413 – Overcoming chaotic behavior of climate models. *Energy & Environment* **24**, 397-403.

Singh, H.A., Polvani, L.M., 2020. Low Antarctic continental climate sensitivity due to high ice sheet orography. *Npj Climate & Atmospheric Sci.* doi.org/10.1038/s41612-020-00143-w

Skrable, K., Chabot, G., French, C., 2022. World Atmospheric CO_2, Its ^{14}C Specific Activity, Non-fossil Component, Anthropogenic Fossil Component, and Emissions (1750-2018). *Health Phys.* DOI: 10.1097/HP.0000000000001485

Skeie, R.B., Berntsen, T., Aldrin, M., Holdren, M., Myhre, G., 2014. A lower and more constrained estimate of climate sensitivity using updated observations and detailed radiative forcing time series. *Earth Syst. Dynam.* **5**, 139.

Skeie, R.B., Berntsen, T., Aldrin, M., Holden, M., Myrhe, G., 2018. Climate sensitivity estimates – sensitivity to radiative forcing time series and observational data. *Earth Syst. Dynam.* **9**, 879-894.

Slater, L., *et al*, 2021. Global change in 20-year, 50-year and 100-year river floods. *Geophysical Res. Lett.* **48**, e2020GL09182.

Smil, V., 2019. What we need to know about the pace of decarbonization. *Substantia* **3,** Suppl.1: 13-28.

Smirnov, B.M., 2016. Greenhouse effect in the atmosphere. *Europhysics Lett.* **114**, 24005.

Smirnov, B.M., 2017. Infrared atmospheric emission. *In*: Microphysics of Atmospheric Phenomena. Ed. Springer doi.org/10.1007/978-3-319-30813-5_10

Smirnov, B.M., 2018. Collision and radiative processes in emission of atmospheric carbon dioxide. *J. Phys. D: Appl. Phys.* **51,** 214004.

Smith, B., *et al*, 2020. *Science* 10.1126/science. aaz5845

Soares, P.C., 2010. Warming power of CO_2 and H_2O: correlations with temperature changes. *Int. J. Geosciences* **1**, 102-112.

Solanki, S.K., Usoskin, I.G., Kromer, B., Schüssler, M., Beer, J., 2004. Unusual activity of the Sun during recent decades compared to the previous 11,000 years. *Nature* **431**, 1084-1087.

Song, J., Wang, Y., Tang, J., 2016. A hiatus of the greenhouse effect. *Scientific Reports* **6**, 33315.

Soon, W., Connolly, R., Connolly, M., 2015. Re-evaluating the role of solar variability on Northern Hemisphere temperature trends since the 19th century. *Earth-System Reviews* **150**, 409-452.

Soon, W., *et al*, 2022. What do we really know about the relative contributions of natural and human-caused factors in recent climate change? (à paraitre)

Specht, E., Redemann, T., Lorenz, N., 2016. Simplified mathematical model for calculating global warming through anthropogenic CO_2. *Int. J. Therm. Sci.* **102,** 1-8.

Spencer, R.W., Braswell, W.D., 2010. On the diagnosis of radiative feedback in the presence of unknown radiative forcing. *J. Geophys. Res.* **115**, D16109.

Spencer, R.W., Christy, J.R., Braswell, W.D., 2017. UAH version 6 global satellite temperature product: methodology and results. *Asia-Pacific J. Atmospheric Sci.* **53**, 121. DOI: 10.1007/s13143-017-0010-y – http://vortex.nsstc.uah.edu/data/msu/v6.0/tlt/uahncdc_lt_6.0.txt

Sswat, M., et al 2018. Growth performance and survival of larval

Atlantic herring, under the combined effects of elevated temperatures and CO_2. *PLoS ONE* 13, e0191947.

Stern, D. I. 2006. An atmosphere – ocean time series model of global climate change. *Comput. Stat. Data Anal.* **51,** 1330-1346.

Stallinga, P., 2018. Signal analysis of the climate : correlation, delay and feedback. *J. Data Analysis & Information Processing* **6**, 30-45.

Stallinga, P., 2020. Comprehensive analytical study of the greenhouse effect in the atmosphere. *Atmospheric and Climate Sciences* **10**, 40-80

Stefani, F., 2021. Solar and Anthropogenic Influences on Climate : Regression Analysis and Tentative Predictions. *Climate* **9**, 163.

Svensmark, H., 2015. Cosmic rays, clouds and climate. *Europhysics News* **46**, 26-29.

Svensmark, H., Enghoff, M.B., Pedersen, J.O.P., 2013. Response of cloud condensation nuclei (> 50 nm) to changes in ion-nucleation. *Physics Letters* A **377**, 2343-2347.

Svensmark, H., Svensmark, J., Enghoff, M.B., Shaviv, N.J., 2021. Atmospheric ionization and cloud radiative forcing. *Nature Scientific Report* **11**, 19668.

Swanson, K.L., Tsonis, A.A., 2009. Has the climate recently shifted ? *Geophys. Res. Lett.* **36**, L06711.

Swift, L., 2018. A new radiative model derived from solar insolation, albedo, and bulk atmospheric emissivity : application to Earth and other planets. *Climate* **6**, 52.

Tol, R.S.J., 2009. The economic effect of climate change. *J. Economic Perspectives* **23**, 29-51.

Tol, R.S.J, 2016. Comment on "Quantifying the consensus on anthropogenic global warming in the scientific literature". *Environmental Res. Lett.* **11**, 048001

Trenberth, K.E., Fasullo, J.T., Kiehl, J., 2009. Earth's global energy budget. *Bull. Am. Meteorological Soc.* DOI : 10.1175/ 2008BAMS2634.1

Tsushima, Y., Abe-Ouchi, A. & Manabe, S. Radiative damping of annual variation in global mean surface temperature : comparison between observed and simulated feedback. *Clim. Dyn.* **24,** 591-597 (2005).

Turner, J., *et al*, 2016. Absence of 21st century warming on Antarctic Peninsula consistent with natural variability. *Nature* **536,** 411-415.

Urban, N. M., Holden, P. B., Edwards, N. R., Sriver, R. L. & Keller, K. 2014. Historical and future learning about climate sensitivity. *Geophys. Res. Lett.* **41,** 2543-2552.

Van Achter, G., Ponsoni, L., Massonet, F., Fichefet, T., Legat, V., 2020. Arctic sea ice thickness internal variability and its changes under historical and anthropogenic forcing. *Cryosphere* **14**, 3479-3486.

Van Brunt, W.A., 2020. Autonomous changes in the concentration of water vapor drive climate change. *Atmospheric & Climate Change* **10**, 443-508.

Van Westen, R.M., Dijkstra, H.A., 2021. Ocean eddies strongly affect global mean sea-level projections. *Science Advances* DOI : 10.1126/sciadv. abf1674

Vares, D.A.E., Carniello, T.N., Persinger, M.A., 2016. Quantification of the diminishing Earth's magnetic dipole intensity and geomagnetic activity as the causal source for global warming within the oceans and atmosphere. *Int. J. Geosciences* **7**, 63199.

Varotsos, C.A., Efstathiou, M.N., 2019. Has global warming already arrived ? *J. Atmospheric & Solar-Terrestrial Physics* **182**, 31-38.

Vecchi, G.A., Landsea, C., Zhang, W., Villarini, G., Knutson, T., 2021. Changes in Atlantic major hurricane frequency since the late-19th century. *Nature Commun.* doi.org/10.1038/s41467-021-24268-5

1234567890

Venter, Z.S., Cramer, M.D., Hawkins, H.-J., 2018. Drivers of woody plant encroachment over Africa. *Nature Communications* **9** : 2272, DOI : 10.1038/s41467-018-04616-8.

Volodin, E., *et al*, 2019. *INM-CM4-8 model output prepared for CMIP6* doi.org/10.22033/ESGF/CMIP6.5080

Wagoner, P., Liu, C., Tobin, R.G., 2010. Climate change in a shoebox : right result, wrong physics. *Am. J. Phys.* DOI : 10.1119/1.3322738

Wang, C., Soden, B.J., Yang, W., Vecchi, C.A., 2021. Compensation between cloud feedback and aerosol-cloud interaction in CMIP6 models. *Geophys. Res. Lett.* DOI : 10.1029/2020GL091024

Wang, N., Akimoto, K., Nemet, G.F., 2021. What went wrong? Learning from three decades of carbon capture, utilization and sequestration (CCUS) pilot and demonstration projects. *Energy Policy* 158, 112546.

Weare, B., Snell, F.M., 1974. A diffuse thin cloud atmospheric structure as a feedback mechanism in global climatic modelling. *J. Atmospheric Sci.* **31**, 1725-1734.

Wei, H.-Z., *et al*, 2021. Evolution of paleo-climate and seawater pH from the late Permian to postindustrial periods recorded by boron isotopes and B/Ca in biogenic carbonates. *Earth-Science Reviews* **215**, 103546.

Wild, M., 2020. The global energy balance as represented in CMIP6 climate models. *Climate Dynamics* **55**, 553-577.

Willett, H.C., 1974. Do recent climatic fluctuations portend an imminent ice age? *Geofisica International* **14**, 265-302.

Winkler, A.J., *et al*, 2019. Earth system models underestimate carbon fixation by plants in the high latitudes. *Nature Comm.* doi.org/10.1038/s41467-019-08633-z

Wong, E. W., Minnett, P. J. (2018). The response of the ocean thermal skin layer to variations in incident infrared radiation. J. Geophys. Res. : Oceans **123**, 2475-2493.

Worthington, E.L., Moat, B.I., Smeed, D.A., Mecking, J.V., Marsh, R., McCarthy, G.V., 2021. A 30-year reconstruction of the Atlantic meridional overturning circulation shows no decline. *Ocean Sci.* **17**, 285-299.

Wunsch, C., Heimbach, P., 2014. Bidecadal thermal changes in the abyssal ocean. *J. Phys. Oceanogr.* **44**, 2013.

Yang, J., Tian, H., Tao, B., Ren, W., Kush, J., Liu, Y., Wang, Y., 2014. Spatial and temporal patterns of global burned area in response to anthropogenic and environmental factors : reconstructing global fire history for the 20th and early 21st centuries. *JGR Biogeosciences* **119**, 249-263.

Zdunkowski, W.G., Paegle, J., Fye, F.K., 1975. The short-term influence of various concentrations of atmospheric carbon dioxide on the temperature profile in the boundary layer. *Pure and Applied Geophysics* **113**, 331-353.

Zeng, N., Mariotti, A., Wetzel, P., 2005. Terrestrial mechanisms of interannual CO_2 variability. *Global Biogeochemical Cycles* **19**, GB1016.

Zhao, X. 2011. Is global warming mainly due to anthropogenic greenhouse gas emissions? *Energy Sources* A **33**, 2011.

Zhao, Q., et al, 2021. Global, regional, and national burden of mortality associated with non-optimal ambient temperatures from 2000 to 2019: a three-stage modelling study. *The Lancet* doi.org/10.1016/S2542-5196 (21) 00081-4

Zhen-Shan, L., Xian, S., 2007. Multi-scale analysis of global temperature changes and trend of a drop in temperature in the next 20 years. *Meteorol. Atmos. Phys.* **95**, 115.

Zhu, J., Poulsen, C. J., Otto Bliesner, B. L., (2020). High climate sensitivity in CMIP6 model not supported by paleoclimate. *Nature Climate Change* **10**, 378-379.

Zhu, J., *et al*, 2021. Assessment of equilibrium climate sensitivity of the Community Earth System Model version 2 through simulation of the Last Glacial Maximum. *Geophys. Res. Letters* doi.org/10.1029/2020GL091220

Zhu, J., Xie, A., *et al*, 2021. An assessment of ERA5 reanalysis for Antarctic near-surface air temperature. *Atmosphere* **12**, 217

Zhu, Z., *et al.*, 2016. Greening of the Earth and its Drivers. *Nature Climate Change* DOI : 10.1038/nclimate3004

Zuraiqi, K., *et al*, 2022. Direct conversion to solid carbon by Ga-based liquid metals. *Energy & Enviromental Sci* doi.org/10.1039/D1EE03283F

Zwally, H.J., Robbins, J.W., Luthcke, S.B., Loomis, B.D., Rémy, F., 2021. Mass balance of the Antarctic ice sheet 1992-2016: reconciling results from GRACE gravimetry with ICESat, ERS1/2 and Envisat altimetry. *Journal of Glaciology* doi.org/10.1017/jog.2021.8

Imprimé en France par CPI en mai 2022
N° d'impression : 170372
Dépôt légal : mai 2022